Aus dem Programm Huber: Psychologie Klinische Praxis

Stanley Rachman

Angst
Diagnose, Klassifikation und Therapie

Aus dem Englischen übersetzt von Matthias Wengenroth

Verlag Hans Huber
Bern · Göttingen · Toronto · Seattle

Die englische Originalausgabe dieses Buches ist unter dem Titel «Anxiety» erschienen bei Psychology Press/Taylor & Francis Group, London.
© 1998 by Psychology Press Ltd., a member of the Taylor & Francis group. All rights reserved.
Authorised translation from English language edition published by Taylor & Francis

Die Deutsche Bibliothek – CIP-Einheitsaufnahme

Rachman, Stanley:
Angst : Diagnose, Klassifikation und Therapie / Stanley Rachman. Aus dem Engl. übers. von Matthias Wengenroth. - 1. Aufl. - Bern ; Göttingen ; Toronto ; Seattle : Huber, 2000
  (Aus dem Programm Huber: Psychologie klinische Praxis)
  Einheitssacht.: Anxiety <dt.>
  ISBN 3-456-83415-2

1. Auflage der deutschen Ausgabe 2000
© für die deutsche Ausgabe Verlag Hans Huber, Bern 2000
Druck: Druckhaus Beltz, Hemsbach
Printed in Germany

Inhalt

5

Kapitel 1

Beschreibung und Definition

In diesem einführenden Kapitel soll das Phänomen Angst beschrieben und definiert werden. Daneben wird zwischen Angst und Furcht in ihren verschiedenen Erscheinungsformen unterschieden, und es wird das Konzept der Angststörung vorgestellt.

In den zurückliegenden 20 Jahren haben die Bemühungen zur Erforschung der Angst deutlich zugenommen, es sind Spezialeinrichtungen zur Behandlung von Angststörungen entstanden und in vielen Teilen der Welt haben sich Betroffene zu Selbsthilfegruppen zusammengeschlossen. Diese Entwicklung kommt nicht von ungefähr, schließlich gehört die Angst zu den stärksten und den am häufigsten auftretenden Emotionen, und viele Menschen leiden unter unbegründeten oder übertriebenen Ängsten. Die starke Zunahme des Interesses an Angstphänomenen (Norton, Cox, Asmundson & Maser, 1995) wurde zum Teil durch die Entscheidung des für die Erarbeitung eines neuen diagnostischen Systems (des DSM) zuständigen Ausschusses der *American Psychiatric Association* angestoßen, eine eigene Kategorie für «Angststörungen» zu schaffen und eindeutige Definitionen und Kriterien für die Diagnose dieser Störungen zu formulieren. Die Einführung des DSM als diagnostisches Klassifizierungssystem hat angesichts des vor 1980 herrschenden Chaos einen bedeutsamen Fortschritt bedeutet, allerdings hat das DSM auch einige gewichtige Nachteile. So handelt es sich um eine kategoriale Klassifikation, wünschenswert wäre hingegen eine dimensionale. Hinzu kommt, dass es die abwegige Vorstellung nahe legt, alle mit Angst zusammenhängenden Probleme seien pathologisch zu nennen – psychische Störungen. Der volle Titel des DSM lautet ja «Diagnostisches und Statistisches Manual psychischer Störungen».

Das vorliegende Buch liefert eine Beschreibung und psychologische Analyse des Phänomens Angst, wobei es allerdings zu Zeiten erforderlich sein wird, sich mit klinischen Fragestellungen zu befassen, da Angst im Zentrum vieler psychischer Probleme steht, einschließlich derer, die früher häufig als «Neurosen» bezeichnet wurden. Angststörungen sind weit verbreitet und verursachen großes Leid und hohe Kosten. Den Ergebnissen einer kürzlich durchgeführten Erhebung zufolge nehmen die Betroffenen häufig die Dienste der verschiedenen Hilfseinrichtungen in Anspruch und betroffene Männer sind viermal so häufig arbeitslos wie nichtbetroffene (Leon, Marzuk & Portera, 1995).

Wichtige neue Impulse hat die wissenschaftliche Beschäftigung mit dem Thema Angst durch die Einführung kognitiver Konzepte und Analysen erhalten. Zu nennen sind hier vor allem die wichtigen Arbeiten von A. T. Beck über die Depression. Paradoxerweise hat sich die spätere Übertragung des kognitiven Modells auf den Bereich der Angstforschung schneller und besser durchsetzen können als die ursprünglichen Formulierungen zur Depression. Der wichtigste Fortschritt der letzten Jahre war die Aufstellung der kognitiven Theorie der Panik, die bereits eine Fülle neuer Überlegungen und Anwendungsmöglichkeiten hervorgebracht hat. In den meisten Arbeiten zum Thema Angst wird die kognitive Perspektive heute berücksichtigt.

Angst ist ein bedeutsames und weit verbreitetes negatives Gefühl, das derzeit intensiv erforscht wird. Es handelt sich um ein hochinteressantes, komplexes Phänomen, das sich für eine kognitive Analyse anbietet – beim Auftreten von Angst spielen Vigilanz-, Aufmerksamkeits-, Wahrnehmungs-, Denk- und Gedächtnisprozesse ineinander, damit sind alle zentralen kognitiven Funktionen beteiligt. Hinzu kommt, dass viele dieser Vorgänge auf einer unbewussten Ebene ablaufen. Es ist daher nicht verwunderlich, dass das Thema sowohl auf Kliniker als auch auf Kognitionswissenschaftler eine große Anziehungskraft hat.

Wahrscheinlich wird das Interesse an der Angst noch eine ganze Zeit lang anhalten bzw. noch zunehmen. Zumindest Therapeuten haben einen ausgezeichneten Grund dafür, sich dieses Themas auch weiterhin anzunehmen – es ist nämlich eines der Gebiete, auf denen sie gute Erfolge verzeichnen können. Mittlerweile wurden eine ganze Reihe von Techniken entwickelt, die nachweisbar geeignet sind, unerwünschte, belastende Ängste abzubauen. Dies ist eine der großen Leistungen der modernen klinischen Psychologie und verdient es, als solche anerkannt zu werden.

In den kommenden zehn Jahren ist mit bedeutsamen Fortschritten zu rechnen, was das theoretische Verständnis der emotional-kognitiven Prozesse angeht, die bei der Angst im Spiel sind, sowie mit einigen interessanten Entdeckungen in Bezug auf die beteiligten unbewussten Prozesse. Auf der Seite der klinischen Praxis werden die derzeit erfolgreichen Konzepte und Methoden der kognitiven Verhaltenstherapie auf immer mehr Problembereiche angewendet, was schließlich zu weit reichenden Veränderungen führen wird, die das ganze Feld der klinischen Psychologie betreffen werden. Gleichzeitig wird die kontrovers geführte Auseinandersetzung um die Bedeutung psychologischer und biologischer Faktoren für die Angst weitergehen.

Definitionen

Angst ist die angespannte Erwartung eines bedrohlichen, aber unbestimmten Ereignisses, ein Gefühl unangenehmer Beunruhigung. Angst ist so eng mit der Furcht verwandt, dass die beiden Begriffe häufig synonym verwendet werden. Auch Furcht ist nämlich eine Kombination aus Anspannung und unangenehmer Erwartung, unterscheidet sich jedoch von der Angst hinsichtlich ihrer Ursachen, Dauer und Aufrechterhaltung. Streng genommen ist mit Furcht eine emotionale Reaktion auf eine spezifische, wahrgenommene Gefahr gemeint – auf eine Bedrohung, die eindeutig benannt werden kann, wie z. B. eine giftige Schlange. Furchtreaktionen sind meist sehr intensiv und stellen einen gewissen psychischen Ausnahmezustand dar, der mit einem deutlichen Erregungsanstieg *(arousal)* verbunden ist.

Die Furcht hat einen eingegrenzten Fokus. In der Regel tritt sie phasenweise auf und geht zurück, sobald die Gefahr nicht mehr besteht. In diesem Sinne steht die Furcht unter der Kontrolle wahrnehmbarer Ereignisse oder Stimuli. Die wahrgenommene Gefahrenquelle kann richtig oder falsch erkannt oder auch richtig erkannt, aber falsch bewertet worden sein. Die Furcht kann somit rational oder irrational sein. Eine intensive irrationale Furcht wird als «Phobie» bezeichnet, wie etwa in den Begriffen Klaustrophobie (eine massive Furcht vor geschlossenen Räumen), Schlangenphobie etc.

Ist das Gefühl nicht Furcht, sondern Angst, kann der Betreffende nicht ohne weiteres angeben, wo der Grund für seine unangenehme Anspannung liegt oder mit was für einem gefährlichen Ereignis er rechnet. Aus diesem Grund kann das Auftreten von Angst auch für den Betroffenen selbst äußerst verwirrend sein. In ihrer reinsten Form ist Angst diffus, grundlos, unangenehm und anhaltend. Anders als Furcht ist Angst nicht an eine bestimmte Situation oder einen bestimmten Reiz gebunden. Furcht ist in der Regel zeitlich und räumlich begrenzt, während Angst eher ein alles durchdringendes und dauerhaftes Gefühl ist, bei dem Anfang und Ende nicht klar zu bestimmen sind. Sie scheint im Hintergrund mehr oder weniger ständig da zu sein («Ich habe immer das Gefühl, als würde gleich etwas Schlimmes passieren»). Angst ist eher ein Zustand erhöhter Aufmerksamkeit oder Reaktionsbereitschaft – Vigilanz – als eine Ausnahmereaktion. Sowohl Furcht als auch Angst zeichnen sich durch eine erhöhte Anspannung, eine subjektive und/oder physiologische Erregung aus. Dabei ist die Furcht eher ein eingegrenztes, intensives und kurzes, durch einen konkreten Auslöser hervorgerufenes Gefühl, während es sich bei der Angst eher um einen formlosen, zermürbenden Zustand handelt, der schleichend beginnt und langsam abebbt und keine klaren Grenzen hat. Dies lässt sich anhand der folgenden Beispiele zweier Personen verdeutlichen, die unter Angst leiden, und einer Frau, die mit einer Phobie zu kämpfen hat.

Angst, Beispiel 1: Frau A. klagt über Anspannung, Nervosität und darüber, sich ständig Sorgen zu machen. Jeden Morgen wacht sie mit dem Gefühl auf, dass irgendetwas Schlimmes passieren wird. Dieses Gefühl hält in der Regel bis zum späten Vormittag an und ist mit unangenehmen körperlichen Begleiterscheinungen wie Zittern, Schwindel, einem beschleunigten Puls und einer flachen Atmung verbunden. In den ersten Wochen, in denen sie unter dieser Angst litt, beschäftigte sie sich sehr viel mit der Frage, warum sie sich so schlecht fühlte, und versuchte, herauszufinden, was sie so beunruhigte. Dabei belastete es sie zusätzlich, dass sie keinen Grund für ihre Unruhe fand.

Frau A. unterscheidet klar zwischen dieser ängstlichen Anspannung und der Furcht, von der sie zum Beispiel ergriffen wurde, als sie bei einem Ausflug aufs Land einmal unerwartet eine Schlange erblickte. Ihre Reaktion auf das Tier war plötzlich, heftig und fokussiert, und ging rasch zurück, nachdem die Schlange wieder im Gebüsch verschwunden war. Frau A. hatte starke körperliche Empfindungen, vor allem starkes Herzklopfen, konnte aber erkennen, wovor sie sich fürchtete, und wunderte sich nicht über ihre Reaktion.

Angst, Beispiel 2: Herr B. macht sich andauernd Sorgen um seine Gesundheit, beobachtet sich ständig selbst auf innere oder äußere Anzeichen irgendwelcher Krankheiten und geht häufig zum Arzt. Er hat große Angst davor, sich zu verletzen oder krank zu werden, hat häufig das Gefühl, dass «irgendetwas nicht stimmt» und kann sich nur schwer entspannen. Er achtet sehr darauf, reale oder vermeintliche Ansteckungsquellen zu vermeiden und fasst bestimmte Dinge nur sehr vorsichtig an. Er weiß, dass seine Ärzte seine gesundheitliche Verfassung für ausgezeichnet halten, und findet auch selbst keinen Grund für seine Ängste.

Er kann Situationen nennen, in denen er eine intensive, aber umschriebene Furcht empfunden hat – beispielsweise bei Beinah-Unfällen mit dem Auto –, und differenziert eindeutig zwischen diesen Reaktionen und seiner alles durchdringenden Sorge um seine Gesundheit.

Phobie: Frau M., eine junge Gärtnerin, wendet sich wegen einer starken Furcht vor Spinnen, die sie in der Ausübung ihres Berufes beeinträchtigt, an einen Therapeuten. Sie fürchtet sich so sehr davor, einer Spinne zu begegnen, dass sie nicht mehr in der Lage ist, allein im Garten zu arbeiten. Ihre Furcht ist so intensiv und mit so starker Beeinträchtigung verbunden, dass sie als «Phobie» bezeichnet werden kann. Weitere Ängste oder andere psychische Probleme bestehen nicht. Die Furcht ist auf ein klar identifizierbares Objekt bezogen und wird durch die Konfrontation mit diesem ausgelöst.

Die Unterscheidung zwischen Angst und Furcht gelingt in der Theorie leichter als in der Praxis und oft ist es, wenn es um klinische Fragen geht, nicht eindeutig zu klären, ob das Kriterium einer fokussierten Bedrohung vorliegt. Beispielsweise folgen häufig auf Episoden akuter Furcht, etwa eine Panikreaktion, längere Phasen eher diffusen Angsterlebens. Eine derartige Angst könnte somit als Panik-Residuum bezeichnet werden. Eine Übersicht über gemeinsame und unterschiedliche Merkmale von Angst und Furcht gibt Tabelle 1.1.

Es gibt keine klare Grenze zwischen Furcht und Angst und manchmal ist es nicht möglich, zwischen den beiden zu unterscheiden. Zwar gehört Panik zu den reinsten Erscheinungsformen der Furcht, jedoch ist nicht immer unmittelbar zu erkennen, wodurch eine Panikattacke ausgelöst wurde. Der Zusammenhang zwischen Angst und Furcht kann komplex sein. Angst folgt häufig auf Furcht (wie bei der Angst, erneut in Panik zu geraten und die Kontrolle zu verlieren), andererseits kann das Erleben von Angst die Furcht entstehen lassen, die Angst könne zurückkommen (Rachman & Taylor, 1993).

In der Therapie wird oft viel Zeit darauf verwendet, die Ursachen der Ängste des Patienten zu ergründen. Dies liegt daran, dass es oft unklar ist, woher das Gefühl des Patienten kommt, bedroht zu sein. Sowohl Patienten als auch Therapeuten gehen davon aus, dass es eindeutige Ursachen für die Angst gibt, und dass diesen wahrscheinlich eine große Bedeutung zukommt. (Man meint, wenn es gelänge, die Ursache der Ängste des Patienten ausfindig zu machen, würde die Angst zur Furcht – eine unbekannte Bedrohung zu einer Reaktion auf einen klar umschriebenen Auslöser).

Komplizierter wird die Angelegenheit noch dadurch, dass Furcht und Angst durch äußere oder innere Hinweisreize hervorgerufen werden können, die häufig nur schwer zu identifizieren sind. Erschwerend kommt hinzu, dass häufig unterschiedliche, nicht immer klar definierte Begriffe zur Charakterisierung bestimmter Formen von Angst – «generalisierte», «unbewusste» oder «frei flottierende» Angst – verwendet werden. Die Hoffnung, Furcht und Angst mit Hilfe physiologischer Untersuchungsmethoden auseinander dividieren zu können, haben sich nicht erfüllt und selbst auf der Verhaltensebene

Tabelle 1.1: Gemeinsamkeiten und Unterschiede von Furcht und Angst

Gemeinsamkeiten
Erwartung einer gefährlichen/unangenehmen Situation Angespannte Besorgnis Erregungsanstieg *(arousal)* Negative Emotion Unruhe Auf Kommendes gerichtet Mit körperlichen Begleiterscheinungen verbunden

Unterschiede	
Furcht	**Angst**
Konkrete Gefahr	Quelle der Bedrohung ist unbestimmt
Nachvollziehbare Beziehung zwischen Gefahr und Furcht	Unklare Beziehung zwischen Angst und Gefahr
Zeitlich begrenzt	Anhaltend
Umschriebene Anspannung	Alles durchdringende Unruhe
Identifizierbarer Stimulus	Kann ohne Objekt auftreten
Ausgelöst durch Gefahrensignal	Schleichender Beginn
Geht zurück, wenn Bedrohung nicht mehr vorliegt	Persistiert
Abklingen deutlich bestimmbar	Schleichendes Abklingen
Umschriebener Gefahrenbereich	Ohne klare Grenzen
Gefahr unmittelbar bevorstehend	Gefahr selten unmittelbar bevorstehend
Ausnahmereaktion	Erhöhte Vigilanz
Körperliche Empfindungen einer Alarmreaktion	Körperliche Empfindungen einer erhöhten Reaktionsbereitschaft
Eher rational	Eher irrational

(vor allem in Bezug auf Vermeidung) ist eine Unterscheidung nicht einfach. Zwar gehen Furcht und Angst beide mit bestimmten körperlichen Begleiterscheinungen (wie Muskelverspannung, Herzklopfen etc.) einher, es gibt jedoch einige Unterschiede hinsichtlich der objektiven und subjektiven Qualität dieser somatischen Symptome. In akuten militärischen Gefährdungssituationen treten beispielsweise häufig Herzklopfen, Schweißausbrüche, Mundtrockenheit und Zittern auf, während Patienten mit Angststörungen vor allem unter Herzklopfen, Schwindel, Schmerzen in der Brust und Mattigkeit zu leiden haben (siehe McMillan & Rachman, 1988).

Am deutlichsten werden die Unterschiede zwischen Furcht und Angst anhand der äußersten Extreme. So ist eine kurze, heftige Furchtreaktion auf eine giftige Schlange etwas deutlich anderes als die durchdringende, anhaltende Beklemmung, die einem in der Folge einer schweren Beziehungsproblematik zu schaffen machen kann. Aber nicht einmal hier wird in der Alltags- oder in der Fachsprache klar zwischen Angst und Furcht unterschieden. So wird beispielsweise ein und dasselbe psychologische Problem – ein massives Unbehagen, das auftritt, wenn man sich von anderen beobachtet und bewertet fühlt, und das zur Folge hat, dass soziale Situationen vermieden werden – mal als «soziale Angst» und mal als «soziale Phobie» bezeichnet. Auch spricht man von der Angst vor dem Reden in der Öffentlichkeit oder von sexuellen Ängsten, obwohl in diesen Fällen erkennbar ist, worauf sich die Besorgnis der Betroffenen bezieht. Die Begriffe Furcht und Angst werden also nicht immer im Einklang mit der definitorischen Unterscheidung – dass Furcht im Gegensatz zur Angst einen speziellen Fokus hat – verwendet.

Es gibt eine Reihe von häufig geäußerten Annahmen über den Unterschied zwischen Furcht und Angst, die einer kurzen Betrachtung wert sind. So sind sich viele Psychoanalytiker und Behavioristen – die hinsichtlich fast aller anderen wichtigen Aspekte des emotionalen Erlebens in ihren Auffassungen weit auseinander liegen – in dem Punkt einig, dass es sinnvoll sei, zwischen Furcht und Angst zu unterscheiden. Sehr häufig trifft man auf die Vorstellung (die damit nicht unbedingt richtig ist), dass sich Angst möglicherweise auf Furcht zurückführen bzw. reduzieren lasse. Wenn es prinzipiell möglich ist, Ursache und Fokus der Angst herauszufinden, dann sollte es möglich sein, durch entsprechende Bemühungen – innerhalb oder außerhalb einer Therapie – eine diffuse Angst in eine klar umrissene Furcht zu verwandeln. Eng verbunden damit ist der Gedanke, Furcht sei leichter in den Griff zu bekommen als Angst. Aus diesem Grund hält man es für erstrebenswert, Angst in Furcht zu verwandeln. Darüber hinaus geht die Ansicht, Angst sei prinzipiell auf Furcht reduzierbar, auch häufig mit der Vorstellung einher,

Angst sei einfach ein Ersatz für Furcht, d. h., Angst entstehe, wenn der Grund der Furcht nicht greifbar sei.

Es gibt keine allgemein anerkannte Definition des Begriffes Angst und eine gewisse Unzufriedenheit damit, wie er verwendet wird. So haben sich u. a. Sarbin (1964) und Hallam (1985) dafür ausgesprochen, den Begriff ganz fallen zu lassen. Nicht nur in der Fachsprache, auch im Alltag wird das Wort in sehr unterschiedlicher Bedeutung und sowohl für Reaktionen auf sehr vage als auch auf konkrete Gefahren benutzt.

Zumindest zwei der allgemein anerkannten Merkmale von Furcht und Angst bedürfen eines Kommentars, nämlich der Erregungsanstieg und die negative Qualität der Emotion. Diese Merkmale sind kennzeichnend für den größten Teil der Furchtreaktionen, unter bestimmten Bedingungen kann Furcht jedoch auch als angenehm empfunden werden. Manchmal scheinen Menschen gefährliche Situationen sogar gezielt aufzusuchen bzw. zu versuchen, Furcht hervorzurufen, etwa indem sie gefährliche Sportarten betreiben, Achterbahn fahren oder sich spannende Filme anschauen. Derartige Ausnahmen verdienen es, erwähnt zu werden, sollten aber nicht den Blick auf die zentralen allgemeinen Merkmale der Furcht verstellen. Zu diesen Merkmalen gehört auch ein erhöhtes Erregungsniveau *(arousal)* – wobei die daran beteiligten Prozesse jedoch äußerst komplex und noch nicht völlig geklärt sind. Einige neuere Befunde zeigen, dass ein erhöhtes Erregungsniveau eher typisch für Furchtreaktionen als für Angst ist; bei dieser kann es sogar zu einer Erregungsminderung kommen (Brewin, 1996; Rapee, 1996).

Das deutsche Wort *Angst* hat – als zentrales Konzept der Psychoanalyse – Eingang in die englische Sprache gefunden, wobei, wie Lewis (1980) betont, die Gleichsetzung von *Angst* mit *anxiety* irreführend sein kann. Da es auch in deutschen Fachkreisen Kontroversen über die genaue Bedeutung des Begriffes Angst gibt, ist es nicht immer einfach, eine zutreffende Übersetzung zu finden.

Beide Wörter – *anxiety* und *Angst* – haben ihren Ursprung in dem griechischen Wort *angh*, das soviel wie Enge oder Bedrängung bedeutet. Andere Begriffe wie *anguish* (Qual) oder *anger* (Ärger) haben denselben Ursprung, bieten aber kaum Anlass für Verwechslungen, auch wenn sie oft verwendet werden, um psychische Vorgänge zu beschreiben, die in einem gewissen Zusammenhang zu Angst und Furcht stehen.

Um Missverständnisse zu vermeiden, werden im Folgenden jeweils die Begriffswahl der Ursprungsautoren beibehalten – mit Ausnahme der ganz wenigen Fälle, wo dies zu Missverständnissen führen würde.

Komponenten der Furcht

Es kann nicht davon ausgegangen werden, dass Menschen immer in der Lage oder auch bereit wären, ihre eigenen Furchtreaktionen bewusst wahrzunehmen und anschließend zutreffend zu beschreiben. Im Krieg beispielsweise gilt es häufig als nicht akzeptabel einzugestehen, dass man Furcht empfindet, und bei Untersuchungen mit studentischen Stichproben scheinen vor allem männliche Befragte manchmal davor zuzurückzuscheuen, Furchtreaktionen zuzugeben. In klinischen Settings fällt es vielen Patienten schwer, sich selbst oder anderen gegenüber ihre Ängste einzugestehen, auch oder gerade wenn diese sehr stark sind. Während man Menschen nur selten sagen muss, dass sie Furcht haben, können Angstgefühle so diffus und unbestimmt sein, dass die Betroffenen sich ihrer erst bewusst werden, wenn sie von außen darauf hingewiesen werden.

Die sozialen Einflüsse, die einem direkten Ausdruck von Angst und Furcht im Wege stehen, erschweren das Erkennen und Beschreiben dieser Gefühlsregungen. Viele Menschen, die angeben, sich vor einer bestimmten Situation zu fürchten, legen später ein anscheinend furchtloses Verhalten an den Tag, wenn sie mit dieser Situation konfrontiert werden. Eine genaue Einschätzung der Intensität einer Furchtreaktion scheitert häufig an der Schwierigkeit, Beschreibungen wie «extreme Angst», «ziemlich starke Furcht» oder «leichte Unruhe» in eine quantitative Skala mit stabilen Eigenschaften zu übersetzen. Aus diesen und anderen Gründen begnügt man sich in der psychologischen Forschung nicht mit den subjektiven Angaben über das Ausmaß der empfundenen Furcht, sondern erhebt auch Indikatoren physiologischer Veränderungen und registriert beobachtbares Verhalten.

Es ist sinnvoll, drei Hauptkomponenten der Furcht voneinander zu unterscheiden: das subjektive Gefühl, bedroht zu sein, die damit einhergehenden physiologischen Veränderungen und – auf der Verhaltensebene – Versuche, die gefürchtete Situation zu vermeiden oder aus ihr zu fliehen. Reaktionen auf diesen drei Ebenen verlaufen nicht immer parallel zueinander (Lang, Levin, Miller & Kozak, 1983). Manchmal empfinden Menschen Furcht, wirken jedoch nach außen hin ruhig und zeigen keine der erwarteten physiologischen Korrelate der Furcht wie Zittern, Herzklopfen oder Schwitzen; manchmal sagen Menschen, sie fürchteten sich, unternehmen aber keinen Versuch, aus der entsprechenden Situation zu fliehen oder sie zu vermeiden. Die Existenz dieser drei Komponenten der Furcht und die Tatsache, dass sie nicht immer in Einklang miteinander stehen, lässt es sinnvoll erscheinen, im Einzelfall anzugeben, von welcher Komponente man spricht.

Bei unseren Interaktionen im Alltag gehen wir zunächst von dem aus, was uns die anderen über ihre Ängste sagen, und ergänzen diese Angaben durch Hinweise, die wir ihrer Mimik und ihrer Körpersprache entnehmen. Leider können wir dabei, vor allem wenn wir keine weiteren Informationen über den Kontext unserer Beobachtungen haben, mit unseren Interpretationen auch ganz falsch liegen. Außerdem lassen sich nur bestimmte Formen von Furcht – vor allem akute Furcht – an Mimik und Gestik ablesen. Chronische und diffuse Formen von Furcht sind weniger gut nach außen hin erkennbar, was auch für die meisten Formen von Angst gilt. So können wir beispielsweise ohne Schwierigkeit während der Landung eines Flugzeugs in den Gesichtern vieler Passagiere Anzeichen von Furcht erkennen, sehen es aber möglicherweise jemandem nicht an, dass er sich stark davor fürchtet, mit fremden Menschen zu tun zu haben. Angst ist besonders schwer zu erkennen, da sie relativ formlos und ungreifbar und damit selbst für den Betreffenden nur schwer zu fassen ist.

Im Laufe der Bemühungen, effektive Techniken für den Abbau von Furchtreaktionen zu entwickeln, ist man auf eine Reihe von unerwarteten und interessanten Erkenntnissen gestoßen. Auch die klinische Anwendung dieser Verfahren hat zu verblüffenden Resultaten geführt. So sagen beispielsweise einige Patienten trotz deutlicher Verbesserungen auf der Verhaltensebene – wenn beispielsweise jemand, der unter Klaustrophobie litt, wieder U-Bahn fahren kann –, dass sie nicht von der Therapie profitiert hätten. Bei anderen Patienten gehen die physiologischen Reaktionen auf den kritischen Reiz im Laufe der Behandlung zurück, dennoch klagen sie weiterhin über massive Furcht. Darüber hinaus zeigen sich Fortschritte auf der Verhaltensebene manchmal erst Wochen nach Verbesserungen auf der Ebene des subjektiven Erlebens.

Wiederholte Beobachtungen dieser Art führten zu der Erkenntnis, dass die drei Komponenten der Furcht «Desynchronizität» aufweisen können (d. h. sich verschieden schnell verändern können), und zwar sowohl als Reaktion auf eine Behandlung als auch spontan (Rachman, 1990). In der Therapie kommt es im Allgemeinen zunächst zu einem Rückgang der physiologischen Reaktionen, dann zu Verbesserungen auf der Verhaltensebene und zuletzt zu entsprechenden Veränderungen im Erleben. Bei der neuesten Therapieform – der kognitiven Verhaltenstherapie –, die primär auf die «maladaptiven» Kognitionen des Patienten abzielt, kann es allerdings bereits relativ früh zu subjektiven Veränderungen kommen.

Die teilweise geringe Übereinstimmung zwischen den verschiedenen Furchtindikatoren führte auch zu Schwierigkeiten bei der Interpretation wissenschaftlicher Experimente über den Abbau von Furchtreaktionen. Oft war es bereits schwierig, geeignete Versuchspersonen auszuwählen. Viele potenzielle Versuchsteilnehmer, die von Furcht berichten, zeigen keine oder nur geringe Furcht, wenn sie im Rahmen eines speziellen Verhaltenstests mit dem gefürchteten Objekt konfrontiert werden. Viele, die vorher in einem Fragebogen extrem große Angst vor Schlangen angegeben haben, betreten den Versuchsraum, gehen auf die Schlange zu und nehmen sie ohne zu zögern in die Hand. Es gibt eine starke Tendenz zur antizipatorischen Überschätzung *(over prediction)* von Furcht: Häufig meinen Menschen, dass ihre Furcht deutlich stärker sein wird, als es dann tatsächlich der Fall ist, wenn sie der entsprechenden Situation ausgesetzt sind.

Diskrepanzen zwischen verschiedenen Furchtindikatoren sind in unterschiedlichen Experimenten und klinischen Settings zutage getreten, so zum Beispiel auch in einem frühen klassischen Versuch von Gordon Paul (1966), bei dem es um den Abbau von Redeangst ging. Versuchspersonen waren Studenten, deren Furcht anhand mehrerer subjektiver Maße, zweier physiologischer Maße, Außenratings sowie eines Verhaltenstests eingeschätzt wurde. Paul fand eine relativ hohe Korrelation zwischen den subjektiven Maßen, aber nur einen niedrigen Zusammenhang zwischen diesen und den physiologischen Furchtindikatoren. Wie bereits gesagt, kommt es in der klinischen Praxis relativ häufig vor, dass Patienten mit Phobien vor öffentlichen Verkehrsmitteln und öffentlichen Orten wie Supermärkten ihr Vermeidungsverhalten deutlich abbauen können, jedoch noch mehrere Wochen nach diesen Fortschritten über subjektives Furchterleben klagen.

Peter Lang, auf den ein großer Teil der wissenschaftlichen Forschung zum Thema Furcht und Furchtreduktion zurückgeht, hat diese Einsicht außerordentlich gut auf den Punkt gebracht. Er sagte: «Angst ist nicht irgendein festes Etwas, das im Menschen steckt und das wir mal mehr, mal weniger gut dazu bringen können, sich zu rühren» (Lang, 1970). Er zeigte überzeugend, dass die verschiedenen Komponenten der Angst zwar zueinander in Beziehung stehen, aber nur bis zu einem gewissen Ausmaß. Die drei Komponenten sind nur locker miteinander verbunden und teilweise unabhängig.

In einer Untersuchung mit Fallschirmspringern stellten Fenz und Epstein (1967) sowohl Übereinstimmungen als auch Abweichungen zwischen den verschiedenen verwendeten Maßen fest. Während die drei physiologischen Maße einen kontinuierlichen Anstieg über die verschiedenen Messzeitpunkte hinweg verzeichneten, zeigten die subjektiven Indikatoren ein anderes Muster. Diese Komponente der Furcht fluktuierte über die verschiedenen Phasen der Sequenz, wobei es bereits früh zu einem deutlichen Anstieg kam, dem ein Abfall folgte und dann noch einmal eine Zunahme kurz vor dem Sprung. Dies galt zumindest für die erfahrenen Fallschirmspringer, bei den Anfängern sahen die Ergebnisse etwas anders aus. Bei ihnen gab es eine höhere Übereinstimmung zwischen der subjektiv empfundenen Furcht und den physiologischen Reaktionen. Beiderlei Maße zeigten sehr starke Reaktionen, die ständig an Stärke zunahmen und kurz vor dem Absprung einen Höhepunkt erreichten. Dabei stieg die durchschnittliche Herzfrequenz auf 145 Schläge pro Minute an. Beide Gruppen von Indikatoren – die physiologischen wie die subjektiven – zeigten kurz nach der Landung einen allmählichen Abfall. Bei den erfahrenen Springern gab es nur einen relativ schwachen Anstieg von Herzfrequenz, subjektiver Angst und anderen Maßen, während die Neulinge extrem stark reagierten. Diese Beobachtungen zeigen, dass die Übereinstimmung zwischen den verschiedenen Indikatoren bei sehr stark ausgeprägter Furcht relativ hoch ist. Das Gleiche gilt für die andere Seite des Spektrums, den Zustand völliger Ruhe und Gelassenheit. Zu einer Entkoppelung der Komponenten kommt es vor allem bei einer mittelgradigen emotionalen Erregung.

Was ist angesichts dieser unvollständigen Koppelung der verschiedenen Komponenten der Furcht die beste Möglichkeit, Furcht zu beschreiben und vorherzusagen? Lang empfiehlt, sich nicht auf ein einzelnes Maß zu verlassen. Selbsteinschätzungsmaße sind eine sinnvolle, wenngleich relativ grobe Grundlage für die Vorhersage von Furchtreaktionen und haben einige praktische Vorteile gegenüber den ausgefeilteren Erhebungstechniken. Die zusätzliche Verwendung von Verhaltenstests ist in der Regel wünschenswert und liefert präzise Informationen, die mit Hilfe indirekter Methoden nicht erhoben werden können. Ratings durch äußere Beurteiler können ebenfalls sinnvoll sein, sind jedoch auch mit bestimmten Schwierigkeiten verbunden. Auch einige physiologische Maße (insbesondere die Herzfrequenz) können sehr aufschlussreiche Daten liefern. Als Reaktion auf Furchtstimuli kommt es zu einer Beschleunigung des Herzschlages und bei hohen Intensitätsgraden geht eine Erhöhung der Herzfrequenz häufig mit einem Anstieg der subjektiv erlebten Furcht einher. Der Hauptgrund dafür, dass wir uns bemühen sollten, mehr als eine Furchtkomponente zu messen, besteht darin, dass die ausschließliche Berücksichtigung des wichtigsten Maßes – der Selbsteinschätzung – zu einer Überschätzung der Furcht und zu einer deutlichen Unterschätzung des Mutes der Untersuchten führen kann. Verlassen wir uns hingegen völlig auf das beobachtete Verhalten in einem Furchttest, laufen wir Gefahr, das Ausmaß der entstehenden Furcht zu unterschätzen. Die Betrachtungsweise der Furcht als Zusammenspiel unvollständig gekoppelter Reaktionssysteme hat – als Nebenprodukt – neue Vorstellungen über den Mut hervorgebracht. Manchmal sind Menschen bereit, sich trotz starker subjektiver Furcht und unangenehmer physischer Symptome einem Furcht erregenden Objekt zu nähern bzw. sich in eine gefürchtete Situation zu begeben. Mut ließe sich somit als Fähigkeit einer Person definieren, trotz subjektiven Furchtempfindens ein Verhalten aufrechtzuerhalten, was gleichzeitig auch als Beispiel für eine Entkoppelung der Furchtkomponenten betrachtet werden kann (Rachman, 1990).

Langs Drei-Komponenten-Ansatz ist allgemein als Fortschritt begrüßt worden. Insbesondere die Erkenntnis, dass die Furcht aus mehr als einer Komponente besteht und kein einheitliches Phänomen darstellt, ist sehr erhellend. Allerdings ist damit das ursprüngliche Problem noch nicht völlig gelöst. Die drei Komponenten sind unvollständig aneinander gekoppelt und in Abhängigkeit von den Bedingungen überwiegt mal die eine, mal die andere. Die Abwesenheit einer physiologischen Reaktion lässt nicht den Schluss zu, es bestünde keine Furcht; auch das Fehlen eines Vermeidungs- oder Fluchtverhaltens rechtfertigt einen derartigen Schluss nicht. Das Erleben von Furcht setzt nicht das Vorhandensein aller drei Komponenten voraus, andererseits reicht das Vorliegen einer physiologischen Reaktion oder eines Flucht- oder Vermeidungsverhaltens oder selbst beider Komponenten nicht aus, um die Reaktion «Furcht» zu nennen. So können Vermeidungsverhalten und eine erhöhte Herzfrequenz beispielsweise auch Komponenten einer Wut- oder Ekelreaktion sein. Ohne Angaben über das subjektive Empfinden bleibt die Bedeutung des Vermeidungsverhaltens und der physiologischen Reaktion im Unklaren. Die verhaltensmäßige und die physiologische Komponente der Furcht sind in der Regel stark ausgeprägt, jedoch kann Furcht auch ohne sie auftreten. Letztendlich sind die verbalen Angaben ausschlaggebend für die Definition einer Reaktion und damit sind sie von entscheidender Bedeutung. Somit besteht das Problem, das zur Aufstellung des Drei-Komponenten-Modells geführt hat, in veränderter Form nach wie vor.

Furcht, Angst und Vermeidung

Nach Mowrer (1960, S. 97) ist «Furcht ein entscheidender kausaler Faktor für Vermeidungsverhalten». Seit seiner Veröffentlichung im Jahr 1939 hat Mowrers Zwei-Faktoren-Modell der Angst einen großen Einfluss auf die Auseinandersetzung mit dem Thema Furcht und Angst – Mowrer verwendete die beiden Begriffe synonym – in der Psychologie.

In den ursprünglichen Formulierungen zu seiner Theorie beschäftigte sich Mowrer kritisch mit den gegensätzlichen Vorstellungen von Freud, Pawlow und Watson und kam zu dem Schluss, dass Angst am besten als konditionierte Schmerzreaktion aufzufassen sei. Er vertrat die Auffassung, dass es sich bei der Angst nicht nur um eine Reaktion auf schmerzhafte Stimuli oder Assoziationen handele, sondern dass sie auch Verhalten «energetisieren» könne. Diese motivationale Qualität der Angst war für Mowrer von zentraler Bedeutung. Außerdem meinte er, dass sich Verhalten, das zu einer Reduktion bestehender Angst führe, festsetze – dass also Angstreduktion verstärkend wirke. Das letzte Element der Theorie ist die These, dass Verhalten, welches durch Angst motiviert ist, vermeidend ist, und dass es, wenn es erfolgreich ist, zu einer Angstreduktion führt, was wiederum das Vermeidungsverhalten selbst verfestigt. «Furcht ... motiviert und verstärkt Verhalten, das auf eine Vermeidung oder Verhinderung des erneuten Auftretens des schmerzhaften (unkonditionierten) Stimulus ausgerichtet ist» (Mowrer, 1939, S. 554). In einer späteren Version seiner Theorie betonte Mowrer noch stärker die motivierende Qualität der Furcht. Er schrieb: «Zwei kausale Schritte sind erforderlich ... Furcht kommt sowohl im Fall von aktivem als auch passivem Vermeidungsverhalten die Bedeutung einer entscheidenden zwischengeschalteten ‹Ursache› oder ‹Variable› zu.» (Mowrer, 1960, S. 48-49).

Diese Thesen konnten sich schon bald auf eine große Menge an empirischen Belegen stützen und eine Zeitlang ließen sich neue Erkenntnisse gut in die Zwei-Faktoren-Theorie integrieren. Über einen beachtlichen Zeitraum hatte Mowrers Theorie einen entscheidenden Einfluss darauf, wie die Verbindung zwischen Furcht und Vermeidung in der experimentellen und der klinischen Psychologie gesehen wurde, und sie war ein entscheidender Bestandteil der konzeptuellen Grundlage einer neuen Therapieform – der Verhaltenstherapie.

Übermäßiges und irrationales Vermeidungsverhalten ist eine häufige Konsequenz von Furcht. Auch neuere Untersuchungen zur Panikstörung liefern Beispiele für eine anscheinend kausale Verbindung zwischen Zuständen intensiver Furcht (Panik) und dem Auftreten weit reichenden Vermeidungsverhaltens. Panik und Vermeidung sind korreliert; die meisten Patienten führen ihr Vermeidungsverhalten auf die erlebten Panikattacken zurück und die zeitlichen Zusammenhänge zwischen Panik und Vermeidung deuten sämtlich auf eine starke Verbindung hin. Dennoch gibt es Ausnahmen: Nicht immer folgt auf Panikanfälle Vermeidungsverhalten. Auf der anderen Seite ist auch Vermeidungsverhalten nicht immer die Folge von Furcht. Es gibt sogar Fälle, in denen Furcht Annäherungs- statt Vermeidungsverhalten nach sich zieht. Welcher Zusammenhang besteht also zwischen Furcht und Vermeidung?

Es gibt zahlreiche experimentelle Befunde, die auf einen direkten Zusammenhang zwischen Furcht und Vermeidung bei Tieren hinweisen. Werden ihnen Elektroschocks verabreicht und ist die Versuchsanordnung so, dass die

Tiere weitere Schocks bzw. Stimuli, die weitere Schocks ankündigen, vermeiden können, so kommt es rasch zum Aufbau eines starken und stabilen Vermeidungsverhaltens. Die diesbezüglichen Befunde sind zahlreich und eindeutig und lassen sich leicht replizieren. Natürlich hat eine solche Empirie großen Einfluss auf die Theoriebildung.

Im Laufe der Zeit traten jedoch einige Probleme einer solch einfachen Sichtweise zutage. Das erste ergab sich aus der Beobachtung, dass Versuchstiere noch in Hunderten von Durchgängen nach Entfernen des aversiven Reizes Vermeidungsverhalten an den Tag legen. Die erstaunliche Hartnäckigkeit (Persistenz) erworbenen Vermeidungsverhaltens ist schwer zu erklären, da aktives Vermeidungsverhalten in Abwesenheit unangenehmer Reizeinwirkung eigentlich allmählich zurückgehen und schließlich gelöscht werden sollte. Das zweite Problem besteht darin, dass die Theorie zwei Annahmen enthält, die heute nicht mehr haltbar sind. Sie geht davon aus, dass alle Ängste durch Konditionierungsprozesse erworben werden (s.u.) und dass alle neutralen Stimuli mit gleicher Wahrscheinlichkeit zu Furchtsignalen werden können. Wie wir gleich sehen werden, kann die Konditionierungstheorie der Angst eine große Anzahl von empirischen Belegen erklären, hat jedoch auch schwerwiegende Schwächen. So muss die Annahme, dass alle Stimuli zu Furchtauslösern werden können und alle Reize in dieser Hinsicht das gleiche Potenzial haben, angezweifelt werden. Eine andere berechtigte Kritik an der Zwei-Faktoren-Theorie stammt von Harlow (1954), der ihr eine Überschätzung der motivationalen Bedeutung der Furcht vorwarf: «Der größte Teil unserer Motivation ist auf die Erreichung positiver Ziele ausgerichtet, nicht auf die Vermeidung von Furcht und Gefahr» (Harlow, 1954, S. 37).

Vor allem aber ist die Aussage, Furcht sei ein notwendiger kausaler Faktor für die Entwicklung von Vermeidungsverhalten, eindeutig falsch. Vermeidungsverhalten entsteht und verändert sich auch in Abwesenheit von Furcht. Man kann Vermeidungsverhalten hervorrufen, aufrechterhalten oder modifizieren, ohne dass es in irgendeinem Moment einer Furchtreaktion bedürfte (wenn z. B. eine laute Feier oder ein schlammiger Weg vermieden wird).

Daneben gibt es auch bedeutsame Beispiele für starke Furchtreaktionen, die zu keinem stabilen Vermeidungsverhalten führen. So schlossen beispielsweise Craske, Sanderson und Barlow (1987) aus ihren an 57 Patienten mit Panikstörung erhobenen Daten, dass «die Häufigkeit von Panikattacken nicht der ausschlaggebende Faktor für Vermeidungsverhalten ist». Sie stellten außerdem fest, dass eine über lange Zeit bestehende Neigung zu Panikattacken häufig nicht mit einem besonders starken Vermeidungsverhalten einhergeht. Viel stärker kommt es anscheinend auf die *Erwartung* von Panik an, und entsprechend vertritt Telch (1988) die Auffassung, dass kognitive Faktoren die zentrale Rolle für die Entstehung von Vermeidungsverhalten spielen. Weitere Beispiele für Furchtreaktionen, die kein Vermeidungsverhalten nach sich ziehen, finden sich in großer Menge in der militärpsychologischen Literatur.

Weitere Schwierigkeiten, mit denen Mowrers Theorie zu kämpfen hat, wurden von Seligman und Johnston (1973) beschrieben. In ihrer überzeugenden Argumentation weisen diese Autoren auf die übermäßige und unerwartete Stabilität des Vermeidungsverhaltens hin, auf die Abwesenheit von Furcht während der Ausführung des Vermeidungsverhaltens sowie drittens auf die von ihnen so bezeichnete Flüchtigkeit *(elusiveness)* des konditionierten Reizes, womit die Tatsache gemeint ist, dass es schwer zu sagen ist, welchen Stimulus die Person bzw. das Tier eigentlich konkret vermeidet.

Ausgehend von der Zwei-Faktoren-Theorie haben Therapeuten ihre Patienten dazu angehalten, gefürchtete Situationen nicht länger zu vermeiden, vor allem nicht während der Behandlung. Es war gängige Praxis, Patienten davor zu warnen, dass sie sowohl einen Anstieg der Angst als auch der Vermeidungstendenzen riskierten, wenn sie aus einer Furcht auslösenden Situation flohen; man sagte ihnen, dass man durch eine solche Flucht zwar ein vorübergehendes Nachlassen der Angst erreichen könne, dies aber langfristig ungünstige Konsequenzen hätte. Der Abbau von Furcht durch ein Herausgehen aus der Situation führe zu einer Zunahme des Vermeidungsverhaltens. Lange Zeit forderten viele Therapeuten ihre Patienten auf, so lange in der gefürchteten Situation zu bleiben, bis die Furcht nachzulassen begann. Die «goldene Regel» lautete: «Versuche, niemals eine Situation zu verlassen, ehe die Angst nicht zurückgeht» (Mathews, Gelder & Johnston, 1981). In vielen Fällen – sowohl in klinischen als auch nichtklinischen Zusammenhängen – ist dies sicherlich eine vernünftige und sinnvolle Devise. Vieles spricht dafür, dass ein Hinausgehen aus Angst auslösenden Situationen in vielen Fällen zu einer Zunahme von Vermeidungsverhalten führt. Dass aber Vermeidungsverhalten ausschließlich durch die Flucht aus gefürchteten Situationen aufrechterhalten wird, ist unwahrscheinlich.

Um herauszufinden, ob der Zusammenhang von Furcht und Vermeidung starr und unveränderlich ist, wurde zunächst im Rahmen einer Pilotstudie mit acht Patienten (De Silva & Rachman, 1984) die Hälfte dieser Patienten aufgefordert, die goldene Regel zu befolgen und Furcht auslösende Situationen erst dann zu verlassen, wenn die Furcht nachzulassen begann. Den anderen Patienten wurde gesagt, sie sollten aus der Situation herausgehen, sobald sie einen Furchtanstieg erlebten. Das Ausmaß von Furcht und Vermeidung wurde über die verbalen Angaben der Patienten erhoben sowie über Verhaltenstests vor, während und nach dem experimentellen Treatment. Das Ergebnis der Studie: Auch bei den Patienten, denen die Fluchtstrategie empfohlen worden war, kam es im Gegensatz zu den Vorhersagen, die sich aus der Zwei-Faktoren-Theorie ableiten lassen, nicht zu einer signifikanten Zunahme von Furcht oder Vermeidungsverhalten. Etwas später wurde die Studie mit anderen Patienten und ähnlichen Ergebnissen wiederholt (Rachman, Craske, Tallman & Solyom, 1986). Es zeigte sich, dass die Patienten vor allem im Anfangsstadium des Programms dazu neigten, die Gefährlichkeit der aufzusuchenden Situationen zu hoch einzuschätzen, worin möglicherweise die Tendenz zur antizipatorischen Überschätzung von Furchtreaktionen (*over-prediction of fear*, s.u.) zum Ausdruck kommt. Auffällig ist allerdings, dass in diesen Studien Furcht und Vermeidungsverhalten bei allen Patienten zurückgingen, d.h. unabhängig davon, ob sie aus den Furcht auslösenden Situationen flohen oder nicht.

Das Auftreten und die Stabilität von Vermeidungsverhalten musste also auf andere Weise erklärt werden. Bald zeigte sich, dass verschiedene Faktoren – beispielsweise die Motivation, das Ausmaß der erwarteten negativen Einwirkungen und die Verfügbarkeit von Schutz – Einfluss auf das Vermeidungsverhalten haben. Vor allem scheint die Erwartung einer Person, dass die Konfrontation mit einem bestimmten Objekt oder einer bestimmten Situation bei ihr Furcht auslösen wird, darüber zu entscheiden, ob es zu Vermeidungsverhalten kommt. Damit wäre ein furchtbezogenes Vermeidungsverhalten vor allem das Produkt vorhergesagter Furcht.

Daraus folgt nun, dass es dann zu einer unangemessenen Vermeidung einer Situation kommt, wenn Menschen das Ausmaß an Furcht, die sie in dieser Situation erleben werden, antizipatorisch überschätzen. Außerdem ist zu erwarten, dass eine Korrektur dieser Fehleinschätzung zu einem Rückgang von Vermeidungsverhalten führt.

Auch so genannte Sicherheitssignale haben einen Einfluss auf das Vermeidungsverhalten, der berücksichtigt werden muss. Die Bedeutung eines solchen Signals liegt darin, dass es als Hinweis auf eine furcht-, schmerz- oder bedrohungsfreie Zeit steht. Die Anwesenheit eines Sicherheitssignals bewirkt, dass sich der Betreffende sicher fühlt und sich daher freier verhalten kann. Empirische Unterstützung für die Sicherheitssignal-Hypothese liefert eine Studie von Carter, Hollon, Carson und Shelton (1995), die zeigen konnten, dass Patienten, die unter einer Panikstörung litten, signifikant schwächer auf einen Provokationstest reagierten, wenn sich jemand in ihrer Nähe befand, der für sie ein Sicherheitssignal darstellte. Bei agoraphobischer Vermeidung kann die Begleitung durch eine Sicherheit gebende Vertrauensperson die Betroffenen in die Lage versetzen, ihren Aktionsradius auszudehnen. Die antizipierte Anwesenheit eines Sicherheitssignals führt wahrscheinlich zu einer Modifikation der Vorhersage in dem Sinne, dass das Ausmaß der erwarteten Furchtreaktion geringer eingeschätzt wird, wodurch wiederum auch weniger Vermeidungsverhalten auftritt. Die Entfernung eines Sicherheitssignals aus einer Situation bewirkt dagegen, dass eine stärkere Furchtreaktion erwartet wird und es daher zu mehr Vermeidungsverhalten kommt. Dies lässt sich manchmal bei Menschen mit agoraphobischen Problemen beobachten, die große Angst bekommen, wenn sie feststellen, dass sie ihre Beruhigungstabletten nicht dabei haben, ohne die sie ihrer Meinung nach nicht auskommen.

Die antizipatorische Überschätzung der Furcht

Furchtsame Menschen haben eine starke Neigung, das Ausmaß an Furcht, das sie bei der Konfrontation mit dem gefürchteten Objekt erleben werden, zu überschätzen (Rachman & Bichard, 1988). Wir sprechen in diesem Zusammenhang von *over-prediction of fear* und vermuten, dass diese Tendenz Teil eines grundlegenderen Phänomens ist, das darin besteht, dass Menschen allgemein die subjektiven Auswirkungen aversiver Ereignisse im Vorhinein überschätzen, so z. B. auch die Stärke von Schmerzen. Wie bereits gesagt, ist *over-prediction* von Furcht (sowie von Schmerz und anderen aversiven Ereignissen) mit Vermeidungsverhalten verbunden: Wir neigen dazu, Dingen und Situationen, von denen wir meinen, dass sie Furcht erregend oder aversiv sein werden, aus dem Weg zu gehen.

Das ausgeprägte Vermeidungsverhalten von Agoraphobie-Patienten wird damit etwas verständlicher. Da diese Patienten die gleiche Neigung haben, das Ausmaß ihrer Furcht antizipatorisch zu überschätzen wie Menschen mit anderen Arten von Furcht, ist ihr Vermeidungsverhalten möglicherweise eine Konsequenz dieser *over-prediction*. Es ist nicht ungewöhnlich, dass solche Patienten angeben, sehr viele Situationen konsequent zu vermeiden, und dann recht überrascht sind, wenn sie ihre Vorhersagen auf die Probe stellen und merken, dass sie sich relativ frei bewegen können und dabei weniger Furcht empfinden, als sie erwartet hatten. Sie stellen fest, dass sie den Umfang und die Intensität ihrer Ängste überschätzt hatten.

Bei Menschen, die zu einer Überschätzung ihrer Furcht neigen, ist häufig Folgendes zu beobachten. Wenn die Vorhersagen, starke Furcht zu erleben, wiederholt nicht bestätigt werden, kommt es zu einer Korrektur der Einschätzung in Bezug auf zukünftige Situationen – die Betroffenen fangen an, weniger Furcht zu prophezeien. Kommt es mehrfach hintereinander zu einem Ausbleiben vorhergesagter Furcht, geht auch das Ausmaß der *angegebenen*

Furcht immer weiter zurück. Nicht immer wird jedoch das Ausmaß der in einer bestimmten Situation vermutlich auftretenden Furcht überschätzt: Manchmal kommt es auch zu einer Unterschätzung *(under-prediction)* der Furchtreaktion. In diesem Fall entsteht mehr Furcht als vorhergesagt worden war. Und natürlich ist es auch möglich, dass Menschen das Ausmaß der auftretenden Furcht korrekt vorhersagen und Vorhersage und spätere Angaben übereinstimmen.

Ein Beispiel für eine antizipatorische Überschätzung von Furcht aus dem militärischen Bereich stammt aus einer Studie mit angehenden Fallschirmjägern. Die Untersuchten sollten zunächst vorhersagen, wie viel Furcht sie beim letzten, schwierigsten Sprung ihrer Ausbildung empfinden würden, und dann im Nachhinein angeben, wie stark ihre Furcht tatsächlich gewesen war. Es zeigte sich, dass das Ausmaß der auftretenden Furcht im Durchschnitt etwa um 10 Prozent überschätzt wurde. Interessanterweise blieben die Einschätzungen der *Gefährlichkeit* des Springens unverändert (McMillan & Rachman, 1988).

Eine antizipatorische Unterschätzung auftretender Furcht hat unmittelbare und weit reichende Konsequenzen. *Under-predictions* sind einschneidendere Erfahrungen für das Individuum als *over-predictions*. Die Auswirkungen von *over-prediction* stellen sich eher langsam ein und es scheint, dass es der wiederholten Widerlegung der Vorhersagen bedarf, damit sie in bedeutsamem Umfang und auf Dauer korrigiert werden. Insofern besteht eine gewisse Asymmetrie der Auswirkungen von *over-predictions* und *under-predictions.*

Die vorliegenden Erkenntnisse lassen sich folgendermaßen zusammenfassen. Furchtsame Menschen neigen dazu, das Ausmaß der Furcht, das in einer bestimmten Situation auftreten wird, zu überschätzen. Im Anschluss an die Konfrontation mit der gefürchteten Situation werden die Vorhersagen im Fall von *over-prediction* nach unten und im Fall von *under-prediction* nach oben korrigiert. Bei zutreffender Vorhersage kommt es zu keiner Veränderung. Bei einer wiederholten Konfrontation mit dem gefürchteten Stimulus stellt sich ein Rückgang der angegebenen Furcht ein, unabhängig von der Genauigkeit der getroffenen Vorhersagen. Außerdem unterliegen die Vorhersagen anscheinend einem gewissen Lerneffekt: Durch wiederholte Übung werden sie zunehmend genauer.

Wie wir noch sehen werden, stehen diese neuen Erkenntnisse in Einklang mit dem revidierten Konditionierungsmodell; auch dort spielen die prädiktive Bedeutung von Furchtstimuli und die Tendenz zu zunehmend präziseren Reaktionen eine wichtige Rolle.

Ähnlich sind die Zusammenhänge von Über- und Unterschätzung und ihren Konsequenzen den vorliegenden Forschungsergebnissen zufolge im Fall von Panikattacken. Auch hier kommt es nach einer antizipatorischen Überschätzung zu einer Korrektur nach unten und nach einer Unterschätzung zu einer Korrektur nach oben. Hat der Betreffende einen Panikanfall (oder das Ausbleiben eines solchen) korrekt vorhergesagt, bleiben die Vorhersagen weiterer Panik unverändert. Nur die unzutreffenden Vorhersagen – die Unter- oder Überschätzung – ziehen entsprechende Korrekturen nach sich. Besonders starke Auswirkungen hat eine *under-prediction* von Panik, also ein unerwarteter Panikanfall. Auch erwartete Panikanfälle sind zwar unangenehm, aber meistens nicht so belastend oder einschneidend in ihren Auswirkungen wie unerwartete. Dies ist mit ein Grund dafür, dass die ersten ein bis zwei Panikattacken zweifellos die folgenschwersten sind.

Falsche Voraussagen haben in den meisten Fällen folgende Konsequenzen: Nach einer *over-prediction* gibt es eine Neigung, weniger Furcht anzugeben und weniger Furcht vorherzusagen. Nach einer falschen *under-prediction* kommt es ebenfalls zu einem Rückgang von Furcht, andererseits jedoch zu einer Vorhersage von *mehr* Furcht für die Zukunft.

Es kann relativ schnell dazu kommen, dass jemand beginnt, Furcht antizipatorisch zu überschätzen, vor allem, wenn er einen unerwarteten Panikanfall hat oder etwas anderes erlebt, das ihn in große Furcht versetzt; zurück entwickeln sich die *over-predictions* jedoch nur sehr langsam. Mehrere Male muss die vorhergesagte Furcht ausbleiben oder schwächer ausfallen als vermutet, ehe es nicht mehr zu einer derartigen Überschätzung kommt. Dagegen kann schon eine einzelne antizipatorische Unterschätzung von Furcht oder Panik zu einer deutlichen Zunahme von *over-prediction* kommen. Diese Asymmetrie ist möglicherweise Ausdruck der allgemeinen Tendenz, Situationen, in denen es keine Zwischenfälle gegeben hat (und die keine oder nur geringfügige Furcht hervorgerufen haben), nicht zu beachten, und Situationen, in denen es zu intensiven Emotionen gekommen ist, übermäßig stark zu gewichten.

Möglicherweise ist die antizipatorische Überschätzung von Furcht und anderen aversiven Erfahrungen durchaus funktional. Sie schützt vor unangenehmen Erlebnissen, indem sie bewirkt, dass die entsprechenden Situationen vermieden werden. Auf der anderen Seite kann das Vermeidungsverhalten solche Ausmaße annehmen, dass die Bewegungsfreiheit eingeschränkt wird, was dann wiederum die Furcht «konservieren» kann. Wenn *over-prediction* Vermeidungsverhalten nach sich zieht, führt sie damit gleichzeitig zu einer Begrenzung der Gelegenheiten, Erfahrungen zu machen, die die eigenen Erwartungen widerlegen könnten. Anders ausgedrückt, sind *over-predictions* möglicherweise kurzfristig funktional, langfristig jedoch dysfunktional. Ähnliches gilt für Probleme in Zusammenhang mit chronischen Schmerzen (Philips & Rachman, 1996).

Die verschiedenen Formen von Furcht

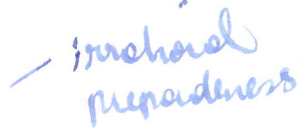

Furcht ist eine emotionale Reaktion auf eine als bedrohlich wahrgenommene Situation; grundsätzlich gibt es einen starken Zusammenhang zwischen dem Ausmaß der Gefahr und dem der erlebten Furcht, jedoch ist die objektive Gefahr nicht allein ausschlaggebend für die entstehende Furcht. Studien über die Auswirkungen von Kriegserlebnissen bestätigen beispielsweise im Allgemeinen den Zusammenhang zwischen Gefahr und Furcht, allerdings gibt es auch Ausnahmen.

So stellten beispielsweise Stouffer et al. (1949) fest, dass einige Soldaten bereits bei geringer Gefahr beträchtliche Furchtreaktionen zeigten, während andere selbst unter enorm bedrohlichen Bedingungen kaum ängstlich wurden. Zu bestimmten Zeiten während des Zweiten Weltkrieges gab es ausgesprochen hohe Verlustraten unter den Kampfpiloten der englischen Luftwaffe, die jedoch durchweg weniger Furcht angaben als andere Besatzungsmitglieder von Flugzeugen, die damals weniger gefährdet waren (Rachman, 1990).

Furcht ist ein so weit verbreitetes – wahrscheinlich universelles – Gefühl, dass bereits mehrfach versucht worden ist, das Spektrum der menschlichen Furchtreaktionen, ihre Häufigkeit und ihre Intensität zu erfassen. Im Rahmen eines der ersten Versuche herauszufinden, welche und wie stark ausgeprägte Ängste es in der normalen Bevölkerung gibt, interviewten Agras, Sylvester und Oliveau (1969) 325 nach dem Zufallsprinzip ausgewählte Erwachsene aus einem kleinen Ort im US-Bundesstaat Vermont. Die Furchtreaktionen wurden in vier Kategorien unterteilt: schwache Reaktionen, intensive Reaktionen, Phobien und klinische Phobien, wobei letztere als die schwerste Form von Furcht betrachtet wurden. Am häufigsten genannt wurde die Furcht vor Schlangen: Jeder vierte Befragte gab an, intensive Furcht vor diesen Reptilien zu empfinden. Und der Anteil der Befragten, die mindestens eine leichte Angst vor Schlangen hatten, betrug 39 Prozent. Die am zweithäufigsten genannte Furcht war die Höhenangst. Bei den schweren Formen von Angst war die Furcht vor öffentlichen Orten und Verkehrsmitteln (die – häufig mit starker Vermeidung einhergehende – Agoraphobie) am weitesten verbreitet, dicht gefolgt von Furcht vor Verletzung oder Krankheit.

Die Mehrzahl der Ängste erreichte im jungen Erwachsenenalter einen Höhepunkt und ging in den folgenden Jahren zurück. Dies galt beispielsweise für Angst vor Dunkelheit und vor Tieren. Ein anderer, seltenerer Verlauf bestand in einem allmählichen Anstieg bis zur Erreichung eines Höhepunktes im mittleren Erwachsenenalter (z. B. bei Furcht vor Krankheit oder Verletzung). Eine groß angelegte Untersuchung von Kirkpatrick (1984) konnte diese Verlaufsmuster im Allgemeinen bestätigen. Darüber hinaus zeigte sich, dass im höheren Alter die Furcht vor Höhen und vor Wasser zunimmt. Angesichts nachlassender Sehschärfe und körperlicher Kräfte ist es auch nicht verwunderlich, dass ältere Menschen beispielsweise Höhenangst entwickeln.

Eine repräsentative Studie aus Kanada (Costello, 1982) erbrachte ganz ähnliche Ergebnisse wie die Vermonter Untersuchung. In der aus 449 Frauen bestehenden Stichprobe waren sowohl mildere Ängste (auf die Gesamtbevölkerung hochgerechnet 244 von 1000) als auch Phobien (190 von 100.000) relativ häufig. Am weitesten verbreitet waren dabei Ängste vor Tieren, gefolgt von Furcht vor Höhen, Tunneln und geschlossenen Räumen, dann folgten soziale Ängste, Furcht vor Verletzungen sowie Furcht vor Trennung.

Diese Daten aus Interviewstudien wurden ergänzt durch zahlreiche Fragebogenuntersuchungen zum Thema. Eine der größten stammt von einer internationalen Forschergruppe, die die Ängste amerikanischer, britischer und holländischer Studenten untersucht hat (Arrindell, Cox, Van der Ende & Kwee, 1995). Über 1000 Studenten wurden gebeten, eine Version der ursprünglich von Wolpe und Lang (1964) entwickelten *Fear Survey Schedule* auszufüllen. Dabei sollten sie angeben, welche der 75, in dem Fragebogen aufgeführten Ängste bei ihnen bestanden, und dann deren Schweregrad auf einer Skala zwischen 1 und 5 einschätzen. In Übereinstimmung mit früheren Untersuchungen, die mit diesem Fragebogen durchgeführt worden waren, ergaben sich fünf «Furchtcluster»: soziale Ängste, agoraphobische Ängste, Verletzungs- und Krankheitsängste, Furcht vor sexuellen und aggressiven Szenen und Furcht vor harmlosen Tieren. Es gab einige geringfügige Unterschiede zwischen den Studenten aus den verschiedenen Ländern, das Gesamtmuster war jedoch in den drei Stichproben weitgehend gleich.

Das am häufigsten genannte Furchtcluster waren in dieser Studie die sozialen Ängste, gefolgt von Krankheits- und Verletzungsängsten, agoraphobischen Ängsten und schließlich Furcht vor sexuellen und aggressiven Szenen und Furcht vor harmlosen Tieren. Einige dieser weit verbreiteten Ängste – wie etwa die Furcht vor Verletzung oder Krankheit – haben eine rationale Grundlage. Es zeigt sich jedoch immer wieder, dass viele Menschen angeben, den Anblick kleiner, harmloser Tiere – z. B. Spinnen – Furcht erregend zu finden. Das Ausmaß der empfundenen Furcht steht hier in keinem rationalen Verhältnis zu den Objekten, durch die sie hervorgerufen wird. Auf der anderen Seite bleiben viele Menschen auch angesichts großer Gefahren außergewöhnlich unerschrocken. Viele Beispiele hierfür stammen aus der Zeit des

Zweiten Weltkrieges. So lösten die zahlreichen Luftangriffe überraschend wenig Furcht aus, während man vor Ausbruch des Krieges noch damit gerechnet hatte, dass nach dem Beginn der Angriffe eine große Panik um sich greifen würde (Lewis, 1942). Einige der am weitesten verbreiteten Ängste sind irrational – in dem Sinn, dass das gefürchtete Objekt oder die gefürchtete Situation weder gefährlich ist noch von der betreffenden Person für gefährlich gehalten wird; diese Ängste scheinen aus biologischer Sicht wert- bzw. funktionslos zu sein. Auf der anderen Seite sind bestimmte rationale Ängste – vor Situationen oder Objekten, die tatsächlich eine Bedrohung für das Überleben darstellen können – überraschend selten. Obwohl es beispielsweise sehr gefährlich sein kann, mit hohem Tempo Auto zu fahren, fürchten sich erstaunlich wenige Leute davor, dies zu tun. Höchstwahrscheinlich fürchten sich mehr Leute vor harmlosen, kleinen Spinnen als davor, schnell zu fahren.

Eines der deutlichsten und wichtigsten Merkmale der Verteilung von Ängsten ist, dass sie nicht zufällig ist: Manche Ängste sind sehr weit verbreitet, andere hingegen sehr selten. Dies bedarf einer Erklärung.

Ein weiterer erstaunlicher Aspekt der Verteilung der verschiedenen Arten von Furcht ist das Auftreten von Ängsten unter Bedingungen, unter denen man dies nicht vermuten würde. Ein Beispiel hierfür ist die große Zahl von Menschen, die in Gebieten leben, in denen es so gut wie keine Schlangen gibt (beispielsweise Hawaii), und die dennoch angeben, sich vor Schlangen zu fürchten. Ähnliches ergab die oben erwähnte Untersuchung von Kirkpatrick (1984). Fast drei Viertel der Befragten gaben an, Furcht vor Schlangen zu haben; Schlangen kommen aber in dem Gebiet, in dem die Untersuchten lebten (im Norden des US-Bundesstaates Indiana), viel zu selten vor, um dies befriedigend erklären zu können. Damit erhebt sich die Frage, ob es möglich ist, sich vor Objekten oder Situationen zu fürchten, denen man noch nie begegnet ist. Jede befriedigende Furchttheorie muss in der Lage sein, diese nichtzufällige und teilweise überraschende Verteilung von Ängsten zu erklären.

Es ist ein interessantes Phänomen, dass so viele Menschen Angst vor Insekten und harmlosen Tieren haben. Auch völlig ungefährliche Schlangen und Spinnen sind sehr häufig Anlass von Furchtreaktionen und viele Menschen, die sich vor ihnen fürchten, sind sich durchaus der Tatsache bewusst, dass ihre Ängste einer vernünftigen Grundlage entbehren. Oft sind ihnen ihre unbegründeten Ängste sehr peinlich. Die irrationalen Ängste können äußerst stark sein und man begegnet ihnen, wie bereits gesagt, auch in Gegenden, in denen die jeweiligen Insekten oder Reptilien praktisch nicht vorkommen.

Menschen können – teilweise intensive und anhaltende – Furcht vor Tieren entwickeln, die ihnen nie etwas zuleide getan haben. Sie können sich vor Tieren fürchten, die überhaupt nicht in der Lage wären, ihnen irgendeinen Schaden zuzufügen, und zwar sogar dann, wenn sie sich dieser Harmlosigkeit durchaus bewusst sind. Noch rätselhafter ist, dass Menschen auch intensive und anhaltende Furcht vor Insekten oder anderen Tieren entwickeln können, denen sie niemals begegnet sind. Wie bereits erwähnt, gibt es Menschen, die niemals die praktisch schlangenfreie Insel Hawaii verlassen haben und dennoch angeben, sich vor Schlangen zu fürchten – auch vor völlig harmlosen. Ältere Bewohner dieser Insel sagen, dass die Furcht vor Schlangen auch in den Zeiten, als es noch kein Fernsehen und Kino gab, nichts Ungewöhnliches war. Dies legt natürlich die Vermutung nahe, es könnte so etwas wie eine Veranlagung für die Ausbildung bestimmter Ängste geben. Falls dem so ist, gehören Schlangen und Spinnen mit hoher Wahrscheinlichkeit zu den potenziellen Auslösern derartiger uns eigener, tief verwurzelter Tendenzen (siehe die Ausführungen zum *preparedness*-Konzept weiter unten).

Was die Furcht vor Schlangen angeht, so ist es möglich, dass Menschen zunächst dazu tendieren, sich vor ihnen zu fürchten, dann aber auf verschiedene Weise, insbesondere über direkte Begegnungen, lernen, dass Schlangen ihnen nichts anhaben können. Wenn dies so ist, müssten Menschen, die in Gegenden leben, in denen sie häufig Gelegenheit zu solchen Erfahrungen haben, seltener unter Furcht vor Schlangen leiden als Menschen, die in Gegenden leben, in denen es nur wenige oder keine Schlangen gibt. Wer sich vor Schlangen fürchtet und in einer schlangenfreien Gegend wohnt, hat weniger Gelegenheit, über direkte Begegnungen seine Furcht abzubauen.

Es gibt ein rationales Element bei einigen dieser Ängste, das darin besteht, dass einige Spinnen und Schlangen tatsächlich gefährlich sind. Die zweite rationale Komponente ist, dass Menschen, die sich vor Schlangen oder Spinnen fürchten – auch vor den harmlosen –, möglicherweise ihre eigenen Reaktionen auf diese Tiere als unangenehm oder sogar beängstigend erleben. Diese Reaktionen, z. B. Zittern und Schwitzen, können sehr belastend sein und werden regelmäßig durch das fragliche Objekt hervorgerufen. Es ist daher nachvollziehbar, dass die Betroffenen erwarten, mit diesen für sie unangenehmen Symptomen auf den Anblick von Schlangen oder Spinnen zu reagieren. Dies darf jedoch nicht darüber hinwegtäuschen, dass die ursprünglichen Reaktionen selbst irrational sind.

Verwandte Ängste   A, B   additiv, effekt

Da die Furcht vor Schlangen und Spinnen so erstaunlich weit verbreitet ist und sich viele Leute sowohl vor Schlangen als auch vor Spinnen fürchten, drängt sich die Frage auf, ob es sich möglicherweise um zwei Erscheinungsformen derselben Furcht handelt. In jüngerer Zeit gab es daher Versuche, die Grenzen zwischen der einen Furcht und der anderen auszuloten, um herauszufinden, ob es sich um separate oder zusammenhängende Reaktionen handelt. Wenn zwei Furchtreaktionen (wie beispielsweise die Furcht vor Schlangen und die Furcht vor Spinnen) unabhängig voneinander sind, sollte eine gezielte Modifikation der einen Furcht keine Auswirkungen auf die andere haben. Handelt es sich dagegen um zwei miteinander verbundene Reaktionen oder möglicherweise um verschiedene Erscheinungsformen einer einzigen, tieferen Furcht, dann sollte eine Veränderung der einen Furcht mit einer vergleichbaren Veränderung der zweiten einhergehen. Wenn also eine Person furchtsam auf zwei physikalisch unterschiedliche Stimuli reagiert, dann ist, wenn die Furchtreaktion auf einen dieser Stimuli gezielt reduziert wird, die dann zu beobachtende Reaktion auf den «unbehandelten» anderen Furchtstimulus ein Maß für den Grad des Zusammenhangs der beiden Furchtreaktionen.

Dieser Ansatz lag einer Studie zugrunde, an der 28 Versuchspersonen teilnahmen, die sowohl Furcht vor Schlangen als auch vor Spinnen hatten (Rachman & Lopatka, 1986). In manchen Fällen zog die gezielte Reduktion der ersten Furcht einen vergleichbaren Rückgang der zweiten Furcht nach sich, während in anderen Fällen eine Reduktion der ersten Furcht keine Auswirkungen auf die zweite hatte. Anders als erwartet, gab es keinen Zusammenhang zwischen der im Experiment beobachteten Verbundenheit oder Unverbundenheit der beiden Furchtreaktionen und der Einschätzung ihrer Ähnlichkeit durch die Versuchspersonen. Vor der Behandlung sollten die Versuchsteilnehmer einschätzen, inwieweit ihre Furcht vor Spinnen und ihre Furcht vor Schlangen einander ähnlich waren. Wie gesagt, gab es keinen Zusammenhang zwischen dieser Einschätzung und den Auswirkungen der experimentellen Intervention auf die Stärke der beiden Furchtreaktionen in einem anschließenden Verhaltenstest.

Die Beziehung zwischen verschiedenen Formen von Furcht wurden auch dadurch erforscht, dass man die Auswirkungen der Konfrontation mit mehr als einem gefürchteten Stimulus untersucht hat (Rachman, 1990). Addieren sich die beiden Furchtreaktionen und reagieren Personen, die sich vor beiden Objekten fürchten, stärker als Personen, die sich nur vor einem Objekt fürchten? Wenn Stimulus A (Schlange) eine Furchtreaktion hervorruft und

Stimulus B (Spinne) dies ebenfalls tut – was geschieht, wenn sie beide gleichzeitig dargeboten werden? In Allgemeinen können sich mehrere Furchtreaktionen anscheinend addieren. Ein solcher Additionseffekt ist unabhängig davon, ob die Stimuli gleichzeitig oder nacheinander dargeboten werden. Wenn es zu einer Addition kommt, spielt die Reihenfolge der beiden Stimuli zunächst keine Rolle für das Resultat. Es gibt jedoch eine interessante Abweichung von dieser allgemeinen Regel: Wenn der erste Stimulus (z. B. die Schlange) eine stärkere Furcht hervorruft als der zweite (z. B. die Spinne), führt die gleichzeitige Darbietung von Schlange und Spinne nicht zu einer Addition, sondern zu einer Subtraktion der entstehenden Angst: In Anwesenheit beider Stimuli wird weniger Furcht angegeben als in Anwesenheit des ersten Stimulus allein. Wenn jedoch der erste Stimulus weniger Furcht auslöst als der zweite, gibt es einen additiven Effekt.

Das Auftreten eines Additionseffektes bedeutet wahrscheinlich, dass die beiden Furchtreaktionen wichtige Attribute miteinander teilen, was dazu führt, dass bei einer gleichzeitigen Darbietung der gefürchteten Objekte die Menge dieser Attribute zunimmt (wie wenn man Äpfel und Äpfel zusammenzählt). Andererseits könnte der Additionseffekt auch bedeuten, dass sich die beiden Furchtreaktionen in wichtigen Eigenschaften voneinander unterscheiden. Wenn nämlich die beiden Ängste sehr ähnlich sind, sollte ihre simultane Auslösung wenig oder keine zusätzliche Furcht hervorrufen. Das Vorkommen eines Subtraktionseffektes lässt sich auf ähnliche Weise erklären. Wenn die beiden Furchtreaktionen sehr ähnlich sind und daher Furcht A (beispielsweise vor Schlangen) Furcht B (vor Spinnen) vollständig entspricht, sollte die gleichzeitige Darbietung der beiden Objekte keinen additiven Effekt haben, da bereits die «komplette» Furchtreaktion ausgelöst wurde.

Die Angststörungen

Ein Übermaß an Angst ist ein zentrales Merkmal vieler psychischer Störungen. In dem am häufigsten verwendeten Klassifikationssystem für psychische und psychiatrische Störungen, dem mittlerweile in einer vierten Version vorliegenden DSM *(Diagnostisches und Statistisches Manual Psychischer Störungen)*, werden sieben Angststörungen voneinander unterschieden (siehe Tabelle 1.2).

Als Panikstörung wird das wiederholte Auftreten intensiver, plötzlich einsetzender Angst (Panikattacken) bezeichnet, wobei zumindest ein Teil dieser Anfälle unerwartet («wie aus heiterem Himmel») auftreten. Bei der Panikstörung mit Agoraphobie (eine häufige Kombination) handelt es sich um Panikattacken, in deren Folge es zu einem weit reichenden Vermeidungsverhalten kommt, insbesondere zur Vermeidung öffentlicher Verkehrsmittel und öffentlicher Plätze bzw. Orte. In einer kleinen Zahl von Fällen kommt es ohne vorherige Panikattacken zu einem agoraphobischen Vermeidungsverhalten.

Tabelle 1.2: Angststörungen im DSM

- Panikstörung, mit oder ohne Agoraphobie
- Agoraphobie ohne Panikstörung in der Vorgeschichte
- Soziale Phobie
- Spezifische Phobie
- Generalisierte Angststörung
- Zwangsstörung
- Posttraumatische Belastungsstörung

Genau genommen bedeutet der Begriff Agoraphobie «Furcht vor dem Marktplatz»; heute wird damit jedoch allgemein eine Furcht vor dem Aufenthalt an öffentlichen Orten bezeichnet, aus denen eine Flucht schwierig wäre, oder auch eine Furcht vor möglichen «Gefahren», die einem drohen können, wenn man allein zu Hause ist. In Abhängigkeit von den spezifischen Ängsten der Betroffenen kann sich die Vermeidung «unsicherer» Situationen auf einen oder einige wenige Umgebungen konzentrieren oder sich aber – in schweren Fällen – auf praktisch alle Orte erstrecken. In diesem Fall ist der Betroffene quasi ans Haus gebunden und nicht in der Lage, sich allein irgendwohin zu begeben. Selbst in Anwesenheit von Vertrauenspersonen ist es ihm häufig nur möglich, kurze Entfernungen zurückzulegen – wobei er oft nur bestimmte Wege zu bestimmten Zeiten benutzen kann.

Eine soziale Phobie kann diagnostiziert werden, wenn der Betreffende über eine intensive, anhaltende Angst in sozialen Situationen klagt, insbesondere Situationen, in denen er sich der kritischen Beobachtung durch andere ausgesetzt fühlt. Das zentrale Merkmal spezifischer Phobien ist eine stark ausgeprägte, anhaltende, umschriebene Furcht vor bestimmten Objekten oder Orten (beispielsweise eine extrem starke Furcht vor Spinnen oder Höhen).

Bei der Zwangsstörung liegen repetitive, absichtlich durchgeführte stereotype Handlungen vor (z. B. zwanghaftes Händewaschen) und/oder wiederkehrende inakzeptable oder Widerwillen auslösende Gedanken, die sich den Betroffenen gegen ihren Willen aufdrängen und denen sie einen gewissen Widerstand entgegensetzen.

Die posttraumatische Belastungsstörung (abgekürzt PTBS oder, nach der englischen Bezeichnung, *post traumatic stress disorder,* PTSD) besteht aus einer Reihe von Symptomen wie belastenden Erinnerungen, einem erhöhten Erregungsniveau *(arousal),* Vermeidung und Furcht oder massiver Angst, die über einen langen Zeitraum bestehen. Dem voraus ging ein außergewöhnlich belastendes Ereignis, wie eine Naturkatastrophe, ein Unfall oder ein gewalttätiger Überfall, dem der Betroffene ausgesetzt war. Die Ängste, die bei dieser Störung auftreten, gehen in der Regel mit einem erhöhten Erregungsniveau einher, einer Neigung, sich ständig gegen seinen Willen an das Ereignis zu erinnern, es erneut zu erleben oder davon zu träumen, und einer starken Tendenz, Menschen oder Orte zu vermeiden, die irgendetwas mit dem traumatischen Ereignis zu tun haben. Das Auftreten von Furcht ist kein notwendiges Kriterium für die Diagnose dieser Störung; dass die PTBS im DSM dennoch zu den Angststörungen gerechnet wird, liegt daran, dass die Furcht bei den Betroffenen sehr intensiv und auffällig sein kann.

Die generalisierte Angststörung zeichnet sich durch eine anhaltende übermäßige, unrealistische Angst und Besorgnis hinsichtlich eines oder mehrerer befürchteter negativer Ereignisse aus (z. B. finanzielle Probleme, Krankheiten, ein Unglück, das den Kindern zustoßen könnte, usw.).

Das gesamte DSM-System einschließlich der Kategorie der Angststörungen ist angesichts der «Anarchie», die bis in die 70er Jahre hinein auf dem Gebiet der Diagnostik psychischer Störungen herrschte, als großer Fortschritt zu bewerten. Es ist klar formuliert, in sich schlüssig, enthält eindeutig definierte Kriterien und ist insgesamt sehr brauchbar. Allerdings gibt es einige kritische Punkte, die nicht übersehen werden dürfen. Dem DSM zufolge sind ein großer Teil ungewöhnlichen Erlebens und Verhaltens als Anzeichen einer psychischen Krankheit zu betrachten, es schließt damit viele Phänomene mit ein, die nicht in eine solche Aufstellung gehören. Entsprechend wird die nicht enden wollende Liste der «psychischen Störungen» (mittlerweile umfasst sie 400 Syndrome) mit jeder Ausgabe länger. Das System ist insgesamt kategorial angelegt, obwohl ein großer Teil der diagnostischen Fragen eigentlich quantitativer und kontinuierlicher Art sind (z. B. Wie viel soziale Angst ist noch normal? Wie viele Zwangsgedanken müssen auftreten, damit eine Zwangsstörung diagnostiziert werden kann? Wie stark ausgeprägt muss eine Furcht sein, damit die Diagnose einer Phobie gerechtfertigt ist?). Die meisten Störungen, die unter der Kategorie Angststörungen aufgeführt werden, haben ein gemeinsames Merkmal, nämlich genau das der übermäßigen Angst. Bei der posttraumatischen Belastungsstörung kann die Angst jedoch, selbst wenn sie vorhanden ist, von untergeordneter Bedeutung sein. Und bei Zwangsstörungen ist Angst häufig nur in geringem Maße vorhanden; viel stärker sind hier häufig die depressiven Tendenzen. Bei den übrigen Störungen ist jedoch aufgrund der Dominanz von Furcht bzw. Angst eine Zuordnung zu einer gemeinsamen Oberkategorie gerechtfertigt. Die Grundprinzipien, auf denen das DSM beruht, sind im ersten Abschnitt des DSM-IV sowie in zahlreichen Publikationen dargestellt (z. B. Frances, First & Pincus, 1995; Spitzer, 1991). Kritische Stellungnahmen finden sich bei Brown (1996), Wakefield (1992), Eysenck, Wakefield und Friedman (1983) und anderen (Follette, 1996; Follette & Houts, 1996; Kirk & Kutchins, 1992; Schacht & Nathan, 1977).

Zusammenfassung

Angst gehört zu den stärksten und am weitesten verbreiteten Emotionen. Es handelt sich um eine unangenehme Unruhe, die angespannte Erwartung eines bedrohlichen, jedoch unbestimmten Ereignisses. Furcht und Angst haben eine Reihe gemeinsamer Merkmale, die Furcht hat jedoch eher einen spezifischen, meist identifizierbaren Fokus und ist intensiver und auf bestimmte Zeitabschnitte begrenzt.

Die Furcht kann als Phänomen betrachtet werden, das aus drei unvollständig miteinander verbundenen Komponenten besteht: dem subjektiven Gefühl, bedroht zu sein, bestimmten physiologischen Veränderungen und auf der Verhaltensebene Versuchen, aus der Situation zu fliehen. Bei der Furcht handelt es sich sowohl um eine Reaktion als auch um eine motivationale Kraft, die in der Regel Flucht- oder Vermeidungsverhalten nach sich zieht. Gefördert wird die Vermeidung durch die Erwartung einer Gefahr. Ängstliche Menschen neigen dazu, das Ausmaß der Furcht, die sie bei der Konfrontation mit dem gefürchteten Objekt empfinden werden, antizipatorisch zu überschätzen *(over-prediction of fear)*.

Die Furcht vor Tieren ist die am weitesten verbreitete, gefolgt von der Furcht vor Verletzung oder Krankheit, vor Höhen, vor geschlossenen Räumen sowie von sozialer Furcht. Sehr intensive, irrationale Formen der Furcht werden als Phobien oder Angststörungen bezeichnet, von denen es insgesamt sieben gibt: Panikstörung, Agoraphobie, soziale Phobie, spezifische Phobie, generalisierte Angststörung, Zwangsstörung und posttraumatische Belastungsstörung.

Kapitel 2

Komponenten und Determinanten

In diesem Kapitel wird ein Modell der Angst dargestellt und es werden die Faktoren beschrieben, die einen Einfluss auf die Angst haben – wie Aufmerksamkeit, Wahrnehmung und Gedächtnis.

Ein Modell der Angst

An der Aktivierung und dem Erleben von Angst sind eine Reihe von Komponenten beteiligt; es handelt sich eher um einen Prozess als um eine kategoriale Reaktion, die auftritt oder nicht auftritt. In diesem Kapitel wird ein «didaktisches» Modell (siehe Abbildung 2.1) vorgestellt, das gar nicht erst beabsichtigt, das Phänomen in seiner gesamten Komplexität abzubilden, und insofern einige Lücken ausweist.

Es ist davon auszugehen, dass Menschen sich hinsichtlich ihrer Anfälligkeit für das Erleben von Angst unterscheiden und dass diejenigen, die in dieser Beziehung *vulnerabel* sind, in einen Zustand erhöhter Daueraufmerksamkeit (Hypervigilanz) geraten, wenn sie sich einer unbekannten oder sie verunsichernden Situation ausgesetzt sehen. Diese Hypervigilanz führt zu einem raschen und globalen Absuchen *(scanning)* der Situation und im nächsten Schritt zu einer starken Einengung des Fokus, wenn etwas Bedrohliches wahrgenommen wird. Der Übergang vom Stadium des globalen Scannings zur fokussierten Aufmerksamkeit lässt sich mit dem Einstellen eines Radiosenders vergleichen. Zunächst sucht man relativ schnell einen größeren Bandbereich so lange ab, bis man ein Signal empfängt. Dann erfolgt die Feineinstellung und schließlich wird die Lautstärke erhöht. Auf eine vergleichbare Weise nimmt ein ängstlicher Mensch, der sich in eine potenziell bedrohliche Situation begibt, zunächst ein breites globales Scanning vor, bis er ein Gefahrensignal wahrnimmt. Dann konzentriert er seine ganze Aufmerksamkeit auf die potenzielle Bedrohung, wobei seine Wahrnehmung geschärft bzw. verzerrt ist.

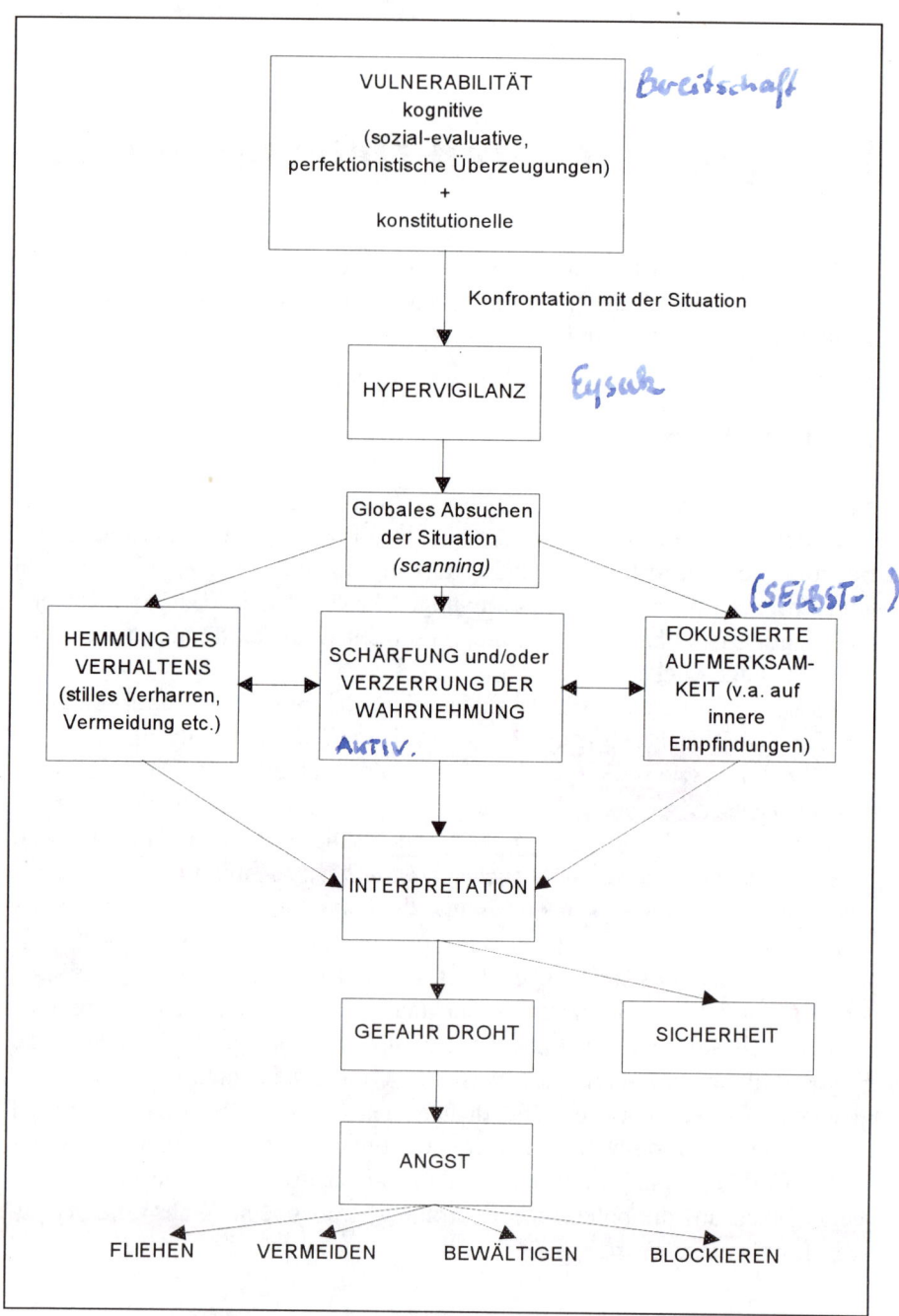

Abbildung 2.1: Ein Modell der Angst

Bedrohliche Objekte scheinen klarer, schärfer und sogar größer zu sein. Die Entdeckung einer Bedrohung bewirkt eine Hemmung des ablaufenden Verhaltens, was sich u. a. in einer Art Erstarrung und einer starken Erregung *(arousal)* äußert. Die aufgenommenen Informationen, die aus äußeren oder inneren Quellen stammen, werden dann danach interpretiert, ob sie Sicherheit oder Gefahr bedeuten. Nach Beck und Emery (1985, p. 56) «werden bei Wahrnehmung einer Bedrohung die relevanten kognitiven Schemata aktiviert; mit deren Hilfe wird das Ereignis bewertet und interpretiert». Wenn keine Gefahr besteht, kann das unterbrochene Verhalten wieder aufgenommen werden; droht jedoch eine Gefahr, dann tritt Angst auf und in der Folge möglicherweise Flucht-, Vermeidungs- oder Bewältigungsverhalten.

Das rechtzeitige Registrieren einer Bedrohung hat Überlebenswert; eine angemessene ängstliche Aufmerksamkeit ist also fraglos funktional. Daraus folgt, dass es eine selektive Aufmerksamkeit (ein selektiv-attentionales Bias) zugunsten bedrohlicher Aspekte von Situationen geben sollte, insbesondere wenn man mit Bedingungen konfrontiert wird, die einem nicht bekannt sind oder die in der Vergangenheit mit Gefahr und Bedrohung verbunden waren.

Psychologische Arbeiten zum Thema Aufmerksamkeit haben wiederholt Belege für die maßgebliche Beteiligung von Prozessen erbracht, die dem Bewusstsein unzugänglich sind. Zu diesen gehören präattentive Prozesse (Mathews & MacLeod, 1994), zu denen auch Phänomene der Wahrnehmungsabwehr, das implizite Gedächtnis und die unbewusste Wahrnehmung akustischer und visueller Stimuli (z. B. bei dichotischen Höraufgaben oder bei tachistokopischer Darbietung) gezählt werden können. In potenziell bedrohlichen Situationen richten Menschen ihre Aufmerksamkeit unwillkürlich auf bestimmte Stimuli. Sie tun dies, ohne sich dessen bewusst zu werden.

Vulnerabilität

Die Vorstellung, dass sich Menschen hinsichtlich ihrer Anfälligkeit für das Erleben von Angst unterscheiden (z. B. Brewin, 1988), kann sich auf klinische und experimentelle Belege stützen. Zunächst einmal gibt es Belege für psychologische und biologische Determinanten der Anfälligkeit für Angstreaktionen, von denen ein Großteil Eingang in die theoretischen Formulierungen von H. J. Eysenck (1957, 1967) und in klinische Theorien wie die von Beck und Emery (1985) und Clark (1988) gefunden haben. Neben diesen temperamentsbedingten Vulnerabilitätsunterschieden gibt es auch zunehmend mehr Belege für individuelle Unterschiede, die weitgehend kognitiver Natur sind (siehe beispielsweise Michael Eysenck, 1992, und Clark, 1988, 1996). Es gibt eine von Vorerfahrungen und Einstellungen abhängige Bereitschaft, bestimmte Gefahrensignale *(threat cues)* zu registrieren. Noch ehe sich Menschen in eine potenziell bedrohliche Situation begeben, bauen sie eine bestimmte innere Bereitschaft auf, die auf Erinnerungen an vergangene unangenehme und angstvolle Erlebnisse sowie auf gegenwärtigen Einstellungen zu möglichen Gefahrenquellen beruht.

Eine hohe temperamentsbedingte Vulnerabilität ist häufig mit hohen Werten auf Maßen für Introversion und Neurotizismus verbunden. Eine hohe kognitive Vulnerabilität geht u. a. mit Auffälligkeiten in den Bereichen Vigilanz, Informationsverarbeitung, Wahrnehmung, Aufmerksamkeit und Bewertung einher. Die Erforschung der einzelnen Komponenten der kognitiven Vulnerabilität ist noch im Gang. Im Laufe der Jahre wurden eine Reihe von Instrumenten zur Erfassung der Angst-Vulnerabilität vorgelegt, u. a. die in großem Umfang eingesetzten Skalen zur Erfassung von Zustands- und Eigenschaftsangst und der relativ neue und viel versprechende *Anxiety Sensitivity Inventory* (Reiss & McNally, 1985; Taylor, 1995). Wie wir noch sehen werden, werden mit diesem Fragebogen bestimmte Temperamentsfaktoren erhoben, wobei sich ein Teil der Items auf die (Fehl)Interpretation von Situationen und andere auf Aspekte des Arousals beziehen.

Einer der entschiedensten Verfechter der Notwendigkeit, zwischen Angst als Zustand *(state anxiety)* und Angst als Eigenschaft *(trait anxiety)* zu unterscheiden, war Spielberger (1966, 1972, 1983). Er entwickelte ein psychometrisches Instrument zur Angstmessung und stellte damit die praktischen Konsequenzen des Vulnerabilitätskonzepts in den Vordergrund. State-Angst betrachtet er als etwas Vorübergehendes; sie tritt als Reaktion auf bedrohliche Stimuli auf und klingt in der Regel schnell ab, wenn die Bedrohung nicht mehr besteht. Trait-Angst hingegen bezieht sich auf einen relativ überdauernden individuellen Unterschied in Bezug darauf, wie Menschen ihre Umwelt wahrnehmen und auf sie reagieren. Je stärker die Trait-Angst ausgeprägt ist, umso wahrscheinlicher reagiert der Betreffende in einer großen Spannbreite von Situationen (einschließlich solcher mit relativ niedrigem Gefährdungspotenzial) ängstlich. Außerdem ist die Angst intensiver als bei Personen, die eine niedrige Trait-Angst haben. Spielberger betrachtete Trait-Angst als latente Disposition, ängstlich zu reagieren (siehe auch Michael Eysenck, 1992).

Ausgehend von dieser Unterscheidung zwischen Zustandsangst und Eigenschaftsangst konstruierte Spielberger einen Fragebogen, den *State-Trait Anxiety Inventory* (STAI)[1], zur Messung dieser beiden Formen von Angst. Beim STAI handelt es sich um einen vom Untersuchten selbst auszufüllenden Fragebogen, der aus 20 Items besteht, mit denen das Ausmaß der Ängstlichkeit erfasst werden soll, wobei «niedrige Werte für innere Ruhe und Gelas-

---

[1] A. d. Ü.: Liegt auch in deutscher Bearbeitung vor (Laux et al., 1981).

senheit stehen ... und hohe Werte für Besorgnis und Anspannung bis hin zu panikartigen Zuständen» (Spielberger, 1972, S. 37). Es sind Aussagen enthalten wie «Ich habe kein Selbstvertrauen», die durch den Befragten auf einer vierstufigen Skala von «fast nie» (was mit 1 Punkt bewertet wird) bis zu «fast immer» (4 Punkte) bewertet werden. Auch die Zustandsskala besteht aus 20 Items, die anhand von vier Antwortmöglichkeiten von «überhaupt nicht» (1 Punkt) bis hin zu «sehr stark» (4 Punkte) eingeschätzt werden. Bei diesen Items handelt es sich jeweils zur Hälfte um Aussagen, die Anspannung, Nervosität, Besorgtheit und Unausgeglichenheit ausdrücken, und um Aussagen, die für innere Ruhe und Zufriedenheit stehen. Die Befragten sollen dabei entsprechend ihrer Gefühlslage zum Zeitpunkt des Ausfüllens des Fragebogens antworten. Der Höchstwert auf der State-Skala ist 80.

Der STAI hat zwar alle Schwächen von Fragebögen, die nach der Selbsteinschätzung fragen, wird jedoch wegen seiner leichten Anwendbarkeit und seiner hohen Flexibilität häufig eingesetzt. Er eignet sich gut als Maß für die subjektiv empfundene Angst bei Untersuchungen mit wiederholten Messungen, in denen schwankende Ausprägungen von Angst erfasst werden sollen, sowie in Studien, in denen man feststellen möchte, in welchem Ausmaß bestimmte Interventionen oder experimentelle Manipulationen Angst hervorrufen können. Der STAI kommt ausgiebig in Studien über das Auftreten von Angst im Zusammenhang mit medizinischen oder chirurgischen Behandlungen oder Untersuchungen zum Einsatz; insbesondere ist er das am häufigsten verwendete Instrument zur Erfassung von Änderungen im Angstniveau während medizinischer Behandlungen, z. B. bei der Vorbereitung auf chirurgische Eingriffe oder der postoperativen Betreuung (z. B. Johnston, 1980; Kincey, Statham & McFarlane, 1991; Weller & Hener, 1993).

Gegen den STAI ist vorgebracht worden, dass Trait- und State-Angst relativ hoch miteinander korrelieren. Unter bestimmten Umständen kann dies tatsächlich den Nutzen der beiden Skalen und Konzepte in Frage stellen. Andererseits ist eine gewisse Korrelation der beiden Konzepte nicht zu vermeiden. Im Gegenteil: Ihr Fehlen würde die psychometrische Validität der Skalen in Zweifel ziehen, da das Auftreten und die Intensität von Zustandsangst ja u. a. auch abhängig von der dispositionellen Neigung der betreffenden Person zu Angstreaktionen ist – also von ihrer Trait-Angst.

Die meisten der beschriebenen Entwicklungen auf theoretischem und psychometrischem Gebiet vollzogen sich vor dem breiten Einzug kognitiver Konzepte und Methoden in die klinische Psychologie im Allgemeinen (Brewin, 1988) und in den Bereich der Angstforschung im Besonderen. Es besteht heute kein Zweifel an der Bedeutung kognitiver Prozesse für das Erleben von Angst (z. B. R. S. Lazarus, 1966), und es ist daher unbedingt erforderlich, im Zusammenhang mit Angst auftretende Kognitionen zu untersuchen und zu erfassen. Ganz besonders gilt dies in der Forschung zur erfolg- und einflussreichen Theorie der Panikstörung, im Rahmen derer «katastrophisierende Kognitionen» eine zentrale Rolle spielen.

Obwohl ursprünglich in einem anderen Zusammenhang eingeführt, hat das Konzept der «Angstsensitivität» (Reiss, Peterson, Gursky & McNally, 1986; Reiss, 1987; Taylor, 1995) einen wichtigen Platz in kognitiven Forschungsansätzen zum Thema Angst eingenommen. Gemeint ist die Furcht vor körperlichen Empfindungen, die als eine Gefahr für Körper oder Psyche interpretiert werden und die daher beträchtliche Angst auslösen können. Der *Anxiety Sensitivity Index* (ASI, Peterson & Reiss) ist ein Fragebogen, mit dem die Einschätzung der Gefährlichkeit derartiger körperlicher Empfindungen erfasst werden, sowie das Ausmaß der durch diese Empfindungen ausgelösten Angst. Unter anderem wird beispielsweise gefragt, inwieweit man es beängstigend findet, wenn das Herz schneller schlägt oder man außer Atem gerät. Der ASI scheint ein viel versprechendes Instrument zu sein und es gibt Hinweise darauf, dass Angststörungen im Allgemeinen – vor allem aber die Panikstörung – mit einer hohen Angstsensitivität einhergehen. Dies ist jedoch nicht der Fall bei Menschen mit umschriebenen Phobien, deren ASI-Werte sich nicht signifikant von denen nichtklinischer Populationen unterscheiden (Taylor, 1995). Das Konzept der Angstsensitivität bezieht sich auf die Interpretation körperlicher Empfindungen, die Angst auslösen können oder in denen Angst zum Ausdruck kommt. Damit stellt es ein Bindeglied zwischen Ansätzen, die die Bedeutung von Temperamentsunterschieden in den Vordergrund stellen, und den neueren Modellen dar, welche eher die kognitiven Aspekte der Anfälligkeit für Angstreaktionen hervorheben.

Es ist kritisiert worden, dass sich hinter dem Begriff der Angstsensitivität kaum mehr als eine Neuauflage des Trait-Angst-Konzeptes verberge. Dagegen hat McNally (1995) jedoch vorgebracht, dass es sich bei der Angstsensitivität um die spezifische Neigung handele, mit Furcht auf eigene innere Vorgänge zu reagieren, während Trait-Angst sich auf die allgemeinere Tendenz beziehe, ängstlich auf ein breites Spektrum an potenziellen Gefahren zu reagieren. Nach Auswertung zahlreicher Befunde kam Taylor (1995) zu dem Schluss, dass Angstsensitivität einer von drei Hauptfaktoren sei, aus denen sich Trait-Angst zusammensetze. Diese drei Faktoren – Angstsensitivität, Krankheits- bzw. Verletzungssensitivität und Furcht vor negativer Bewertung – sind demzufolge die wichtigsten Komponenten der Trait-Angst (siehe Abbildung 2.2).

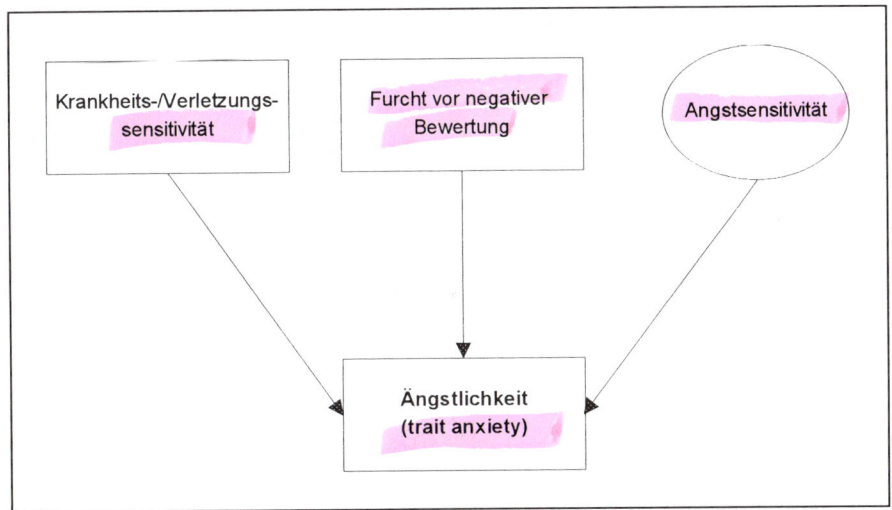

Abbildung 2.2: Komponenten der Trait-Angst

Das Konzept der kognitiven Vulnerabilität ist ein zentrales, unverzichtbares Element der kognitiven Angsttheorie. Gäbe es keine kognitive Vulnerabilität, müssten negative Kognitionen, von denen ängstliche Menschen berichten, als simples Epiphänomen oder als Folge von Angstreaktionen aufgefasst werden und die Auffassung, negative Kognitionen spielten eine Rolle bei der *Entstehung* von Angst, käme in arge Bedrängnis.

Vigilanz

Eine besonders prägnante Darstellung der Hypervigilanz im Zusammenhang mit Angstreaktionen gibt Michael Eysenck (1992), der in diesem Phänomen sowohl eine Reaktion auf eine potenzielle Gefahr als auch eine Komponente der kognitiven Vulnerabilität für Angstreaktionen sieht (siehe auch Williams, Watts, MacLeod & Mathews, 1988; Mathews, MacLeod & Tata, 1987). Nach Eysenck zeigt sich Hypervigilanz bei Menschen, die eine Prädisposition für Angstreaktionen haben, auf vier verschiedene Weisen: «einem häufigen Absuchen der Umgebung *(environmental scanning)*, wobei es zu zahlreichen schnellen Augenbewegungen über das gesamte visuelle Feld kommt (...), einer Neigung zur selektiven Aufmerksamkeitszuwendung zu bedrohlichen Stimuli, einer Erweiterung des Aufmerksamkeitsfokus vor der Registrierung eines solchen Stimulus und einer Verengung der Aufmerksamkeit, nachdem ein auffälliger Stimulus verarbeitet wurde» (1992, S. 43).

Nach Eysenck stellt Hypervigilanz einen Vulnerabilitätsfaktor für Angststörungen dar und ist sowohl bei Angstpatienten als auch bei Nichtpatienten mit einer hohen Trait-Angst zu beobachten. Besonders stark zum Vorschein tritt Hypervigilanz unter belastenden Bedingungen. Da sie jedoch bei Patienten, die ihre Angststörung überwunden haben, nicht mehr besteht, ist sie seiner Ansicht nach am besten als Vulnerabilitätsfaktor zu betrachten. Die empirischen Belege dafür, dass Hypervigilanz ein Vulnerabilitätsfaktor ist, sind jedoch noch sehr lückenhaft. In der klinischen Praxis ist allerdings immer wieder zu beobachten, dass Patienten, die unter einer Angststörung leiden, zu Hypervigilanz und selektiver Aufmerksamkeitszuwendung neigen.

Im extremen Fällen sind die Aufmerksamkeitsprozesse so deformiert, dass die Patienten in so gut wie allen neuen oder mehrdeutigen Situationen ihre Umgebung mit Hilfe schneller Augenbewegungen absuchen. Dies tat beispielsweise ein 38-jähriger Buchhalter mit einer schweren Zwangsstörung, der große Angst vor einer Ansteckung mit einer Krankheit (vor allem Aids) hatte, jedes Mal, wenn er seine Wohnung verließ. Das visuelle Absuchen der Umgebung war besonders intensiv und mit hoher Erregung verbunden, wenn er es für wahrscheinlich hielt, auf «infektiöses Material» zu stoßen. Als er sich einmal im Rahmen der Therapie auf dem Gelände eines großen Krankenhauses aufhielt, streiften seine Augen unaufhörlich über den Boden – auf der Suche nach Dingen wie weggeworfenen Injektionsspritzen und anderen medizinischen Materialien, die er als ernsthafte Gefahr für seine Gesundheit betrachtete. Es war außerordentlich schwierig, ihn dazu zu bringen, mit dem Absuchen des Bodens aufzuhören und den Blick nach oben auf die vor ihm stehenden Gebäude zu richten. Jedes Mal, wenn er einen verdächtigen Gegenstand erblickte – und «verdächtig» waren außerordentlich viele, völlig harmlose Stimuli –, wendete er diesem Objekt sofort seine ganze Aufmerksamkeit zu. Wenn er meinte, es wagen zu können, näherte er sich dann dem Objekt sehr vorsichtig, um herauszufinden, was es war und ob es eine Gefahr darstellte. Konnte er sich von der Harmlosigkeit des Gegenstandes überzeugen, nahm er wieder sein allgemeines visuelles *scanning* auf. Kam er jedoch zu dem Schluss, dass es sich um infektiöses medizinisches Material handeln könnte, entfernte er sich so schnell wie möglich und war nur schwer dazu zu bringen, sich noch einmal in die Nähe der betreffenden Stelle zu begeben.

Eine andere Patientin, die ebenfalls unter einer Zwangsproblematik mit massiven Krankheitsängsten (u. a. vor Aids) litt, fürchtete sich besonders davor, mit dem Blut anderer Menschen in Berührung zu kommen, worin sie eine ernsthafte Gesundheitsgefahr sah, selbst wenn es sich nur um eine winzige Spur getrockneten Blutes handelte und selbst wenn sie nicht näher als einen Meter an den getrockneten Blutflecken heranging. Ihre Interpretation der Gefahr, die von dem Blut anderer Menschen ausging – z. B. auch von Personen, die ein kleines Pflaster zur Abdeckung einer winzigen Schramme trugen –, stellte eine grob katastrophisierende Fehlinterpretation der Wahrscheinlichkeit und des Schweregrades möglicher negativer Folgen dar. Ihre Furcht vor dem Blut anderer Menschen war jedoch so stark, dass sie, wenn sie sich in der Öffentlichkeit bewegte, ständig ihre Umgebung und die Menschen, denen sie begegnete, nach Blut, Wunden, Verbänden, Pflastern, usw. absuchte. Darin hatte sie mittlerweile so viel Übung, dass sie kleine rote Flecken schon auf große Entfernung hin sicher erkennen konnte. Ihre Wahrnehmung war jedoch insofern fehlerhaft, als sie diese roten Flecke viel zu häufig für Blut hielt. Für sie waren fast alle dunkelfarbenen Flecken (so zum Beispiel auch Schlammflecken, Papierschnipsel usw.) verdächtig.

Kontext und Aufmerksamkeit

Man nimmt an, dass Menschen, die eine erhöhte Neigung zu Angstreaktionen haben, mit ganz bestimmten Erwartungen in die meisten Situationen, insbesondere in neue oder gefürchtete, hineingehen. In diesen Kontexten werden sie hypervigilant und führen ein globales *scanning* ihrer äußeren und auch inneren Umgebung durch. Dabei richten sie ihre Aufmerksamkeit gezielt auf Stimuli, die möglicherweise eine Gefahr darstellen – zeigen also selektive Aufmerksamkeit. Wenn sie dabei auf ein potenzielles Gefahrensignal stoßen, verengt sich ihr Fokus. Begleitet wird diese Verengung der Aufmerksamkeit von einer Erhöhung des Erregungsniveaus und einer Intensivierung der Anstrengung. Da die Kapazität von Aufmerksamkeitsprozessen begrenzt ist (z. B. Kahneman, Triesman & Burkell, 1983), geht die Einengung der Aufmerksamkeit auf die wahrgenommene Gefahrenquelle mit einer Vernachlässigung anderer Stimuli einher. Bei Menschen, die unter einem anhaltend hohen Angstniveau leiden, kann so der Eindruck eines mangelnden Interesses an ihren Mitmenschen entstehen. Sie scheinen sich fast ausschließlich mit sich selbst zu beschäftigen (bzw. scheinen es nicht bloß). Außerdem führt die erhöhte Anstrengung, die mit einer Verengung des Aufmerksamkeitsfokus einhergeht – und Aufmerksamkeit von anderen Aufgaben abzieht –, dazu, dass die Betroffenen sich weniger gut auf ihre Arbeit und andere Dinge konzentrieren können. So berichteten beispielsweise Beck und Emery (1985), dass 86 Prozent ihrer Patienten mit Angststörungen über Konzentrationsschwierigkeiten klagten.

Natürlich werden Menschen nicht jedes Mal, wenn sie mit einer neuen oder potenziell bedrohlichen Situation konfrontiert werden, ängstlich. Selbst wenn sie in eine solche Situation mit der Erwartung hineingehen, wahrscheinlich auf Gefahren zu stoßen, finden sie möglicherweise eher Hinweise, die sie zu dem Schluss bringen, dass keine Gefahr besteht und sie in Sicherheit sind. In solchen Situationen besteht wahrscheinlich ein gesteigertes Sicherheitsbedürfnis. Werden Hinweise für das Bestehen von Sicherheit entdeckt, tritt keine Angst auf: Wenn beispielsweise ein Patient, der unter einer Panikstörung leidet, mit dem Auftreten von Herzklopfen und Atemnot rechnet – vermeintliche Symptome eines bevorstehenden Herzanfalls –, dann jedoch feststellt, dass er sich in der Nähe eines Krankenhauses befindet, kann ihm dies eine gewisse Sicherheit verleihen und dazu führen, dass der erwartete Angstanfall ausbleibt.

Auch in einem späteren Stadium kann der Prozess noch unterbrochen werden. Wenn bei Konfrontation mit einer Situation Hypervigilanz auftritt und im Rahmen des Scannings eine – vermeintliche oder tatsächliche – Gefahr entdeckt wird, jedoch im Zuge der Einengung der Aufmerksamkeit Anzeichen dafür gefunden werden, dass die Lage sicher ist, geht die Angst wieder zurück.

Interpretation und Fehlinterpretation

In einer neuen oder potenziell gefährlichen Situation können die als Resultat der selektiven Aufmerksamkeit und der Fokussierung gesammelten Informationen auf unterschiedliche Weise interpretiert werden. Im günstigen Fall werden zum Beispiel Herzklopfen und Atemnot als Folge körperlicher Anstrengung gedeutet. Auf eine solche «benigne» Interpretation folgt ein Rückgang der bis dahin möglicherweise aufgetretenen Angst. Wenn die körperlichen Empfindungen jedoch fälschlicherweise als Anzeichen eines bevorstehenden Herzanfalls interpretiert werden, ist mit dem Auftreten hochgradiger Angst oder Panik zu rechnen (z. B. MacLeod & Cohen, 1993).

Bei derartigen Fehlinterpretationen lassen sich zwei Dimensionen unterscheiden. Zum einen kann die *Wahrscheinlichkeit des Auftretens* eines aversiven Ereignisses überschätzt werden und zum anderen der *Schweregrad der Folgen* eines solchen Ereignisses (natürlich können Wahrscheinlichkeit und Schweregrad auch beide gleichzeitig überschätzt werden). Es ist bekannt, dass Menschen, die unter starken Ängsten oder Depressionen leiden, stark dazu neigen, die Wahrscheinlichkeit und den Schweregrad der Folgen negativer Ereignisse zu überschätzen (Butler & Mathews, 1983) – eine Beobachtung, die durch Forschungsergebnisse von Clark (1988) und Ehlers (1992) bestätigt wird.

Zusätzlich zu den zwei bereits erwähnten Folgeerscheinungen von Angst – Unaufmerksamkeit gegenüber anderen Menschen und Objekten in der Umgebung und eingeschränkte Konzentrationsfähigkeit – sind noch Müdigkeit und Erschöpfung zu nennen. Sehr zum Erstaunen von Freunden und Angehörigen klagen Menschen, die unter starken Ängsten leiden, häufig über große Müdigkeit, auch wenn sie den ganzen Tag zu Hause verbracht haben und körperlich kaum aktiv waren. Hypervigilanz, selektive Aufmerksamkeit und die anstrengenden Versuche, der Angst Herr zu werden, erfordern ein beträchtliches Maß an Energie, weswegen es nicht überrascht, dass Menschen, die unter anhaltender Angst leiden, häufig angeben, sich abgespannt und ausgelaugt zu fühlen.

Folgen der Angst

Angst ist ein unangenehmer Zustand, gegen den die meisten Menschen etwas zu unternehmen versuchen. Die Art und Weise, wie sie dabei vorgehen, hängt davon ab, was für Erfahrungen sie bislang mit Angstreaktionen gemacht haben und wie erfolgreich ihre Versuche waren, gegen ihre Angst anzugehen. Eine der häufigsten Reaktionen auf Angst ist die Flucht aus der unangenehmen Situation und der Versuch, ihr in Zukunft aus dem Weg zu gehen. Wer beispielsweise beim Einkauf in einem Supermarkt auf einmal einen Angstzustand bekommt, spürt das überwältigende Bedürfnis, die Situation so schnell wie möglich zu verlassen. Nach ein oder zwei entsprechenden unangenehmen Erlebnissen im Supermarkt kann sich bereits ein Vermeidungsmuster etablieren, das z. B. daraus besteht, dass andere Leute gebeten werden, den Einkauf für einen zu übernehmen, dass man nur in Begleitung einer vertrauten Person, die sich um einen kümmern kann, falls irgendetwas «passiert», einen Supermarkt betritt, oder dass man den Einkauf zu Zeiten erledigt, zu denen wenig Leute einkaufen, so dass man «im Falle eines Falles» rasch und ungehindert die Flucht ergreifen könnte. Flucht- und Vermeidungsverhalten ist kurzfristig sehr effektiv. Meistens ist es mit einem Rückgang der Angst verbunden und bringt dadurch eine vorübergehende Erleichterung. Langfristig dagegen führt genau dies zu einer Verfestigung des Flucht- und Vermeidungsverhaltens und häufig zu einer Aufrechterhaltung der ursprünglichen Angst (Mowrer, 1960; Rachman, 1990).

Angst, Aufmerksamkeit und Wahrnehmung

Selektive Aufmerksamkeit

Gesundheitsbezogene Ängste können im Zusammenhang mit einer Gefährdung der eigenen Gesundheit oder der anderer Menschen entstehen und treten nirgendwo deutlicher zu Tage als in der Angst von Eltern um das Wohlergehen ihrer Kinder. Aus diesem Grund sammelten Parkinson und Rachman (1980) Belege für selektive Aufmerksamkeitszuwendung bei ängstlichen Müttern im Rahmen einer Studie über die Auswirkungen realer Belastungen auf emotionale Reaktionen. Die Reaktionen von 25 Müttern, deren Kinder wegen eines chirurgischen Eingriffs ins Krankenhaus kamen, wurden mit denen einer Kontrollgruppe aus 25 Müttern verglichen, die Kinder des gleichen Alters hatten, die sich jedoch zum Zeitpunkt des Experiments nicht in ärztlicher Behandlung befanden. Bei einer der vier Aufgaben, die den Müttern gegeben wurde, handelte es sich um einen Signalerkennungstests, der auf der Überlegung beruhte, dass im Zustand erhöhter Angst belastungsbezogene Stimuli leichter registriert werden sollten als neutrale Reize.

In dem Experiment ging es darum, wie laut den Versuchspersonen belastungsbezogene und neutrale Wörter vorgespielt werden mussten, damit sie sie erkannten, während sie gleichzeitig Musik hörten, deren Lautstärke sie selbst gewählt hatten. Erfasst wurde genau, wie viele Schlüsselwörter auf fünf verschiedenen Lautstärkestufen richtig erkannt wurden. Nach Einstellung der für die jeweilige Versuchsperson angenehmen Musiklautstärke wurde ihnen während der gesamten Aufgabe binaural Musik vorgespielt. Während das Musikband lief, wurden in unregelmäßigen Abständen 30 Wörter präsentiert. Zehn davon waren belastungsbezogene Auslöserwörter (z. B. Spritze, Blutung, Operation etc.), 10 waren Wörter mit ähnlichem Klang, aber anderer Bedeutung und bei den restlichen 10 handelte es sich um neutrale Wörter. Die Mütter wurden gebeten, jedes Wort, das sie hörten, sofort nachzusprechen. Es gab fünf Versuchsdurchgänge, wobei jedes Mal die Lautstärke der vorgegebenen Wörter etwas erhöht wurde. Die Lautstärke der Musik war bei allen Durchgängen gleich. Auf diese Weise war es möglich, die Mindestlautstärke zu ermitteln, mit der die drei Kategorien von Wörtern vorgegeben werden mussten, um von den Versuchspersonen korrekt identifiziert zu werden.

Es fanden sich Hinweise für eine selektive Aufmerksamkeit. Bei der niedrigsten Lautstärke im ersten Durchgang erkannten die Mütter der Experimentalgruppe signifikant mehr belastungsbezogene Wörter als die Mütter der Kontrollgruppe – genauer gesagt: sechsmal so viele. Beim zweiten Durchgang erkannten sie noch doppelt so viele wie die Mütter aus der Kontrollgruppe. Im vierten und fünften Durchgang war hingegen kein Unterschied mehr zwischen den Gruppen festzustellen. Bei beiden Gruppen erhöhte sich die Erkennungsrate über die verschiedenen Durchgänge hinweg signifikant, was sowohl auf einen Übungseffekt als auch auf die zunehmende Lautstärke zurückgeführt werden kann.

Medizinische und vor allem chirurgische Behandlungen gehören zu den am meisten gefürchteten Ereignissen, denen sich Menschen in ihrem Leben ausgesetzt sehen, was leider in Kliniken und Krankenhäusern nur unzureichend berücksichtigt wird. Am Rande sei erwähnt, dass sich hier der psychologischen Forschung ein großes Feld für Studien unter realen Bedingungen eröffnet. Die Intensität der Ängste sollte Einbußen an Kontrollierbarkeit und Präzision einigermaßen wettmachen, die bei einem Wechsel vom Forschungslabor ins Krankenhaus in Kauf genommen werden müssen. So konnte beispielsweise beobachtet werden, dass Menschen intensive Angst ausstehen, wenn sie auf die Ergebnisse bedeutsamer medizinischer Untersuchungen warten; die unter solchen Bedingungen ermittelten Ergebnisse in Angst-Fragebögen gehören zu den höchsten, die bislang festgestellt worden sind (z. B. Kincey et al., 1991; Weller & Hener, 1993).

Weitere Beispiele für selektive Aufmerksamkeit geben Eysenck (1992), Mathews und MacLeod (1994) und Williams et al. (1988). Das unter Angst auftretende Aufmerksamkeits-Bias ist besonders augenfällig bei Menschen, die unter einer Panikstörung leiden. Es bezieht sich auf alle möglichen Dinge, die mit einer Gefahr für die Gesundheit, mit sozialer Bloßstellung, mit bedrohlichen psychischen Vorgängen usw. verbunden sind (Ehlers, Margraf & Roth, 1988).

Es ist überzeugend gezeigt worden, dass selektive Aufmerksamkeit bei Vorliegen möglicher Gefahren zunimmt, wir haben es allerdings mit einem komplexen Konzept zu tun. Es gibt unterschiedliche Arten und Ebenen von Aufmerksamkeit. Sie kann auf äußere Stimuli gerichtet sein oder – besonders relevant bei der Panikstörung – auf innere Empfindungen. Aufmerksamkeit kann passiv oder aktiv sein, bewusst oder unbewusst usw. Es handelt sich um ein großes und kompliziertes Gebiet, glücklicherweise liegen jedoch einige ausgezeichnete Darstellungen des Phänomens vor (z. B. Williams et al., 1988; Mathews & MacLeod, 1994; Eysenck, 1992; und McNally, 1994, 1995).

Wahrnehmung

Neben selektiver Aufmerksamkeit gibt es auch Belege für eine selektive bzw. sogar verzerrte Wahrnehmung. In der klinischen Praxis lässt sich beobachten, dass entsprechende Verzerrungen unter Angst auftreten können und nach dem Abbau dieser Angst ebenfalls zurückgehen. Ein Patient beispielsweise, der unter der Angst litt, die Kontrolle über seinen Wagen verlieren zu können, geriet immer in große Panik, wenn er sich einer Brücke näherte. Er hatte den Eindruck, dass die Brücke gefährlich abschüssig und außerdem extrem lang war. Zu einer derart verzerrten Wahrnehmung kam es nur, wenn er selbst am Steuer des Fahrzeugs saß. Lenkte der Therapeut den Wagen, gab der Patient an, die Brücke normal wahrzunehmen.

Eine andere Patientin, die ebenfalls unter einer Autofahrphobie litt, berichtete, dass sie, wenn ihre Angst besonders stark wurde, den Eindruck hatte, die Straße neige sich stark nach rechts und ziehe den Wagen mit sich. Sie versuchte dann, dies auszugleichen, indem sie – manchmal sehr abrupt – den Wagen zur Fahrbahnmitte lenkte. In solchen Momenten intensiver Furcht schien ihr auch die Oberfläche der Straße schlechter zu werden und sie nahm objektiv glatte Fahrbahnen als uneben und holperig wahr. Wie bei dem anderen Patienten war ihre Wahrnehmung nur verzerrt, wenn sie selbst fuhr.

Ein dritter Patient vermied es, Brücken zu Fuß zu überqueren, da er befürchtete, die Kontrolle über sich verlieren zu können und entweder in den entgegenkommenden Verkehr hineinzulaufen oder von der Brücke zu springen. Wenn er große Angst hatte, erschienen ihm die Brücken stets länger und höher als sonst.

Eine vierte Patientin, die seit einem traumatischen Erlebnis im Zusammenhang mit der Einnahme einer illegalen Droge unter häufigen Panikattacken litt, gab an, in Augenblicken extremer Angst unangenehme Wahrnehmungsverzerrungen zu erleben. In solchen Momenten neigte sie dazu, andere Menschen als merkwürdig dünn und groß wahrzunehmen. Ähnliche Wahrnehmungen hatte sie in den drei Tagen nach ihrem Drogenerlebnis gehabt. Nun traten diese Verzerrungen ausschließlich dann auf, wenn sie extrem starke Angst hatte.

Wissenschaftlich bestätigt wurden diese Beobachtungen in einem Experiment mit 60 freiwilligen Versuchspersonen, die Furcht vor Schlangen oder Spinnen hatten (Rachman & Cuk, 1992). Die Versuchspersonen wurden gebeten, ihre Wahrnehmung des gefürchteten Objekts zu beschreiben, und zwar zunächst während des Auftretens von Furcht und dann nach deren Abklingen. Die schlangen- und spinnenphobischen Versuchsteilnehmer zeigten Anzeichen einer verzerrten Wahrnehmung hinsichtlich der Aktivität des gefürchteten Objektes, nicht jedoch hinsichtlich seiner Größe. Nachdem ihre Furcht nachgelassen hatte, gaben die Versuchspersonen an, das entsprechende Tier als deutlich weniger aktiv wahrzunehmen als vorher. Die spinnenphobischen Versuchspersonen glaubten, die Spinne würde springen, und die schlangenphobischen Versuchspersonen nahmen mehr Zungenbewegungen der Schlange wahr als die angstfreien Personen der Vergleichsgruppe.

Wahrscheinlich besteht ein Zusammenhang zwischen der Wahrnehmungsverzerrung und der Einengung der Aufmerksamkeit bei Auftreten von Angst. Beide haben dieselbe psychologische Funktion: Sie dienen dazu, mögliche Gefahrenquellen schneller zu erkennen und deutlicher wahrzunehmen und dadurch adäquat auf sie zu reagieren. Im Zustand besorgter Hypervigilanz konzentrieren Menschen ihre Aufmerksamkeit auf einen engen Fokus und nehmen die potenzielle Bedrohung stärker wahr.

Selbstfokussierte Aufmerksamkeit

Die Einengung der Aufmerksamkeit, zu der es als Reaktion auf eine tatsächliche oder vermeintliche Gefahr kommt, kann nach außen oder nach innen gerichtet sein. Bei bestimmten Störungsformen scheint eine nach innen gerichtete – «selbstfokussierte» – Aufmerksamkeit eine wichtige Rolle zu spielen. So gibt es Hinweise auf einen erhöhten Grad an Selbstaufmerksamkeit bei Prüfungsängsten, sozialen und sexuellen Ängsten sowie besonders auch bei der Panikstörung. Barlow misst den Selbstbewertungen von Personen mit Angststörungen eine große Bedeutung bei: «Angesichts der enorm hohen Bedeutung, die dieser Komponente [dem selbstbewertenden, inneren Fokus] allem Anschein nach zukommt, ... scheint es sehr wichtig zu sein, sich in der Therapie mit der selbstfokussierten Aufmerksamkeit zu beschäftigen» (Barlow, 1988, S. 316). Er betrachtet die ausgeprägte Neigung zu selbstbewertender Aufmerksamkeit als eines der wichtigsten Merkmale pathologischer Angst.

Einige der ersten und überzeugendsten Belege für eine erhöhte Konzentration auf die eigene Person unter Angst stammen aus den Arbeiten von Sarason (1980) und seinen Mitarbeitern zur Prüfungsangst und ihren Ursachen (auf die weiter unten noch näher eingegangen wird). Zu ihren wichtigsten Schlussfolgerungen gehörte die Erkenntnis, dass eine starke Beschäftigung mit der eigenen Person und den eigenen Empfindungen in der Testsituation eine der Hauptursachen für das große Unbehagen und die Beeinträchtigung darstellt, unter denen die Betroffenen leiden. In einer anderen Studie von Deffenbacher (1978) bearbeiteten die Versuchspersonen unter hoher und niedriger Belastung Anagramme. Gemessen wurde, wie viel Zeit sie damit verbrachten, über die Aufgabe selbst nachzudenken, sich mit aufdringlichen Gedanken beschäftigten, die nichts mit der Aufgabe zu tun hatten, und wie viel Aufmerksamkeit sie ihren körperlichen Empfindungen zuwandten. Die Personen mit einer hohen Angstdisposition hatten unter der Belastungsbedingung signifikant weniger aufgabenbezogene Gedanken als die Vergleichsgruppe. Die Betroffenen gaben auch mehr Angst, mehr störende Gedanken und mehr Gedanken über ihr körperliches Befinden und die Konsequenzen ihres Abschneidens im Test an. Allgemein gesagt, ist der Zusammenhang zwischen selbstkonzentrierter Aufmerksamkeit und Angst in Testsituationen von dem Zusammenspiel mehrerer Faktoren abhängig: der Prädisposition für Angstreaktionen, dem anfänglichen Erregungsniveau, der Art und der Bedeutung der jeweiligen Aufgabe und dem Ausmaß an Stress, das durch die Aufgabe selbst hervorgerufen wird. Je komplexer und anspruchsvoller die Aufgabe und je wichtiger das Ergebnis, umso größer ist die Wahrscheinlichkeit einer erhöhten selbstfokussierten Aufmerksamkeit und damit einhergehender Angst.

Belege für eine selbstfokussierte Aufmerksamkeit finden sich auch im Zusammenhang mit sozialen Ängsten. Das Phänomen spielt möglicherweise sogar eine zentrale Rolle für das Entstehen sozialer Phobien. «Die empirischen Befunde bezüglich sozialer und generalisierter Angst sprechen im Allgemeinen für das Bestehen eines Zusammenhangs zwischen einer erhöhten selbstfokussierten Aufmerksamkeit und dem Auftreten von Angst. Bei Personen, die in klinisch relevantem Ausmaß unter sozialer Angst leiden, ist das *self-focussing* anscheinend erhöht und mit dem allgemeinen Angstniveau korreliert» (Ingram, 1990, S. 161). Darüber hinaus gilt, dass Menschen mit einer chronisch erhöhten selbstfokussierten Aufmerksamkeit ein erhöhtes Risiko aufweisen, bestimmte psychische Probleme zu entwickeln (Ingram, 1990).

In diesem Zusammenhang ist übrigens interessant, dass Alkohol anscheinend die Selbstaufmerksamkeit herabsetzt, was vermutlich der Grund dafür ist, dass manche Menschen in bestimmten Situationen trinken, um ihre Angst abzubauen. Neuere therapeutische Ansätze wie das *mindfulness training* (Teasdale, Segal & Williams, 1995) könnten den Betroffenen helfen, ihre Fähigkeit zur Steuerung des Aufmerksamkeitsfokus zu verbessern.

Es gibt noch eine Reihe von offenen Fragen im Zusammenhang mit der selbstfokussierten Aufmerksamkeit. Unklar ist beispielsweise noch, worin sich genau eine erhöhte selbstfokussierte Aufmerksamkeit von einer normalen selbstfokussierten Aufmerksamkeit unterscheidet. Letztendlich geht es dabei auch um die Frage nach der Beschaffenheit von Aufmerksamkeitsprozessen selbst. Alle theoretischen Formulierungen zur selbstfokussierten Aufmerksamkeit gehen davon aus, dass die Aufmerksamkeitskapazität grundsätzlich begrenzt ist und dass eine übermäßige Beschäftigung mit der eigenen Person zwangsläufig zu Lasten der Aufmerksamkeit gegenüber dem äußeren Geschehen geht. Das Konzept einer begrenzten Aufmerksamkeit ist zwar nicht ohne Kritik geblieben, jedoch ist die Vorstellung zunächst einmal so plausibel, wie ihr Gegenteil (eine unbegrenzte Aufmerksamkeitskapazität) unglaubhaft ist. Allerdings ist Aufmerksamkeit ein sehr komplexes Konzept und es muss berücksichtigt werden, dass die Aufmerksamkeit eines Menschen gewissen Schwankungen im Laufe eines Tages und auch über längere Zeiträume hinweg unterliegt, so dass sie beispielsweise mehrere Wochen lang relativ hoch sein und dann in den folgenden Wochen sinken kann. Hinzu kommt, dass sich unsere Aufmerksamkeit auch auf Stimuli richtet, die durch unterschiedliche Sinnesmodalitäten wahrgenommen werden, wenn wir zum Beispiel gleichzeitig sehen, hören, riechen und schmecken. Wie wir unsere Aufmerksamkeitsressourcen dabei verteilen und wie die aus den verschiedenen Kanälen eingehenden Informationen integriert werden, sind faszinierende Fragen. Für unsere Zwecke hat jedoch der beobachtete Zusammenhang zwischen einer erhöhten Selbstaufmerksamkeit und Angst sowie seine wahrscheinliche Beteiligung an den Angststörungen bereits einen beträchtlichen Erklärungswert. Dabei sollte allerdings nicht vergessen werden, dass der Zusammenhang zwischen selbstfokussierter Aufmerksamkeit und Angst keine Ausschließlichkeit beanspruchen kann; ebenso gut belegt ist die Beziehung zwischen einer erhöhten selbstfokussierten Aufmerksamkeit und Depression (Ingram, 1990).

Die wichtigste praktische Hürde, an der die weitergehende Untersuchung der selbstfokussierten Aufmerksamkeit und ihrer Bedeutung für das Erleben von Angst derzeit scheitert, liegt darin, dass sie so schwer zu fassen ist. Es gibt zurzeit keine Methode, mit der man selbstfokussierte Aufmerksamkeit genau messen könnte. Das Phänomen stellt somit eine forschungsmethodische Herausforderung dar.

Es wird vermutet, dass eine stark ausgeprägte und beeinträchtigende selbstfokussierte Aufmerksamkeit an mehreren psychischen Störungen beteiligt ist, bei denen Angst eine wichtige Rolle spielt, vor allem bei bestimmten sexuellen Funktionsstörungen, Prüfungsangst und sozialer Angst.

Angst und sexuelle Funktionsstörungen

Sexuelle Funktionsstörungen können auf biologischen oder psychologischen Ursachen oder einer Kombination beider Ursachengruppen beruhen. Dies gilt sowohl für Erektionsstörungen, eines der am häufigsten vorkommenden sexuellen Probleme, dem biologische (z. B. neurologische Erkrankungen) oder psychologische Faktoren zugrunde liegen können, als auch für das am häufigsten genannte sexuelle Problem von Frauen: verminderte sexuelle Appetenz (Bancroft, 1989).

Barlow (1988) hat auf bestimmte Übereinstimmungen zwischen sexueller, sozialer und Prüfungsangst hingewiesen. In allen drei Fällen, so Barlow, gebe es einen unvollständigen Zusammenhang zwischen dem Grad an autonomer Erregung und der Fähigkeit der Person, das gewünschte Verhalten auszuführen. Ein zuverlässigerer Prädiktor der Verhaltenseffektivität ist das Ausmaß an irrelevanter kognitiver Aktivität (insbesondere in Bezug auf negative Bewertungen und ein mögliches Versagen). Studenten, die unter Prüfungsangst leiden, erbringen schlechtere Leistungen, wenn sie sich damit beschäftigen, wie sie wohl abschneiden werden, als wenn sie sich auf die Lösung der Aufgaben konzentrieren. In sexuellen Situationen löst der Gedanke, bestimmte Erwartungen erfüllen zu müssen, «negative emotionale Reaktionen aus, einschließlich des Gefühls, keine Kontrolle über die Situation zu haben oder unfähig zu sein, die gewünschten Resultate herbeizuführen ... An diesem Punkt kommt es zu einer kritischen Verschiebung der Aufmerksamkeit von einem Außenfokus (erotischen Stimuli in diesem Fall) hin zu einem eher inneren, selbstbewertenden Fokus» (Barlow, S. 247). Nach Barlow zieht selbstfokussierte Aufmerksamkeit negative emotionale Reaktionen nach sich, welche wiederum die selbstfokussierte Aufmerksamkeit noch stärker werden lassen. Diese Prozesse beeinträchtigen die Konzentration und führen oft dazu, dass das gewünschte Verhalten nicht ausgeführt werden kann. Dies wird dann als Anzeichen eines bevorstehenden oder bereits eingetretenen Versagens interpretiert, worauf ein Anstieg an Angst folgt.

Das Modell von Barlow ist zwar plausibel, stößt jedoch auf einige Schwierigkeiten. Zwar sind die meisten Kliniker der Ansicht, dass Angst eine der Hauptursachen für psychosexuelle Störungen ist (Kaplan, 1988; Masters & Johnson, 1970; Wolpe, 1958; Barlow, 1988; Bancroft, 1983), stehen jedoch damit in Widerspruch zu einem Teil der Ergebnisse aus experimentellen Untersuchungen. Die Annahme, Angst beeinträchtige die sexuelle Funktionsfähigkeit, hat zur Konsequenz, dass Therapeuten sich intensiv darum bemühen, mit Hilfe von Techniken wie der systematischen Desensibilisierung (Wolpe, 1958), Verhaltensproben (Masters & Johnson, 1970) usw. die Ängste ihrer Patienten abzubauen. Masters und Johnson etwa sahen in der Angst das wichtigste Hindernis für eine normale Sexualität. Angst war in ihren Augen der Hauptgrund für eine beeinträchtigte sexuelle Erregung im Allgemeinen und für Erektionsprobleme im Besonderen. Die Resultate, die in der psychologischen Behandlung derartiger Schwierigkeiten erzielt wurden, schienen im Allgemeinen den angenommenen Zusammenhang zwischen Angst und sexueller Dysfunktion zu bestätigen. In jüngster Zeit hat sich jedoch der Schwerpunkt von Angstreduktionstechniken hin zur Modifikation von Kognitionen verlagert (Sbrocco & Barlow, 1996).

Ein Zusammenhang zwischen Angst und sexuellen Funktionsstörungen ist gut belegt, jedoch muss die Angst, wie Bancroft (1989) hervorhebt, nicht immer Ursache, sondern kann auch Folge einer sexuellen Dysfunktion sein. Außerdem können Angst und sexuelle Störung auch parallele Konsequenzen eines dritten Faktors sein. Diese Klarstellung hält Bancroft jedoch nicht davon ab, im Anschluss einige der bedeutsamsten Ängste aufzuführen, auf die Therapeuten bei der Behandlung sexueller Probleme stoßen. Zu diesen zählen Versagensangst, Furcht vor Bloßstellung, Furcht vor Schmerzen oder anderen unangenehmen Empfindungen, die Furcht, den Partner nicht befriedigen zu können, sowie Furcht vor Kontrollverlust. Hinzuzufügen wäre in heutigen Zeiten eine weitere Furcht – die vor einer Aidsinfektion. Bancroft weist zu Recht auf die Tatsache hin, dass sich Menschen in sexuellen Kontakten verletzlich fühlen können und dass die Partner einander ein gewisses Vertrauen entgegenbringen müssen. Dieses Vertrauen ist Voraussetzung dafür, sich sicher fühlen zu können.

Da es in der Sexualität so viele Möglichkeiten für das Entstehen von Angst gibt, wäre es erstaunlich, wenn sie keine entscheidende Rolle bei vielen sexuellen Erfahrungen spielen würde. Bis vor kurzem ging man davon aus, dass Angst fast immer das sexuelle Erleben und Verhalten beeinträchtige und dass sie sogar die Hauptursache für psychosexuelle Probleme sei. Mittlerweile hat sich gezeigt, dass Angst in einigen Fällen sexuelle Erregung und Aktivität auch steigern kann (z. B. Barlow, 1988; Palace & Gorzalka, 1990). Dennoch hat die Ansicht, dass Angst entscheidend an einem Großteil der psychosexuellen Funktionsstörungen beteiligt ist, ihren festen Platz in der gegenwärtigen klinischen Praxis.

Die Neueinschätzung fußt u. a. auf Experimenten, die die erwarteten Zusammenhänge zwischen Angst und Dysfunktion zwar grundsätzlich nachweisen konnten, die jedoch auch gezeigt haben, dass es Umstände gibt, unter denen Angst eher zu einer Steigerung als zu einer Verminderung der sexuellen Erregung führt. Daher beschäftigen sich Therapeuten heute auch zunehmend mehr mit den Kognitionen, die sexuelle Aktivität und Genussfähigkeit beeinträchtigen können.

Ergebnisse aus Forschungsarbeiten mit Männern bestätigen die Annahme der Kliniker, dass Angst das Sexualverhalten beeinträchtigen kann. Männer, die anscheinend keine sexuellen Probleme haben, reagieren auf Ablenkung mit einem subjektiven und objektiven Rückgang an sexueller Erregung. Männer mit sexuellen Problemen reagieren dagegen in Laborstudien kaum auf Ablenkung (Edelmann, 1992; Sbrocco & Barlow, 1996). Die experimentellen Befunde zu den Faktoren, die die sexuelle Erregung bei Frauen steigern oder verringern, sind noch sehr lückenhaft und teilweise etwas widersprüchlich, es gibt jedoch Bedingungen, unter denen Angst die Erregung eher steigert als hemmt. Ein Grund für diese Widersprüche zwischen Beobachtungen aus der Praxis und Ergebnissen experimenteller Untersuchungen besteht wahrscheinlich darin, dass es aufgrund der unvermeidbaren Künstlichkeit der Laboruntersuchungen bislang nicht möglich war, die Auswirkungen persönlich relevanter angstbezogener Kognitionen auf das sexuelle Verhalten und Erleben zu untersuchen. Die entsprechenden Kognitionen, die Patienten ihren Therapeuten beschreiben, haben offensichtlich stärkere Auswirkungen auf das Sexualverhalten als die gezielte Provokation von Angst durch Elektroschocks oder andere künstliche Methoden im Labor. Anders ausgedrückt sind die Unterschiede zwischen experimentellen und klinischen Daten möglicherweise in erster Linie auf die unterschiedliche Bedeutung der jeweils vorherrschenden Kognitionen zurückzuführen.

Prüfungsangst

Wer starke Angst in Prüfungen oder anderen Bewertungssituationen erlebt, leidet unter *test anxiety* – Prüfungsangst. Eine der einflussreichsten Erklärungen für Prüfungsangst, die u. a. von Sarason (1980) vertreten wurde, besagt, dass prüfungsängstliche Menschen sich auf negative Weise mit sich selbst beschäftigen und sich auf ihre körperlichen Reaktionen, Versagenserwartungen usw. konzentrieren, was zu Lasten ihrer Prüfungsleistung geht. Ihnen gehen mehr irrelevante Gedanken durch den Kopf als Menschen, die relativ angstfrei in Prüfungssituationen hineingehen. «Menschen mit starker Prüfungsangst schneiden bei kognitiven Aufgaben in der Regel schlechter ab als weniger ängstliche Personen, vor allem wenn die Aufgaben schwierig sind und die Leistungen bewertet werden ... Die Prüfungsängstlichen teilen ihre Aufmerksamkeit auf zwischen den Aufgaben selbst und anderen Dingen, die nicht direkt mit den Aufgaben, sondern vielmehr mit den Konsequenzen ihres Abschneidens in der Prüfung zu tun haben, während sich die weniger Ängstlichen stärker auf die aufgabenrelevanten Aspekte konzentrieren» (Wine, 1971). Zwar sind auch einige Abweichungen von dieser allgemeinen Regel festgestellt worden, die allgemeine Tendenz der vorliegenden Befunde geht aber dahin, dass prüfungsängstliche Menschen bei der Bearbeitung von Aufgaben, die mit einer Bewertung verbunden sind, mit negativen Kognitionen beschäftigt sind und einen Großteil ihrer Aufmerksamkeit während der Prüfung auf irrelevante Dinge richten (Sarason, 1980). Es konnte übereinstimmend nachgewiesen werden, dass prüfungsängstliche Menschen in Prüfungssituationen stärker erregt sind als Menschen, die keine Prüfungsangst kennen. Diese Erkenntnis war Grundlage von Versuchen, Prüfungsangst mit Hilfe von Furchtreduktionstechniken – Entspannung, systematische Desensibilisierung usw. – zu behandeln.

Der relative Erfolg dieser Techniken steht im Einklang mit Belegen für ein erhöhtes Arousal in Prüfungssituationen, trägt jedoch leider nur wenig zur Erhellung des kausalen Zusammenhangs von Erregung und fehlgeleiteter Aufmerksamkeit bei. Es ist wahrscheinlich, dass der Zusammenhang wechselseitig ist: Kognitionen können das Erregungsniveau ebenso beeinflussen, wie eine erhöhte Erregung eine Zunahme negativer Kognitionen nach sich ziehen kann.

Dass diese Theorie zur Prüfungsangst einen gewissen Erklärungswert hat und die daraus abgeleiteten Behandlungsmethoden einigermaßen erfolgreich sind, ist zwar erfreulich, darf aber nicht darüber hinwegtäuschen, dass ein schwacher bis mittelgradiger Angstanstieg eher positive als negative Auswirkungen auf das Verhalten in der Prüfungssituation und die Leistung hat (Sarason, 1980). Aus theoretischer Perspektive gilt, dass Aufmerksamkeitsprozesse noch genauer beschrieben und erklärt werden müssen. Wie bei allen kognitiven Ansätzen zur Erklärung von Angstphänomenen stößt auch hier die Definition und Messung der relevanten Kognitionen, die natürlich im Zentrum dieser Erklärungsansätze stehen, auf methodologische Hürden. In den meisten Studien sollen die Untersuchten selbst ihre eigene Aufmerksamkeit beurteilen, was natürlich nicht ohne Auswirkungen auf sie bzw. den Gegenstand der Untersuchung bleibt – ihre Aufmerksamkeit. Abgesehen davon, dass man sich fragen muss, wie genau Selbsteinschätzungen in diesem Punkt sein können, gilt, dass wir es hier mit Menschen zu tun haben, die ihre Aufmerksamkeit auf ihre eigene Aufmerksamkeit richten sollen – eine aus methodologischer Sicht nicht gerade unproblematische Rückbezüglichkeit.

Angst und Gedächtnis

Interessanterweise zeigt sich bei «Patienten mit generalisierter Angststörung kein negatives Bias im expliziten Gedächtnis ..., was umso überraschender ist, als es zahlreiche Belege für die Existenz eines solchen Bias bei depressiven Patienten gibt» (Williams et al., 1988, S. 96). Auch Michael Eysenck (1992, S. 96) schreibt: «Angstpatienten haben eindeutig kein negatives Bias, was das explizite Gedächtnis betrifft, es gibt jedoch einige Hinweise dafür, dass bei ihnen möglicherweise ein negatives Bias des impliziten Gedächtnisses vorliegt.»

Es ist bemerkenswert, dass zwar eine Reihe von Studien die Existenz eines Aufmerksamkeits-Bias bei ängstlichen Menschen nachweisen konnten, es jedoch nur wenige und widersprüchliche Belege für ein Gedächtnis-Bias gibt. Studien, die entsprechende Verzerrungen bei Depressiven nachgewiesen haben, waren bei Angstpatienten nicht replizierbar. «Anscheinend unterscheiden sich die verschiedenen Emotionen hinsichtlich ihrer Auswirkungen auf die kognitive Verarbeitung stärker voneinander als ursprünglich vermutet. Eine mögliche Interpretation der vorliegenden Daten ist, dass Angstpatienten im Gegensatz zu depressiven Patienten ihre Aufmerksamkeit auf mögliche Gefahrenquellen richten. Depressive Patienten dagegen – nicht aber Patienten mit einer generalisierten Angststörung – erinnern sich selektiv an negatives Material» (Williams et al., 1988, S. 168).

Aus der anwachsenden Literatur zum Thema Gedächtnis und Angst greifen wir die folgenden Beispiele hinaus, um zu demonstrieren, wie uneinheitlich die Befundlage ist (siehe auch Edelmann, 1992; Eysenck, 1992; Williams et al., 1988). Im Jahr 1991 stellten Cloitre und Leibowitz ein Gedächtnis-Bias zugunsten bedrohlichen Materials bei Patienten mit Panikstörung fest; ein Jahr später fanden sie bei sozialphobischen Patienten keinen vergleichbaren Effekt (Cloitre, Heimberg, Holt & Leibowitz, 1992). Ebensowenig gelang der Nachweis eines solchen Effektes in Untersuchungen von Rapee, Sanderson, McCauley und Di Nardo (1992) und Chambless und Hope (1996). Auch Dalgleish (1994) konnte keinen Zusammenhang zwischen Angst und einem entsprechenden Gedächtnis-Bias feststellen.

Auf der anderen Seite konnten McNally, Lasko, Macklin und Pitman (1995) Gedächtnisdefizite bei Patienten mit posttraumatischer Belastungsstörung nachweisen, und in einer Untersuchung von Sher, Mann und Frost (1984) erinnerten sich normale Versuchspersonen, die hohe Werte in einem Fragebogen für Zwangsgedanken und Zwangshandlungen hatten, schlechter an vorherige Handlungen als die Personen aus der Kontrollgruppe. Später kamen dann Constans, Foa, Franklin und Mathews (1995) zu dem Ergebnis, dass Patienten mit Zwangsproblemen sich – wenn überhaupt – eher besser als schlechter als Vergleichspersonen an kurz zurückliegende Handlungen erinnern.

Bradley, Mogg und Williams (1995) fanden Belege für ein Bias sowohl des expliziten als auch des impliziten Gedächtnisses bei depressiven Patienten, jedoch keine entsprechenden Asymmetrien bei Angstpatienten. Diese Resultate stützten ihre Auffassung, dass «bei Depressiven ein Bias bei expliziten Gedächtnisaufgaben, also etwa im freien Erinnern oder Wiedererkennen, vorliegt ... Es gibt jedoch kaum Belege für ein entsprechendes Bias bei ihren frühen Aufmerksamkeitsprozessen. Im Gegensatz dazu ist Angst mit einem stimmungskongruenten Bias der frühen Aufmerksamkeitsprozesse verbunden, während ein entsprechendes Bias bei expliziten Erinnerungsaufgaben bislang nicht eindeutig nachgewiesen werden konnte» (Bradley et al., 1995, S. 755). Diese Ergebnisse und Schlussfolgerungen stehen in Einklang mit einem Großteil der vorliegenden Befunde; vermutlich wird sich jedoch irgendwann herausstellen, dass dieses kognitive Bias in Aufmerksamkeits- und Gedächtnisprozessen sowohl bei Angst als auch bei Depression wirksam ist. Dies sei im Folgenden etwas ausführlicher begründet.

Williams et al. (1988) und auch Mathews, Mogg, May und Eysenck (1989) vertraten die Ansicht, dass bei Menschen, die unter klinisch relevanten Ängsten leiden, ein negatives Bias des impliziten, aber nicht des expliziten Gedächtnisses zu erwarten sei. «Der Großteil der empirischen Belege spricht sehr dafür, dass eine besonders gute Erinnerung an emotional negativ gefärbte Informationen typisch für eine erhöhte Depressivität, nicht aber für eine erhöhte Ängstlichkeit ist» (Mathews & MacLeod, 1994, S. 34). Nach Williams et al. (1988, S. 167) «ist der Versuch, einen Zusammenhang zwischen Angst und freiem Erinnern nachzuweisen, wiederholt gescheitert».

Diese Aussagen zeigen jedoch zunächst einmal nur, dass das Phänomen sehr schwer zu fassen ist, nicht unbedingt, dass es nicht existiert. Es steckt eine gewisse Ironie in den gescheiterten Versuchen, den Einfluss von Angst auf Gedächtnisprozesse nachzuweisen. Schließlich stammt eines der frühesten und beeindruckendsten Beispiele für eine implizite Gedächtnisleistung, die die Beteiligung unbewusster Prozesse am Erinnerungsvermögen belegte, aus einer klinischen Situation, in der Angst mit hoher Wahrscheinlichkeit eine gewisse Rolle spielte. Gemeint sind die Untersuchungen von Claparede (1911), der eine Reihe von Untersuchungen zu den Gedächtnisfunktionen einer 47-jährigen Frau machte, einer Bewohnerin der Bel-Air-Anstalten. Ihr Erinnerungsvermögen an länger zurückliegende Ereignisse war zwar intakt, aber sie wusste weder, wo sie sich befand noch war ihr bewusst, dass sie seit fünf Jahren in der Anstalt lebte. Sei erkannte weder die Ärzte, die sie jeden Tag sah, noch die Pflegerin, die sie seit sechs Monaten täglich betreute. Sie vergaß von einem Augenblick auf den anderen, was man ihr gerade erzählt hatte, und konnte weder den jeweiligen Wochentag noch den Monat angeben, obwohl ihr diese Angaben ständig mitgeteilt wurden. Interessanterweise wusste sie, wo sich die Toiletten befanden und kannte die Zeiten, zu denen die Mahlzeiten eingenommen wurden, auch wenn sie sich sonst nicht in der Anstalt zurechtfand und sich ihres Aufenthaltsorts nicht bewusst war.

In einer berühmt gewordenen Demonstration stach Claparede ihr mit einer Nadel, die er zwischen seinen Fingern hielt, in die Hand. Der Schmerz war wie alle anderen neuen Informationen rasch vergessen und schon Sekunden nach dem Stich erinnerte sie sich an nichts mehr. Als er seine Hand jedoch der ihren näherte, zog sie sie zurück, ohne zu wissen, warum. Auf die Frage, warum sie ihre Hand zurückzöge, antwortete sie: «Habe ich etwa nicht das Recht dazu, meine Hand wegzuziehen» oder «Könnte es sein, dass Sie da eine Nadel in ihrer Hand versteckt halten?» Als man sie fragte, wie sie auf die Idee mit der Nadel gekommen sei, gab sie zur Antwort: «Das ist nur so ein Gedanke, der mir in den Sinn kam.» Sie erkannte diesen Gedanken, sie könne gestochen werden, nicht als Ergebnis ihrer Erinnerung. Ihr Vermeidungsverhalten zeigte, dass sie auf die Gefahr, sich erneut wehzutun, reagierte, wenngleich sie sich nicht an den Grund für ihre Angst erinnern konnte.

Angst entsteht als Reaktion auf die Wahrnehmung eines Gefahrensignals und es ist undenkbar, dass das Gedächtnis dabei keine Rolle spielen sollte. Ein Gefahrenerkennungssystem ohne Gedächtnis kann nicht funktionieren. Wir würden völlig naiv und unvorbereitet in jede potenziell gefährliche Situation hineingehen, als wenn sie völlig neuartig für uns wäre. In Wirklichkeit sind wir nicht so unvorbereitet. Es liegen zahlreiche Belege dafür vor, dass Angst erworben werden kann, wobei u. a. die große Zahl an Studien zur Konditionierung von Angst zu nennen sind, auf der lange Zeit die gesamte Angsttheorie beruhte (Eysenck & Rachman, 1965; Mowrer, 1939, 1960; Wolpe, 1958). Konditionierte Angstreaktionen und andere Formen gelernter Angst können leicht reaktiviert oder erinnert werden. Momente, in denen wir Angst oder Furcht erlebt haben, sind in unserem Gedächtnis gespeichert, und viele dieser Erinnerungen sind so gut zugänglich, dass sie relativ leicht wieder abgerufen werden können. Für therapeutische Zwecke werden Furchtreaktionen aus der Vergangenheit gezielt erneut ausgelöst – etwa im Rahmen der ersten und bewährtesten der modernen Techniken zum Abbau von Ängsten, der systematischen Desensibilisierung (Wolpe, 1958). Sowohl Teilnehmer wissenschaftlicher Untersuchungen als auch Patienten sind ohne weiteres in der Lage, sich an den Inhalt und die Qualität vergangenen Angsterlebens zu erinnern, und es fällt ihnen auch fast genauso leicht, Ängste aus der Vergangenheit erneut zu durchleben, wenn sie dies aus therapeutischen oder anderen Gründen tun möchten. Angesichts der wichtigen Rolle, die das Gedächtnis für Angstreaktionen spielt, sowie der vorliegenden Belege für ein bedeutsames Gedächtnis-Bias bei Störungen wie der Depression ist die Wahrscheinlichkeit hoch, dass auch bei Angst ein Bias im Spiel ist. Es ist nicht davon auszugehen, dass das Gedächtnis ausgerechnet im Zusammenhang mit Angst völlig neutral und genau ist.

Wenn wir davon ausgehen, dass die Erinnerung an vergangene Angsterlebnisse sehr wichtig für ein effektives Funktionieren des Gefahrenerkennungssystems ist, und dass wir uns zum Zweiten leicht an vergangenes Angsterleben erinnern können, können wir fast sicher sein, dass wir auch von Erinnerungen beeinflusst werden, derer wir uns nicht bewusst sind. Auf die gleiche Weise, wie unbewusste Faktoren die selektiven Aufmerksamkeitsprozesse beeinflussen, haben mit hoher Wahrscheinlichkeit auch unbewusste Gedächtnisprozesse – wie diejenigen, die am impliziten Gedächtnis beteiligt sind – einen Einfluss auf Angstreaktionen. Wie diese unbewussten Gedächtnisprozesse beschaffen sind, die am Auftreten von Angst beteiligt sind, und wie sie funktionieren, bedarf noch weiterer Klärung. Zweifellos wird sich irgendwann zeigen, dass auch sie einem Bias unterliegen und von beträchtlicher Bedeutung sind.

Es ist wahrscheinlich, dass es auch in Bezug auf Angst stimmungskongruentes Erinnern gibt. Zwar haben sich die Zusammenhänge zwischen Stimmung und Gedächtnis, wie sie insbesondere von Bower (1981) dargestellt wurden, als komplexer und schwerer zu fassen herausgestellt haben als ursprünglich vermutet, jedoch ist das Auftreten stimmungskongruenter Erinnerungseffekte unter depressiver Stimmung mittlerweile relativ gut belegt (Williams et al., 1988). Leider ist man bislang noch nicht besonders weit gekommen bei dem Versuch, entsprechende Effekte auch für ängstliche Stimmungen nachzuweisen, jedoch liefern die anschaulichen Falldarstellungen von Grinker und Spiegel (1945) beeindruckende – wenn auch aus wissenschaftlicher Perspektive nicht ganz «wasserdichte» – Hinweise auf angstspezifisches stimmungskongruentes Erinnern traumatischer Erlebnisse.

Grundsätzlich kann das Erinnern durch Angst erleichtert oder gestört werden. In manchen Fällen erschwert Angst eher den Zugang zu einer Erinnerung, als ihn zu erleichtern. So berichten beispielsweise McNally, Lasko et al. (1995) von einer reduzierten Abrufbarkeit traumatischer Erinnerungen bei Kriegsveteranen. Auch das Konzept der Verdrängung, das eine zentrale Rolle in der psychoanalytischen Theorie spielt, kann als durch unerträgliche Angst ausgelöste Blockade bestimmter Erinnerungen betrachtet werden. Leider hat das Konzept der Verdrängung, das vor der Etablierung strenger Forschungsmethoden formuliert wurde, der Kritik durch die moderne Wissenschaft nicht standgehalten. Wie Williams et al. (1988) schreiben, «war der psychoanalytische Ansatz letztendlich zu spekulativ, um von experimentell arbeitenden Psychologen als formale Methode anerkannt zu werden» (S. 146), und die wissenschaftlichen Grundlagen der Psychoanalyse sind scharfer Kritik von vielen Seiten ausgesetzt gewesen (z. B. Grunbaum, 1977). Ungeachtet der Schwächen des analytischen Verdrängungskonzeptes liefert jedoch auch die moderne Forschung immer mehr Hinweise dafür, dass manche Erinnerungen an angsterfüllte Erlebnisse besonders gut abrufbar sind, während in anderen Fällen solche Gedächtnisinhalte kaum zugänglich sind.

Die Tatsache, dass es so etwas wie selektive Aufmerksamkeit gibt, heißt im Grunde schon, dass hier auch Gedächtnisfaktoren am Werk sind. Zwar haben einige Gefahrensignale bereits a priori alarmierende Qualitäten (z. B. Gray, 1971, 1982) – auch das *preparedness*-Konzept (Seligman, 1971) beruht auf einer ähnlichen Vorstellung –, jedoch messen die führenden Theoretiker auf dem Gebiet der «intrinsischen» Furchtsignale, vor allem Gray und Seligman, auch den gelernten Gefahrensignalen eine hohe Bedeutung bei. Diese gelernten Gefahrensignale können aktiviert oder erinnert werden und haben zwangsläufig einen Einfluss auf die Ausrichtung der Aufmerksamkeit in potenziell bedrohlichen Situationen. Welchen Stimuli dabei besondere Beachtung geschenkt wird, hängt sehr wahrscheinlich von Erinnerungen an frühere Begegnungen mit der jeweiligen Situation bzw. vergleichbaren Situationen ab. Und diese wichtigen Erinnerungen unterliegen mit hoher Wahrscheinlichkeit einem Bias. (In Anbetracht der Belege für ein Gedächtnis-Bias bei Depressiven scheint es fast nicht anders denkbar, als dass auch ihre Aufmerksamkeitsprozesse entsprechende Asymmetrien aufweisen.)

Die oben beschriebenen Patienten mit einer Zwangsstörung, die einen Großteil ihrer Aufmerksamkeit auf mögliche Anzeichen von Blut richteten, taten dies auf der Grundlage ihrer verzerrten Erinnerungen bezüglich bedrohlicher Informationen über Aids sowie ihrer bisherigen Erfahrungen mit Blutflecken und -spuren. Dass ihre Aufmerksamkeit so selektiv war, beruhte größtenteils auf ihren persönlichen Erinnerungen, von denen einige ausgesprochen verzerrt waren. In ihrer Erinnerung waren die Erlebnisse viel schlimmer, als sie es in Wirklichkeit gewesen waren. Relativ harmlose Ereignisse wurden rückblickend zu Katastrophen. Nicht alle fehlerhaften Erinnerungen beruhen übrigens auf einem *negativen* Bias, manche Gedächtnisinhalte werden auch geschönt, unterliegen also einem positiven Bias.

Die klinische Praxis zeigt, dass viele Patienten mit einer Zwangsstörung ein gutes Gedächtnis haben und sich an viele Details vergangener Situationen und Erfahrungen, die sie als belastend oder bedrohlich erlebt haben, sehr genau erinnern. So konnte beispielsweise ein Patient, der sich stark vor bestimmten Krankheitserregern fürchtete und ein ausgeprägtes Vermeidungsverhalten an den Tag legte, sich noch detailliert an bestimmte Blutflecken oder andere bedrohliche Objekte erinnern, die er vor zwölf Jahren einmal gesehen hatte. Derselbe Patient litt auch unter Ängsten vor folgenschweren Fehlern und neigte zu übertriebenen Kontrollhandlungen, insbesondere um sicherzugehen, dass er den Herd abgeschaltet hatte. Wie es häufig bei solchen Kontrollzwängen der Fall ist, fiel es ihm oft schwer, sich daran zu erinnern, ob er den Ofen korrekt abgeschaltet hatte, und häufig verspürte er ein starkes Bedürfnis, in die Küche zurückzugehen und seine Erinnerung zu überprüfen. Dies ist ein für diese Störung durchaus nicht untypisches Beispiel einer merkwürdigen Kombination ausgesprochen guter und genauer Erinnerungen bezüglich bestimmter Gefahren und einer sehr unsicheren Erinnerung an andere Inhalte. (Nebenbei bemerkt, sind derartige intraindividuell unterschiedliche Gedächtnisleistungen nicht leicht mit der Annahme einer biologischen Verursachung bestimmter Gedächtnis- und anderer kognitiver Beeinträchtigungen bei Angststörungen in Einklang zu bringen.)

Emotionale Verarbeitung

Das Konzept der emotionalen Verarbeitung *(emotional processing)* stammt noch aus der Zeit vor der verstärkten Hinwendung zu kognitiven Ansätzen, hat jedoch nach wie vor seine Berechtigung. Es ist damit zu rechnen, dass es im Laufe der Zeit zu einer Integration der Konzepte der emotionalen und kognitiven Verarbeitung kommen wird.

Angesichts einer potenziellen Gefahr ist es durchaus angemessen, Angst zu erleben. In vielen Fällen ist die Angst jedoch eindeutig überproportioniert oder hält noch lange über das Bestehen der bedrohlichen Situation hinaus an. Das Konzept der emotionalen Verarbeitung diente ursprünglich zur Erklärung des Fortwirkens unverarbeiteter emotionaler Erlebnisse, z. B. in Form von übermäßig lang anhaltender Angst, Alpträumen, Zwangsgedanken usw. Dabei wird davon ausgegangen, dass Menschen eine natürliche Neigung dazu haben, aufrührende Erlebnisse, einschließlich solcher, bei denen starke Angst ausgelöst wurde, innerlich aufzuarbeiten, und dass, wenn dies nicht geschieht, das *emotional processing* gestört ist. Allgemein gilt, dass eine erfolgreiche emotionale Verarbeitung daran abgelesen werden kann, ob der Betreffende in der Lage ist, über das emotionale Ereignis zu sprechen oder auf andere Weise daran erinnert zu werden, ohne dies als Belastung zu erleben.

Den Anstoß zur Formulierung des Konzepts der emotionalen Verarbeitung (Rachman, 1980) gab eine interessante Arbeit von Lang (1977). Er stellte fest, dass ängstliche Versuchspersonen, die nur mit einer leichten Beschleunigung des Herzschlags auf die Vorstellung eines Furcht auslösenden Objektes im Rahmen einer systematischen Desensibilisierung reagierten, im Gegensatz zu denen, die eine starke Beschleunigung der Herzrate zeigten, keine großen Fortschritte machten. Er zog daraus den Schluss, dass psycho-physiologische Reaktionen möglicherweise von entscheidender Bedeutung für therapeutische Verarbeitungsprozesse sind. Lang sah im erneuten Durchleben zumindest eines Teils der emotionalen Reaktion eine zentrale Voraussetzung für die Modifikation der Furchtreaktion und damit für therapeutische Fortschritte; hierin lag seiner Auffassung nach der Grund für den Erfolg von Techniken, die mit einer Konfrontation mit dem gefürchteten Stimulus verbunden waren.

Die Anzeichen einer unvollständigen oder inadäquaten emotionalen Verarbeitung sind leichter zu erkennen als die einer erfolgreichen oder adäquaten Verarbeitung. Eine inadäquate Verarbeitung äußert sich zum Beispiel in aufdringlichen Gedanken, Alpträumen, einem gesteigerten Rededrang und natürlich in anhaltender Angst. Eine adäquate emotionale Verarbeitung hat stattgefunden, wenn die Angst nachlässt, agitiertes Verhalten zurückgeht, die Konzentrationsfähigkeit besser wird und sich Verhalten und Kognitionen wieder normalisieren.

Die empirischen Erkenntnisse über die Faktoren, die die emotionale Verarbeitung fördern oder behindern, lassen sich wie folgt zusammenfassen. Förderlich für eine adäquate emotionale Verarbeitung sind abgestufte Konfrontation mit der bedrohlichen Situation, Verhaltensübungen im Ruhezustand, Katharsis, Entspannung und eine Korrektur von Fehlinterpretationen, die zu einer Überschätzung von Gefahren führen. Zu den Faktoren, die einer emotionalen Verarbeitung eher im Wege stehen, zählen ausgeprägtes Vermeidungsverhalten, unerwartete neuerliche Konfrontationen, Erschöpfung und Festhalten an Fehlinterpretationen hinsichtlich der wahrgenommenen Gefahr und ihrer Konsequenzen. Ausführlichere Darstellungen zum Thema *emotional processing* finden sich bei Rachman (1980, 1990), Lang (1977, 1985) und Foa und Kozak (1986). Lobenswerte Versuche zur Integration der beiden Konzepte der emotionalen und der kognitiven Verarbeitung unternehmen Teasdale und Barnard (1993), Wells und Mathews (1996) und andere (z. B. Salkovskis, 1996a).

Emotion und Kognition

Viele Überlegungen zum Zusammenspiel von Emotion und Kognition gehen davon aus, dass die Kognitionen, die das affektive Erleben beeinflussen, im Prinzip bewusst und leicht zugänglich sind. Diese Ansicht wurde jedoch aus mehreren Gründen in Zweifel gezogen, und auch die Annahme, dass eine kognitive Bewertung der emotionalen Reaktion stets vorausgeht, ist nicht unwidersprochen geblieben. So bestritt Zajonc (1980) das Primat der Kognitionen über die Emotionen mit seiner bekannt gewordenen These, der zufolge emotionale Bewertungen keiner kognitiven Verarbeitung bedürfen: «Preferences need no inferences.» Wenngleich er in seiner Argumentation möglicherweise etwas zu weit gegangen ist, so stellte seine Arbeit doch ein gewisses Korrektiv gegenüber Darstellungen zum Thema Kognition und Emotion dar, die den Einfluss unbewusster Faktoren auf emotionales Erleben und dessen Manifestationen völlig unberücksichtigt ließ. Kritikern an Zajonc' Arbeit ist vorzuwerfen, dass sie zwar zu Recht auf die Schwachpunkte in dessen grundsätzlicher Argumentation verweisen, aber offensichtlich die Bedeutung bewusster Kognitionen, denen sie fast alleinige Macht über das Verhalten zuschreiben, überschätzen. Dabei gibt es einige Belege dafür, dass die kognitiven Prozesse, die für das emotionale Erleben eine Rolle spielen, teilweise außerhalb des direkt zugänglichen Bewusstseins auf einer automatischen Ebene ablaufen.

In der Regel ist das Zusammenspiel von Gedanken und Gefühlen – oder, wie es heute in etwas weiter gefassten Begriffe heißt: Kognitionen und Emotionen – relativ reibungslos, beide ziehen sozusagen an einem Strang. Interessant wird es natürlich da, wo dies nicht der Fall ist. Emotion und Kognition sind so eng und vielfältig miteinander verwoben, dass der Versuch, sie zu entwirren, den Eindruck einer Sisyphusaufgabe machen kann. Es ist auch sehr mühevoll, Furcht und Angst auf gedanklichem Wege unter Kontrolle zu bringen, da diese Emotionen sehr dominant sein können. Dies gilt insbesondere für Ängste, die das Ausmaß einer Angststörung angenommen haben. Patienten, die ständig in Sorge darum sind, an einem Herzanfall zu sterben, obwohl ihnen die Ärzte versichern, dass sie körperlich gesund sind, leiden – so kann gesagt werden – an einem Ungleichgewicht von Kognition und Emotion: Ihr Denken steht nicht im Einklang mit ihrem Fühlen. Auch Patienten mit einer Zwangsstörung leiden, wenn wir es so betrachten, unter einer Dominanz der Emotion; sie sind sich der Tatsache bewusst, dass ihre Angst vor Ansteckung übertrieben oder gar unbegründet ist und dass ihr ständiges Händewaschen sinnlos ist. Ihre Angst ist jedoch stärker als ihre rationale Bewertung.

Irrationales Verhalten, für das Zwänge ein besonders eindringliches Beispiel darstellen, bedeutet ein Aufeinanderprallen von Emotion und Kognition. Neben den genannten inneren Widersprüchen gibt es noch zahlreiche andere Situationen, in denen Gefühl und Denken miteinander im Widerstreit liegen. Häufig treten starke Ängste auf, ohne dass man dies befriedigend erklären oder auf eine bestehende Gefahr zurückführen könnte. Diese scheinbare Unbegründetheit ist Bestandteil der meisten Definitionen von Angst. Als Erklärung kommt in Frage, dass es sich um konditionierte Angstreaktion auf Stimuli handelt, die der Betreffende nicht bewusst wahrnimmt. Es ist auch möglich, Angst auf eine falsche Ursache oder Quelle zurückzuführen – in derartigen Fehlattribuierungen oder Fehlinterpretationen sieht die kognitive Verhaltenstherapie die Wurzel von Angststörungen (Clark, 1986, 1997; Salkovskis, 1996a).

Die Zusammenhänge zwischen Kognition und Emotion sind nicht nur sehr verschlungen, sondern unterliegen auch ständiger Veränderung. Erschwerend kommt hinzu, dass sich Gedanken und Gefühle unterschiedlich schnell verändern, was jeden Versuch, sie zu entwirren, vor enorme Schwierigkeiten stellt. Beim Einsatz von Techniken zum Furchtabbau stellt man nicht selten fest, dass die Manifestationen von Furcht auf der Verhaltensebene erst Stunden oder Tage nach der kognitiven Neubewertung zurückgehen. Eine direkte Beobachtung von Kognitionen in Bezug auf das gefürchtete Objekt oder die Angstreaktion selbst ist nicht möglich und die betreffenden Personen selbst sind kaum in der Lage anzugeben, wann genau sich ihre Kognitionen verändert haben. Meist werden sie sich erst rückblickend der Tatsache bewusst, dass sich ihre Gedanken verändert haben und sie sind dann nur zu einer ungefähren Einschätzung des Zeitpunkts dieser Veränderung in der Lage.

Diese Widersprüche zwischen Emotion und Kognition sind zum Teil deshalb für uns so erstaunlich und rätselhaft, weil wir meist davon ausgehen, dass Fühlen und Denken besser integriert seien, als sie es wirklich sind. Zajonc (1980) interpretierte diese Widersprüche in seinem provokativen Artikel «Feeling and Thinking» auf seine eigene Weise. Seiner Ansicht nach können emotionale Bewertungen «weitgehend unabhängig von den perzeptiven und kognitiven Operationen erfolgen, die man für die Grundlage dieser Bewertung hält, außerdem können sie diesen zeitlich vorgeschaltet sein ... Affektive Reaktionen können ohne weit gehende perzeptive und kognitive Verarbeitung ablaufen, sind mit einer größeren Sicherheit verbunden als kognitive Bewertungen und erfordern weniger Zeit ... Hieraus folgt, dass Emotion und Kognition der Steuerung durch separate und teilweise voneinander unabhängige Systeme unterliegen» (Zajonc, 1980, S. 151). Zajonc vertrat mit Nachdruck die These, dass Emotionen oft – oder sogar im Regelfall – «präkognitiv» seien. Ihm zufolge sind die Merkmale eines Stimulus oder einer Gruppe von Stimuli, die die emotionale Reaktion determinieren, «oftmals grob, vage und global, ... weswegen sie als Basis für kognitive Bewertungen häufig nicht ausreichen» (S. 159). Affektive Reaktionen seien im Vergleich zu «kalten» Kognitionen «mühelos, unvermeidbar, unwiderruflich, holistisch, schwieriger zu verbalisieren, aber dennoch leicht mitzuteilen und zu verstehen» (S. 169). Daneben beschrieb Zajonc affektive Reaktionen auch als unmittelbar, dominierend, primär, präkognitiv und automatisch. So können wir beispielsweise jemanden, dem wir zum ersten Mal begegnen, schon auf den ersten Blick sympathisch finden oder, was problematischer sein kann, unsympathisch, selbst wenn wir uns der Absurdität und Ungerechtigkeit unserer Reaktion durchaus bewusst sind.

Ein Großteil der empirischen Belege, auf die sich Zajonc berief, stammen aus der sozialpsychologischen Forschung, insbesondere aus Arbeiten zur Entwicklung emotionaler Präferenzen, die seiner Ansicht nach weitgehend eine Funktion der Vertrautheit sind. Solche Präferenzen sind unabhängig von logischen Schlussfolgerungen – «preferences need no inferences».

Viele Beobachtungen, die Zajonc gemacht hat, lassen sich auf klinische Phänomene übertragen, was jedoch nicht heißen soll, dass die Verwirrung, die viele Patienten angesichts ihrer irrationalen Ängste empfinden, etwas ist, was Menschen, die an keiner psychischen Störung leiden, nicht kennen würden. Kaum jemand ist vor lästigen, zunächst nicht erklärbaren Stimmungsschwankungen gefeit. Wenn Zajonc Recht hat und affektive Reaktionen tatsächlich präkognitiv, automatisch, dominant und nicht verbalisierbar sind und durch Stimuli ausgelöst werden, die grob, vage und global sind, ist es nicht erstaunlich, dass wir so häufig keine Erklärung für unsere Gefühle haben. Erstaunlich ist dann eher umgekehrt, *dass* wir manchmal eine Ahnung haben, welches der Grund für unsere emotionalen Reaktionen ist.

Angesichts der Merkmale, die Zajonc den emotionalen Bewertungen zuschreibt, ist es nicht weiter verwunderlich, dass Versuche (z. B. von Psychologen), Einstellungen durch Gespräche zu ändern, oft nicht besonders erfolgreich sind. Emotionen sind relativ unabhängig von Kognitionen und rationalen Argumenten oft nicht zugänglich.

Die meisten Beispiele, die Zajonc anführt, um zu erklären, warum affektive Reaktionen resistent gegenüber kognitiven Einflüssen sind, betreffen Versuche, unerwünschte emotionale Reaktionen abzubauen. Leichter lassen sich dagegen Beispiele dafür finden, wie solche Reaktionen auf kognitivem Wege aufgebaut oder gar verstärkt werden (siehe Rachman, 1990). Hier scheint also eine gewisse Asymmetrie zu bestehen. Kognitive Interventionen sind möglicherweise nicht besonders gut geeignet, affektive Reaktionen abzuschwächen, eignen sich jedoch gut zur Erzeugung oder zur Intensivierung solcher Reaktionen. Letzteres zeigt auch, dass das affektive und das kognitive System doch nicht so unabhängig voneinander sind, wie Zajonc dies meinte.

Zajonc' Arbeit ist sehr anregend; man darf jedoch nicht an der Tatsache vorbeisehen, dass er dazu neigt, sehr weit reichende Schlüsse aus begrenztem Datenmaterial zu ziehen. Seine theoretischen Formulierungen weisen einige Widersprüche auf, einige der Schlüsselkonzepte sind ungenügend definiert und es mangelt an vielen Stellen an empirischen Belegen. Dennoch ist es sein Verdienst, daran zu erinnert zu haben, dass Emotion und Kognition in der Tat relativ unabhängig voneinander sind, dass sie sich in einigen wichtigen Punkten voneinander unterscheiden und dass man nicht ohne weiteres von einem hohen Grad an Integration zwischen den beiden ausgehen kann. Neuere Ansätze unterscheiden zwischen bewusster Informationsverarbeitung, die langsam und kontrolliert abläuft, und unbewusster Verarbeitung, die automatisch und schnell ist.

Belege für unbewusste kognitive Verarbeitungsprozesse stammen aus unterschiedlichen Quellen, so z. B. aus Arbeiten zur subliminalen Wahrnehmung (z. B. Dixon, 1981), zur selektiven Aufmerksamkeit (z. B. Broadbent, 1958, 1971; Treisman, 1960), zum impliziten Gedächtnis (z. B. Tulving, 1983; Teasdale & Barnard, 1993), zu verbalen Angaben über kognitive Prozesse (Nisbett & Wilson, 1977) sowie aus Arbeiten zu Phänomenen der automatischen Informationsverarbeitung (z. B. McNally, 1995). Zusammenfassende Darstellungen zu den unbewussten Prozessen, die an Angstreaktionen beteiligt sind, finden sich bei Michael Eysenck (1992), Williams et al. (1988) und Mathews und MacLeod (1994).

Die Aufmerksamkeitsprozesse, die eine so große Rolle für das Entstehen von Angst spielen, stehen im Bewusstsein nicht immer an vorderster Stelle (siehe Williams et al., 1988; McNally, 1995; Mathews & MacLeod, 1994). Und allgemeiner gesprochen gilt, dass die Bedeutung von an Angstreaktionen beteiligten Kognitionen der bewussten Verarbeitung nicht immer ohne weiteres zugänglich ist (Teasdale & Barnard, 1993). Wie Michael Eysenck (1992) in seiner Analyse des biologischen Wertes der Angst schreibt, braucht ein System, das «besonders gut für die Registrierung von Gefahren geeignet» ist, «Sensoren», die ein schnelles, frühes und genaues Entdecken dieser Gefahren ermöglichen. Seiner Meinung nach sind daran «höchstwahrscheinlich präattentive und/oder attentionale Prozesse zentral beteiligt» (S. 7). Da die schnelle Entdeckung früher Warnsignale Überlebenswert hat, wäre ein Warnsystem, das eine sorgfältige, rationale Bewertung bedrohlicher Situationen vornehmen würde, von vornherein zum Scheitern verurteilt.

Zusammenfassung

Menschen, die mit einer potenziell Furcht einflößenden Situation konfrontiert werden, reagieren mit einem Zustand erhöhter Vigilanz, sie suchen ihre Umgebung ab und richten ihre Aufmerksamkeit dann gezielt auf bedrohlich erscheinende Aspekte der Situation. Es kommt zu einer Erhöhung von

Aufmerksamkeit und Sensibilität und das gerade ablaufende Verhalten wird gehemmt. Wird die Situation als gefährlich interpretiert, entsteht Angst, die wiederum Flucht-, Vermeidungs- oder Bewältigungsverhalten nach sich zieht.

Es gibt interindividuelle Unterschiede bezüglich der Anfälligkeit für Angstreaktionen. Menschen, die besonders ängstlich sind, neigen dazu, überaufmerksam zu sein und häufig ihre Umgebung nach Anzeichen für Gefahren abzusuchen. Diese Personen neigen auch dazu, Ereignisse falsch wahrzunehmen oder falsch zu interpretieren und/oder ihre Gefährlichkeit zu überschätzen.

Die unter Angst eingeengte Aufmerksamkeit kann sich auf äußere oder innere Stimuli richten. Im letzteren Fall spricht man von selbstfokussierter Aufmerksamkeit. Ein Übermaß an selbstfokussierter Aufmerksamkeit spielt bei einer Reihe von Ängsten eine Rolle, vor allem bei Prüfungsangst, gesundheitsbezogenen, sozialen und sexuellen Ängsten.

Angst und Gedächtnis stehen in einem wechselseitigen Verhältnis zueinander und beeinflussen ihrerseits die Verarbeitung emotional bedeutsamer Ereignisse oder Inhalte. Gestört wird die emotionale Verarbeitung durch ein stark erhöhtes Erregungsniveau, Vermeidung, Erschöpfung, Fehlwahrnehmungen und Fehlinterpretationen. Die Zusammenhänge zwischen Angst und anderen Emotionen auf der einen Seite und Kognitionen auf der anderen sind äußerst komplex und hängen in bedeutendem Ausmaß auch von unbewussten Elementen ab.

Kapitel 3

Theorien

In diesem Kapitel werden die vier wichtigsten theoretischen Ansätze auf dem Gebiet der Angstforschung diskutiert: lerntheoretische Modelle (einschließlich der Konditionierungstheorie), kognitive Erklärungsmodelle, die psychoanalytische Theorie und biologische Modelle.

Angst als Ergebnis von Lernprozessen

Die Vorstellung, dass Furcht und Angst durch einen Lernprozess – und vor allem durch Konditionierung – erworben werden, hat eine lange und fruchtbare Tradition. Der Grundgedanke geht zurück auf Pawlows Entdeckung der Konditionierungsprozesse und ihrer Relevanz für den Erwerb emotionaler Reaktionen. Aufgegriffen und fortentwickelt wurde die Vorstellung von Watson und Rayner (1920) sowie von Jones (1924), bis sie schließlich von Mowrer (1939) in seiner klassischen Arbeit «A Stimulus-Response Theory of Anxiety» zu einer formalen Theorie ausgearbeitet wurde. Einige ihrer zentralen Thesen wurden experimentell überprüft und später von Wolpe (1958) auf klinische Fragestellungen übertragen und teilweise von Eysenck (1957) in seine allgemeine Persönlichkeitstheorie und deren pathopsychologische Anwendung aufgenommen (Eysenck & Rachman, 1965). Gray (1971, 1982, 1987), Eysencks Nachfolger am *Institute of Psychiatry,* entwickelte später auf der Basis dieser Vorstellungen einen im Wesentlichen psychophysiologischen Ansatz. Im Zuge des allgemein zunehmenden Einflusses kognitiver Modelle in der Psychologie im Allgemeinen, ist das lerntheoretische Modell um wichtige kognitive Komponenten erweitert worden. Insbesondere die Arbeiten von Beck und Emery (1985), Beck und D. A. Clark (1997), D. M. Clark (1986, 1996), Salkovskis (1985, 1996a) und Barlow (1988) haben einen großen Einfluss darauf gehabt, wie man heute über das Thema Angst denkt. Zusammenfassende Darstellungen dieser Entwicklungen finden sich bei Kazdin (1978) und bei Rachman (1996).

Im Kern besagt der lerntheoretische Ansatz, dass Ängste durch Konditionierung oder andere Lernprozesse erworben werden und dass diese erworbenen Ängste ihrerseits Flucht- und/oder Vermeidungsverhalten generieren. Aufrechterhalten wird dieses Verhalten wiederum dadurch, dass es zumindest

71

teilweise erfolgreich ist – auf Flucht oder Vermeidung folgt in der Regel ein spürbares Nachlassen der Furcht oder Angst – dies stellt eine Verstärkung dar. Der Theorie zufolge kann prinzipiell jeder neutrale Stimulus durch einen Konditionierungsprozess zu einem Angstauslöser werden. «Phobien werden als konditionierte Angst- bzw. Furchtreaktionen aufgefasst. Jeder ‹neutrale› Reiz, einfach oder komplex, der auf das Individuum zur gleichen Zeit einwirkt, wie bei diesem eine Furchtreaktion besteht, erwirbt die Fähigkeit, in der Folge selbst Furcht auszulösen» (Wolpe & Rachman, 1960, S. 145). Wie wir noch sehen werden, ist diese Aussage später revidiert worden.

Die Theorie Eysencks

Die theoretischen Formulierungen Eysencks (1965, 1967) und Wolpes (1958) hatten einen nachhaltigen Einfluss auf die Angstforschung. Beide griffen auf die frühen Arbeiten von Pawlow und Watson zurück und stellten ihre Neurosetheorien dadurch, dass sie die Bedeutung von Konditionierungsprozessen betonten, in einen lerntheoretischen Rahmen. Eysencks größtes Interesse galt den Neurosen sowie den Persönlichkeitsfaktoren, die eine Prädisposition für diese psychischen Störungen darstellen. Er vertrat die Ansicht, dass emotional labile Introvertierte ein hohes Risiko haben, konditionierte Angstreaktionen auszubilden, während labile Extrovertierte eher zu Verhaltensstörungen, Persönlichkeitsproblemen oder Hysterie neigen. Wolpe war ebenfalls an einer Erklärung der Genese von Neurosen interessiert, sein Hauptanliegen war jedoch die Entwicklung effektiver Behandlungsmethoden. Wolpes Arbeiten sind in erster Linie Therapieforschung, während Eysenck Persönlichkeitstheoretiker war, der aus seiner Theorie Folgen für die klinische Praxis ableitete.

Eysencks (1957) frühe Arbeit zu den Angstneurosen beruhte auf seinem zweidimensionalen Modell der Persönlichkeit. Bei den beiden Dimensionen, die sich als Achsen eines Koordinatensystems (siehe Abbildung 3.1) darstellen lassen, handelt es sich um emotionale Labilität (Neurotizismus) und Introversion/Extroversion. «Ein Postulat unseres allgemeinen Systems ist, dass Introvertierte leichter konditionierte Reaktionen ausbilden und daher mit höherer Wahrscheinlichkeit die für den Dysthymiker typischen konditionierten Ängste und Furchtreaktionen erwerben als andere Menschen, während Psychopathen und Strafgefangene im Allgemeinen schlechter zu konditionieren sind und daher nicht die konditionierten Reaktionen ausbilden, die normalerweise im Rahmen der Sozialisierung erworben werden» (Eysenck & Rachman, 1965, S. 24). Konditionierte Angstreaktionen sind entweder das Resultat eines einzelnen traumatischen Erlebnisses oder das einer Reihe subtraumatischer Ereignisse; in beiden Fällen sind starke Reaktionen des autonomen Nervensystems beteiligt. Der Theorie zufolge kommt es zu einer Assoziation eines zunächst neutralen Reizes mit einem unkonditionierten Reiz – dem Auslöser der emotionalen Reaktion auf das Trauma. «Von nun an rufen sowohl der konditionierte als auch der unkonditionierte Reiz das dysfunktionale emotionale Verhalten hervor. Dies, so scheint uns, ist der zentrale Lernprozess, der bei der Entstehung einer Neurose abläuft» (Eysenck & Rachman, 1965, S. 4). Konditionierte Reaktionen, die nicht bekräftigt werden, unterliegen der Löschung; dies gilt für Angstreaktionen ebenso wie für alle anderen konditionierten Reaktionen und schlägt sich klinisch in dem Phänomen der «Spontanremission» nieder.

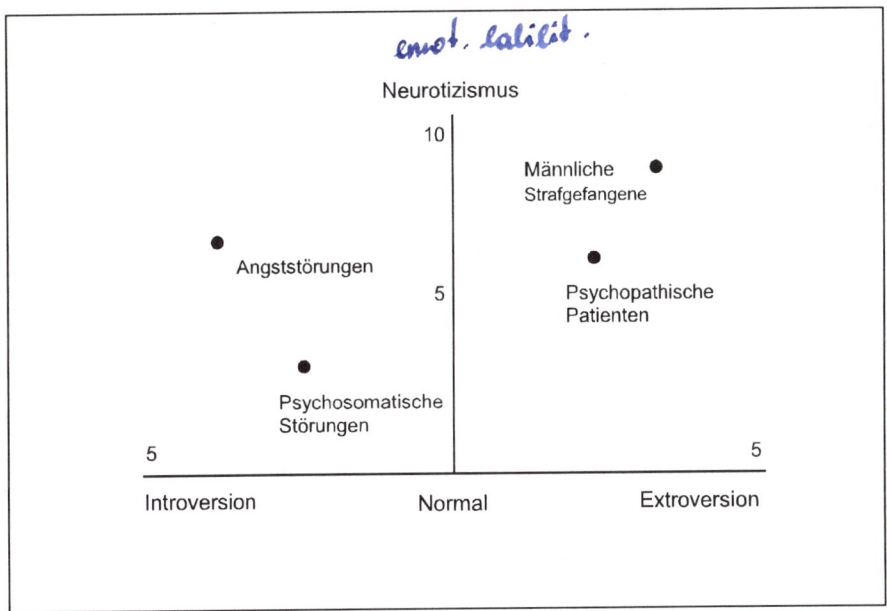

emot. labilit.

Abbildung 3.1: Eysencks zweidimensionales Neurosenmodell (nach Eysenck & Rachman, 1965)

Um die Persistenz der Angst und des mit ihr verbundenen Vermeidungsverhaltens zu erklären, griff Eysenck auf Mowrers (1939, 1960) Zwei-Faktoren-Theorie zurück. Kurz gesagt, können Angstreaktionen dieser Theorie zufolge motivierende Eigenschaften haben. Um ihre Angst abzubauen, greifen Menschen zu Flucht- oder Vermeidungsverhalten. In dem Maße, in dem die Flucht oder Vermeidung tatsächlich eine Angstreduktion nach sich zieht, wird das Verhalten verstärkt und es kommt nicht zur Löschung der Angstreaktion. Eysencks Persönlichkeitstheorie konnte sich auf eine große Menge an psychometrischen und experimentellen Daten berufen und es wurden eine Reihe von Schlussfolgerungen für die klinische Praxis gezogen (Eysenck & Rachman, 1965).

Auch Wolpes (1958) Neurosentheorie beruhte auf der Grundannahme, dass die Angst, herausragendes Merkmal der Neurosen, durch einen Konditionierungsprozess entsteht. Die Aufrechterhaltung der konditionierten Angst und anderer neurotischer Reaktionen erklärte Wolpe ebenfalls unter Rückgriff auf Mowrers These des verstärkenden Effekts der Angstreduktion. Darauf aufbauend entwickelte er experimentelle Techniken zur Hemmung konditionierter Angstreaktionen, die er schließlich auf die klinische Praxis übertrug. Die systematische Desensibilisierung, das etablierteste Verfahren zur Angstreduktion, das wir ihm zu verdanken haben, beruhte seiner Meinung nach auf einem Prozess reziproker Hemmung. Die gezielte und wiederholte Überlagerung der Angst- durch eine andere, inkompatible Reaktion führt nach und nach zur Ausbildung eines hemmenden Prozesses, der schließlich die Löschung des Angstverhaltens bewirkt. Die Technik wurde ausgiebig im Labor untersucht und fand schließlich weite Verbreitung in der klinischen Praxis, wo sie die Grundlage zu einem der beiden Hauptströmungen der sich neu entwickelnden Verhaltenstherapie bildete (Rachman, 1996).

Die Theorie Grays

Gray (1971, 1982, 1987) stimmte in vielen Punkten mit Eysencks Theorie überein, unter anderem was den dimensionalen Ansatz bei der Analyse von individuellen Prädispositionen für Angstreaktionen betraf, die Anerkennung der Bedeutung biologischer Faktoren für die beiden Hauptdimensionen der Persönlichkeit, die Rolle von Konditionierungsprozessen usw. Seine Weiterentwicklung der Theorie ist jedoch vor allem psychophysiologisch orientiert und basiert auf einer beeindruckenden Menge an psychopharmakologischen Daten und den Ergebnissen zahlloser tierexperimenteller Arbeiten. Er schlug eine Rotation der Eysenckschen Dimensionen Introversion und emotionale Stabilität in Richtung einer stärkeren Betonung des Faktors Impulsivität vor (Gray, 1987, S. 350). Im Gegensatz zu Eysenck vertritt Gray die Auffassung, dass Extrovertierte zwar nicht so leicht Furchtreaktionen erwerben, sie aber nicht generell schlechter konditionierte Reaktionen ausbilden. Nach Gray besteht Neurotizismus in erster Linie aus einer erhöhten Sensibilität gegenüber verstärkenden Ereignissen, während Introversion einer stärkeren

Empfänglichkeit für Bestrafungssignale als für Belohnungsreize gleichkommt.

Gray konnte überzeugend belegen, dass Bestrafung und ausbleibende Belohnung ähnliche Auswirkungen auf das Verhalten haben und vermutlich durch die gleichen Prozesse vermittelt werden. Daneben gibt es auch Belege für entsprechende Gemeinsamkeiten von Belohnung und Nichtbestrafung. Hinweise auf eine zu erwartende Bestrafung oder Nichtbelohnung aktivieren das so genannte verhaltenshemmende System *(behavioural inhibition system)* – ein von Gray ausführlich beschriebenes psychophysiologisches System, das eine vegetative Aktivierung, eine Erhöhung der Aufmerksamkeit und eine Hemmung des ablaufenden Verhaltens bewirkt. Dieses System kann auch durch unbekannte Stimuli «getriggert» werden, oder durch Stimuli, die eine angeborene Furchtreaktion auslösen. Gray (1986) betrachtet Angst als «zentralen Zustand, der Verhaltensreaktionen auf Stimuli vermittelt, die entweder eine bevorstehende Bestrafung oder ein Ausbleiben von Belohnung ankündigen» (S. 220).

Diese Analyse brachte Gray dazu, den Prozess der Vermeidungskonditionierung neu zu konzeptualisieren und insbesondere einige Korrekturen an Mowrers Theorie vorzuschlagen. Diese besagt, wie oben ausgeführt, dass Stimuli, auf die eine Bestrafung folgt, zu konditionierten Auslösern von Furchtreaktionen werden. Verhalten, das diese Furcht reduziert, wird verstärkt. Nach Seligman und Johnston (1973) hat Mowrers Theorie u. a. Schwierigkeiten damit, die Persistenz des Vermeidungsverhaltens zu erklären. Gray bietet hier eine Interpretation an, die sich vor allem auf das Sicherheitssignal-Konzept stützt. Sicherheitssignale sind Stimuli, die ein Ausbleiben von Bestrafung signalisieren. Sie selbst haben Belohnungscharakter und lösen Annäherungsverhalten aus. Sie signalisieren dem Individuum, dass es an einem bestimmten Ort und zu einer bestimmten Zeit damit rechnen kann, vor aversiven Reizen sicher zu sein. «Sicherheitssignale wirken Furcht reduzierend und stellen eine sekundäre Verstärkung der Vermeidungsreaktion dar. Gleichzeitig aber verhindern sie, dass es zu einer Löschung der Furchtreaktion kommt» (Gray, 1987, S. 227). Wie wir noch sehen werden, lassen sich mit Hilfe des Sicherheitssignal-Konzepts, auf dessen Einzelheiten wir an dieser Stelle nicht weiter einzugehen brauchen, verschiedene Aspekte des Phänomens Angst, insbesondere der so genannten generalisierten Angst, besser verstehen.

Dass Gray die «angeborenen Furchtstimuli» zu den vier Arten von Auslösern des verhaltenshemmenden Systems zählt, steht im Einklang mit den Überlegungen von Seligman, Öhman und anderen. Nach Seligman ist «die große Mehrheit der Phobien auf Objekte gerichtet, die für das Überleben der

Art von natürlicher Bedeutung sind ... Die Theorie schließt nicht aus, dass es auch andere Phobien gibt, sie besagt nur, dass sie seltener sein sollten, da sie weniger *prepared* sind» (Seligman & Hager, 1972, S. 450). Seiner Meinung nach sind Phobien beim Menschen weitestgehend auf Objekte beschränkt, die eine «Gefahr für das Überleben darstellen bzw. früher einmal dargestellt haben, gefährliche Tiere, unbekannte Orte und die Dunkelheit» (S. 465). Wie Gray vertritt auch Seligman die Auffassung, dass bestimmte Ängste aufgrund einer dem Menschen innewohnenden biologischen Bereitschaft *(preparedness)* besonders leicht erworben werden. Diese Phobien sind nach Seligman selektiv (beziehen sich also auf ganz bestimmte Objekte), hoch löschungsresistent und wahrscheinlich unabhängig von kognitiven Prozessen *(noncognitive)*. Ängste, für die eine derartige *preparedness* besteht, entstehen besonders leicht und schnell, selbst durch Darstellungen, die nur entfernte Ähnlichkeit mit der eigentlichen Bedrohung haben. Diese These einer gewissen Selektivität steht im Widerspruch zu der früheren Auffassung vom Konditionierungsvorgang, die davon ausging, dass *jeder* neutrale Stimulus zu einem konditionierten Furchtsignal werden könne und dass sich unterschiedliche Reize in dieser Hinsicht nicht unterscheiden.

Seligmans im Rahmen eines modernen lerntheoretischen Ansatzes entwickelte *preparedness*-Konzept stieß allgemein auf großes Interesse und gab Anstoß zu den bahnbrechenden experimentellen Arbeiten von Öhman, Erixon und Lofberg (1975), die viel versprechende Ergebnisse hervorbrachten. Diese Arbeiten zeigten, dass Menschen auf bestimmte zunächst neutrale Stimuli (z. B. Fotographien von Schlangen) eher Furchtreaktionen ausbilden als auch andere (wie Fotos mit Blumen oder Pilzen). Damit unterstützten die Wissenschaftler Seligmans Thesen und konzipierten gleichzeitig ein experimentelles Verfahren für weitere Untersuchungen zum gleichen Thema. Leider waren die Ergebnisse, die in den folgenden Jahren gesammelt wurden, insgesamt enttäuschend, so dass das Interesse am *preparedness*-Konzept mit der Zeit nachließ (z. B. McNally, 1987).

Belege dafür, dass im Labor erzeugte Ängste relativ leicht durch verbale Instruktionen zum Verschwinden gebracht werden können, bedeuteten einen schweren Rückschlag für die *preparedness*-Forschung, da sich diese Ängste damit in einem wesentlichen Punkt von Phobien unterschieden. Die im Labor erzeugten Ängste werden weder besonders leicht erworben, noch sind sie besonders stabil oder «nichtkognitiv». Sie haben nur wenig Ähnlichkeit mit den Phobien, auf die sich Seligmans *preparedness*-Konzept eigentlich bezieht.

Möglicherweise sind diese enttäuschenden Resultate auf methodologische Schwächen der entsprechenden Arbeiten zurückzuführen und man benötigt für eine aussagekräftige Überprüfung der Theorie wirkungsvollere Stimuli und bessere Messinstrumente. Die *preparedness*-Theorie bezieht sich auf starke, resistente und anhaltende Ängste; anhand solcher Ängste muss die Theorie auch überprüft werden und nicht anhand der schwachen, flüchtigen Ängste, die im Rahmen der genannten Experimente erzeugt wurden. Ein adäquateres Vorgehen wurde in den hervorragenden Untersuchungen von Mineka (1985) über intensive Furchtreaktionen bei Affen gewählt. Diese Untersuchungen zeigen, dass Affen prädisponiert sind, eine Angst vor Schlangen auszubilden, und dass diese Furcht durch beobachtendes Lernen ausgelöst werden kann. Diese Arbeiten könnten ein Vorbild für zukünftige Untersuchungen zum *preparedness*-Konzept darstellen.

Kognitive Modelle

Die zunehmende Verwendung kognitiver Konzepte in der klinischen Psychologie hat zu zahlreichen neuen Erkenntnissen über Angst und Furcht geführt (Brewin, 1996). Besonders entscheidend war der Einfluss der Arbeiten von Beck.

> Es wird die Hypothese aufgestellt, dass ein vorausgehendes Ereignis (oder eine Reihe von Ereignissen) eine latente furchtsame Einstellung erzeugt oder stärker werden lässt. Im Zusammenspiel mit den spezifischen Vulnerabilitäten des Patienten lösen diese Ereignisse bestimmte Vorstellungen über mögliche Gefährdungen aus. In der Folge ist die Aufmerksamkeit des Patienten für Gefahren deutlich erhöht und er überprüft alle möglichen inneren und äußeren Reize auf mögliche Gefährdungsmomente hin. Trifft er auf neue Situationen, die unangenehme Konsequenzen in sich bergen könnten, werden sie gleich als gefährlich eingestuft. Damit überschätzt der Patient in seiner kognitiven Analyse der Situation Wahrscheinlichkeit und Schweregrad unangenehmer Konsequenzen. (Beck & Rush, 1985, S. 365.)

Salkovskis griff diesen Ansatz auf und entwickelte ihn weiter:

> Der Grundgedanke ist, dass Gefühle von der Interpretation oder Bewertung von Ereignissen abhängig sind. Nicht die Ereignisse selbst, sondern die Bedeutung, die diese für die betreffende Person haben, lösen bestimmte Emotionen aus. Diese Bedeutung wiederum ist abhängig vom Kontext, in den das Ereignis eingebettet ist, von der Stimmung, in der sich die Person befindet, sowie von ihren bisherigen Erfahrungen. Die Inter-

pretation ist ausschlaggebend für die emotionale Reaktion auf das Ereignis. Dies bedeutet, dass ein und dasselbe Ereignis bei verschiedenen Personen unterschiedliche Emotionen auslösen kann bzw. sogar unterschiedliche Emotionen bei einem Menschen zu verschiedenen Gelegenheiten. (Salkovskis, 1996a, S. 48.)

Es ist der Einbeziehung kognitiver Aspekte zu verdanken, dass wir heute ein sehr viel klareres Bild von der Panikstörung, der sozialen Phobie, gesundheitsbezogener Angst (früher Hypochondrie genannt) sowie Zwangsgedanken und Zwangshandlungen haben. Die kognitiven Modelle zur Panikstörung von Barlow (1988) und von D. M. Clark (1986, 1988, 1996) sind zwar unabhängig voneinander entwickelt worden, stimmen jedoch in ihren zentralen Aussagen weitgehend überein. An dieser Stelle sei stellvertretend für den kognitiven Ansatz die Theorie Clarks skizziert. Clark vertrat die – einflussreiche und später auf die Praxis übertragene – Auffassung, dass Panikattacken durch «katastrophisierende» Fehlinterpretationen körperlicher Empfindungen zustande kommen. Eine genauere Darstellung des Modells und der relevanten Empirie sowie eine kritische Bewertung gibt Kapitel 5. Im Moment sei nur noch auf einen sekundären Verdienst dieses Erklärungsansatzes hingewiesen, der darin besteht, dass heute zahlreiche Phänomene und Störungen, die mit Angst in Zusammenhang stehen, aus einem anderen Blickwinkel heraus erneut untersucht werden (Rachman, 1996).

Die Arbeiten von Clark (1986, 1997), Barlow (1988), Salkovskis (1985) und anderen standen unter dem starken Einfluss der Gedanken Becks, weichen jedoch mittlerweile in einigen Punkten von dessen ursprünglichen Formulierungen ab. Anders als Becks Theorie sind die neueren Modelle weniger «pathologisch» – in dem Sinne, dass sie viele Probleme als nachvollziehbare Irrtümer im Rahmen normaler psychischer Prozesse verstehen und weniger als Zeichen tief sitzender Anomalien. Man legt stärkeren Wert auf die Tatsache, dass es einen kontinuierlichen Übergang von normaler zu «unnormaler» Angst gibt. Darüber hinaus betonen die neueren Ansätze stärker den Zusammenhang zwischen Kognition und Verhalten, als Beck dies in seinen ursprünglichen Arbeiten getan hat. Aufgrund ihres wissenschaftlichen und klinischen Hintergrundes gingen die Autoren der neueren Theorien zunächst von der Verhaltensebene aus und bezogen danach kognitive Konzepte mit ein, während Beck als «Kognitivist» begann und dann nach und nach den verhaltensbezogenen Determinanten der Angststörungen und ihrer Behandlung größere Aufmerksamkeit zuwandte. Später hat Beck Vorstellungen aus der Informationsverarbeitungstheorie in sein Modell integriert, was dem allgemeinen Trend in der Angstforschung entspricht (z. B. Eysenck, 1992; Williams et al., 1988) und sich damit den Theorien von D. M. Clark, Barlow und Salkovskis angenähert. Das neueste Angstmodell geht von drei Stufen aus: Auf die Registrierung der Bedrohung folgt die Aktivierung eines «frühen Alarmmodus» *(primal threat mode)* und im Anschluss daran setzt ein sekundäres, ausführlicheres Kontrollieren ein (Beck & D. A. Clark, 1997, S. 49). Die Angstbehandlung muss auf die Deaktivierung des frühen Alarmmodus abzielen. Dieses revidierte Modell ist klar formuliert und geeignet, der Angstforschung neue Impulse zu geben. Viel wird natürlich davon abhängen, als wie ergiebig und brauchbar sich das Konzept des frühen Alarmmodus erweisen wird.

Die kognitiven Theorien bestreiten nicht, dass Ängste durch Konditionierung und andere Lernprozesse erworben werden können, messen aber der Interpretationen der Ereignisse und Reaktionen – seien diese nun konditioniert oder nicht – große Bedeutung bei. Darüber hinaus sagen sie, dass die Stabilität von Angstreaktionen vor allem auf der Stabilität der fehlangepassten Kognitionen beruht und dass sich dysfunktionale Ängste vor allem dadurch dauerhaft und effektiv abbauen lassen, dass die entsprechenden Kognitionen modifiziert werden. Gleichzeitig erkennen sie an, dass eine der effektivsten Methoden (bzw. manchmal *die* effektivste Methode) zur Modifikation von Kognitionen darin besteht, Verhaltensveränderungen herbeizuführen. Nicht immer ist das Verhalten das Ergebnis von Kognitionen; sehr häufig scheinen Kognitionen auch durch unangemessenes Verhalten hervorgerufen oder aufrechterhalten zu werden, etwa durch Vermeidung, reales oder «mentales» Fluchtverhalten usw. Die zentralen Thesen der kognitiven Theorie der Angst sowie die empirischen Ergebnisse, die für und gegen sie sprechen, lassen sich am besten am Beispiel der Panikstörung darstellen. Auch zum Zweck der kritischen Bewertung der Fortschritte und des Stands der kognitiven Angsttheorie eignen sich am besten die Arbeiten, die sich mit dieser Störung befassen (z. B. McNally, 1994).

Psychoanalytische Erklärungsversuche

Freud (1909; 1925) hat als einer der ersten auf die Bedeutung der Angst hingewiesen. Seiner Auffassung nach ist Angst eine kritische Komponente der Neurosen. Freud unterschied zwischen «Objektangst» und «neurotischer Angst». Unter Objektangst verstand er Furchtreaktionen auf die Wahrnehmung einer äußeren Gefahr oder in Erwartung einer vorhersehbaren Schädigung. Er wies darauf hin, dass Objektangst zwar in vielen Fällen rational und angemessen, bei genauerer Betrachtung jedoch häufig auch unangebracht oder übertrieben sei und die Grenzen zur neurotischen Angst fließend seien. In der neurotischen Angst sah er einen unangemessenen und übertriebenen, lähmenden Zustand, der teilweise sogar ein Fliehen vor der Gefahr erschwere. Das Hauptmerkmal neurotischer Angst besteht nach Freud (1944) in einer allgemeinen besorgten Anspannung oder einer «frei flottierenden» Angst. Die ständige Erwartung einer Gefahr quält die Betroffenen und lässt sie stets das Schlimmste befürchten. Diese Neigung zu übertriebener Ängstlichkeit und Pessimismus war für ihn eine Persönlichkeitseigenschaft.

Freud beschrieb noch eine weitere Form von Angst, die stärker umschrieben war. Diese Kategorie, unter die z. B. starke Furcht vor geschlossenen Räumen, vor Schlangen oder vor Menschenmengen fallen, entspricht weitgehend unserem heutigen Phobiekonzept. Diese Phobien sind nicht prinzipiell irrational, da sie nicht völlig unbegründet sind; ist die Furcht aber übertrieben oder unangemessen, wird sie als Phobie bezeichnet. Übrigens schien Freud interessanterweise die Auffassung G. Stanley Halls zu teilen, dass «einige dieser Ängste bestimmte, dominante Züge haben, die vermuten lassen, dass sie aus weit zurückliegenden Zeiten stammen ... [und] dass sie in ihrer jeweiligen Ausprägung eher früheren Lebensbedingungen gerecht werden als heutigen» (Hall, 1897, S. 245f). Es gibt bestimmte Ängste, die in dem Sinne angeboren sind, dass wir dafür prädisponiert sind, diese Ängste sehr leicht auszubilden. Freud schrieb: Für einige Ängste «– kleine Tiere, Gewitter u. dgl. – bietet sich vielleicht die Auskunft, sie seien verkümmerte Reste einer kongenitalen Vorbereitung auf die Realgefahren, die bei anderen Tieren so deutlich ausgebildet ist» (Freud, 1948). Auf diese Weise nahmen sowohl Hall als auch Freud das 1971 von Seligman ausgearbeitete *preparedness*-Konzept vorweg.

Der psychoanalytische Ansatz zur Erklärung von Angstphänomenen steht im Einklang mit der allgemeinen psychoanalytischen Theorie. Der Ursprung von Angst ist demzufolge weitestgehend sexueller Art und beruht auf inakzeptablen sexuellen Triebregungen, die ins Unterbewusstsein verdrängt werden. Diese verdrängten Vorstellungen und Impulse werden dann in symbolische Repräsentationen verwandelt. Für Freud steht es außer Frage, dass Angst in den meisten Fällen eng mit sexueller Beschränkung verbunden ist. Die resultierende Angst werde durch neurotische Symptome, Traumsymbole usw. ersetzt. Mit Angst reagiere das Ich auf die Gefahr, die durch die Forderungen der Libido entsteht; auf diese Weise werde eine innere Gefahr in eine äußere umgewandelt. Blieben sexuelle Triebe unbefriedigt, komme es zu einer Abfuhr durch die Umwandlung in Angst (Freud, 1944).

Nach Sperling (1971) verweist eine Spinnenangst auf «einen ungelösten Trennungskonflikt, ein hohes Maß an Ambivalenz, die zu einer Verstärkung

bisexueller Neigungen und Probleme mit der Geschlechtsidentifikation führt»
(S. 493). Die Entwicklung einer Spinnenangst wird damit als eine Form von
Abwehr gegen noch bedrohlichere Probleme oder Impulse sexueller Art betrachtet. Nach Abraham (1927), einem engen Mitarbeiter Freuds, kommt in
der Spinnenangst symbolisch eine unbewusste Furcht vor Geschlechtsteilen –
«der Penis in den weiblichen Genitalien» – zum Ausdruck. Hierzu ist anzu-
merken, dass diese komplexen und schillernden Erklärungen der Spinnenangst nur schwer mit den Ergebnissen moderner experimenteller
Untersuchungen in Einklang zu bringen sind. Furcht vor Spinnen und vor
Schlangen sowie andere eng umschriebene Ängste oder Phobien lassen sich
mit relativ geringem Aufwand abbauen. Dazu reichen in der Regel drei bis
sechs Sitzungen oder – mit der neuesten Methode – schon eine einzige Sit-
zung (Öst, 1996).

Das Fundament für die psychoanalytische Angsttheorie legte Freud selbst
mit der Veröffentlichung der Fallstudie eines fünfjährigen Jungen, bekannt
geworden als der kleine Hans, der Angst vor Pferden hatte (Freud, 1905). Die
Fallgeschichte wurde als großer Fortschritt betrachtet und man sah in ihr
entscheidende Belege für einige der zentralen Konzepte der Psychoanalyse
wie Ödipuskomplex, Verdrängung, Kastrationsangst usw. In seiner berühm-
ten Monographie beschrieb und erörterte Freud sehr ausführlich auf 140
Seiten die Ereignisse einiger weniger Monate. Das Fallmaterial, auf dem
seine Analyse beruhte, wurde durch den Vater des kleinen Jungen gesammelt,
der Freud durch regelmäßige schriftliche Berichte über die Entwicklungen
auf dem Laufenden hielt. Außerdem konsultierte der Vater Freud mehrere
Male wegen der Ängste des Kindes (beide Eltern waren Anhänger der Psychoanalyse). Den Jungen selbst sah Freud nur ein einziges Mal.

Die Fallgeschichte des kleinen Hans lässt sich folgendermaßen zusammenfassen: Im Alter von vier Jahren begann der Junge, sich vor Pferden zu
fürchten, eine Furcht, die kurz danach auf andere Tiere und Objekte, die
Ähnlichkeit mit einem Pferdemaul hatten, generalisierte. In dieser Zeit führte
Hans' Vater mehrere Gespräche mit ihm, in denen er ihn über sein Erleben
befragte. Anschließend teilte er Freud seine Deutungen mit. Damit stammt
das Material, das Freud ausgiebig analysierte und anhand dessen er seine
Angsttheorie und andere psychoanalytische Konzepte entwickelte, fast vollständig aus zweiter (bzw. dritter) Hand; hinzu kommt, dass die Person, von
der er seine Informationen bekam, selbst eine zentrale Figur des Geschehens
und als solche natürlich emotional beteiligt war. Vater

Die Furcht des kleinen Jungen vor Pferden symbolisierte nach Freud eine
schwerwiegendere, latente Angst. Im Grunde genommen, so glaubte Freud,
fürchtete er sich vor seinem Vater, weil er damit rechnete, von diesem be-

straft (wahrscheinlich kastriert) zu werden, da er sexuelles Verlangen nach seiner Mutter verspürt hatte. Damit wurde die Pferdeangst als Ausdruck des Ödipuskomplexes des Jungen gedeutet: Der kleine Hans begehrte seine Mutter und fürchtete die Rache seines Vaters. Diese Gedanken waren jedoch unannehmbar, so dass die Furcht vor dem Vater in eine akzeptable manifeste Angst vor Pferden umgewandelt wurde.

Diese Deutung ist vielfach kritisiert worden (z. B. Wolpe & Rachman, 1960) und Freud selbst räumte ein: «Während der Analyse allerdings muß ihm viel gesagt werden, was er selbst nicht zu sagen weiß, müssen ihm Gedanken eingegeben werden, von denen sich noch nichts bei ihm gezeigt hat, muß seine Aufmerksamkeit die Einstellung nach jenen Richtungen erfahren, von denen her der Vater das Kommende erwartet. Das schwächt die Beweiskraft der Analyse; aber in jeder verfährt man so» (Freud, 1909).

Nebenbei bemerkt hatte der kleine Junge selbst eine einfache Erklärung für das Entstehen seiner Phobie gegeben. Er gab an, dass seine Furcht bestand, seitdem er einen Unfall auf der Straße beobachtet hatte, bei dem ein Pferd zu Boden gestürzt war. Sein Vater bestätigte dies, indem er mitteilte, dass sich diese Schilderung mit der seiner Frau deckte und dass die Ängste des Jungen unmittelbar danach ausgebrochen waren.

Die psychoanalytische Angsttheorie ist faszinierend und ambitioniert und hat durchaus ihren Wert. Allerdings ist die psychoanalytische Schule insgesamt im Laufe der Jahr immer wieder scharfer Kritik ausgesetzt gewesen (z. B. Grunbaum, 1977), von denen auch die psychoanalytischen Thesen zur Angst nicht verschont geblieben sind (Rachman, 1990).

Die psychoanalytische Theorie beruht vor allem auf Material aus Fallstudien und leidet damit an den unvermeidlichen Schwachstellen und Grenzen derartiger Daten (z. B. Eysenck, 1986; Wolpe & Rachman, 1960). Der Mangel an reproduzierbaren empirischen Belegen ist eine der zentralen Schwächen der Psychoanalyse. Das ganze «psychoanalytische Projekt» ist reich an theoretischen Formulierungen, es fehlt ihm aber an methodologischer Strenge und schlüssigen Belegen. Der Historiker Edward Broing bezeichnete die Psychoanalyse daher als «vorwissenschaftlich» (Broing, 1991). Aus den gleichen Gründen gibt es auch erhebliche Zweifel an der Richtigkeit der These Freuds, Phobien kämen bei Personen mit einem ungestörten Sexualleben nicht vor («Die Hauptsache an dem Problem der Phobien scheint mir zu sein, daß Phobien bei normaler vita sexualis ... überhaupt nicht zustande kommen», Freud, 1942). Die Behauptung ist aus der Luft gegriffen und mit hoher Wahrscheinlichkeit unrichtig. Viele Menschen, die unter Angst oder spezifischen Phobien leiden, haben ein befriedigendes Sexualleben und sind in der Lage, befriedigende sexuelle Beziehungen aufzubauen und aufrechtzuerhalten. Dank der

Forschungsbemühungen der letzten zwanzig Jahre wissen wir heute viel mehr über das Phänomen Angst. Außerdem verfügen wir über moderne Methoden, mit deren Hilfe sich Ängste relativ leicht abbauen lassen – was schwerlich mit den Aussagen der Psychoanalyse zu vereinbaren ist. Eine effektive Behandlung von Ängsten bedarf, wie wir heute wissen, keiner langwierigen Auseinandersetzung mit Persönlichkeit, Kindheit, Sexualleben oder anderer Themen, die für die psychoanalytische Theorie so wichtig sind. Es ist ohne weiteres möglich, Angst direkt anzugehen, sie direkt zu beschreiben und zu messen und sie auch direkt zu modifizieren.

Dies heißt nicht, dass die psychoanalytische Theorie völlig wertlos wäre. Es ist im Gegenteil relativ gut belegt, dass an manchen Ängsten bedeutsame symbolische Elemente beteiligt sind und dass «unbewusste» Faktoren einen Einfluss auf die Entstehung und Aufrechterhaltung von Angst haben. Wie die moderne Forschung gezeigt hat, spielen kognitive Prozesse, derer wir uns nicht bewusst sind, eine wichtige Rolle für unsere Reaktionen auf tatsächliche oder potenzielle Gefahren. Obwohl sie keinen wichtigen Platz in Freuds Theorie einnahm und er den Gedanken leider nicht weiter entwickelte, ist die Vorstellung, dass wir dafür prädisponiert sind, Ängste vor bestimmten Situationen oder Objekten zu entwickeln, vermutlich zutreffend und findet sich auch in den Arbeiten moderner Theoretiker wie Gray (1982) und Seligman (1971) wieder.

Biologische Theorien

Trotz des von vielen geteilten Wunsches nach einer «Aussöhnung» zwischen biologischen und psychologischen Angsttheorien und einiger lobenswerter Schritte in diese Richtung, vor allem durch Gray (1971, 1982, 1987), entwickeln sich die beiden Ansätze insgesamt eher unabhängig voneinander und geben streckenweise den Versuch wieder auf, eine gemeinsame Theorie zu entwickeln. Mit wenigen Ausnahmen beziehen sich die biologischen Theorien auf bestimmte Störungen und weniger auf das gesamte Feld der Angst. Dies gilt nicht für die psychobiologischen Theorien von Eysenck (1967) und Gray (1971, 1987), die sehr breit angelegt sind und insofern Ausnahmeerscheinungen darstellen.

Zwei der derzeit am lebhaftesten geführten Debatten betreffen die konkurrierenden Erklärungen zur Panikstörung und zur Zwangsstörung. Auf die verschiedenen Erklärungen der Panikstörung gehen wir ausführlicher noch in Kapitel 5 ein. Auf der einen Seite steht hier eine überwiegend biologisch ausgerichtete Theorie, deren Hauptvertreter Klein (1987, 1996) davon ausgeht, dass es zu einer Panikattacke kommt, wenn durch einen drohenden Mangel an Atemluft ein physiologisches «Erstickungsalarmsystem» *(suffocation alarm system)* aktiviert wird. Die führende (überwiegend) psychologische Theorie behauptet dagegen, dass Panikanfälle durch die katastrophisierende Fehlinterpretation bestimmter körperlicher Empfindungen verursacht werden (Clark, 1986). Diese konkurrierenden Erklärungsansätze stimmen in einigen Punkten auch überein und in zukünftigen Versionen der Theorien werden sich die Widersprüche möglicherweise irgendwann aufgelöst haben; derzeit unterscheiden sie sich jedoch noch erheblich in den Vorhersagen und den Schlussfolgerungen für die klinische Praxis, die sich aus ihnen ableiten lassen. Geht beispielsweise die psychologische Theorie davon aus, dass eine katastrophisierende Fehlinterpretation vorliegen muss, damit es zu einem Panikanfall kommt, bestreitet die biologische Theorie dies und postuliert vielmehr eine spezifische biologische Dysfunktion als notwendige Voraussetzung für das Auftreten von Panikreaktionen. Aus der psychologischen Theorie leitet sich eine spezielle kognitive Intervention ab, aus der biologischen Theorie eine medikamentöse Behandlung.

Die ursprüngliche biologische Theorie der Zwangsstörung war biochemischer Art und ging davon aus, dass Zwänge das Resultat eines Mangels an Serotonin bzw. eines defizitären Serotoninstoffwechsels seien. Mit den empirischen Befunden, auf die sich diese Theorie stützt, beschäftigen sich unter anderem Insel (1991), Insel und Winslow (1992), Hollander und Leibowitz (1990), Jenike, Baer und Greist (1990), Rapoport (1989) sowie Zohar, Insel und Rasmussen (1991).

Der wichtigste empirische Beleg für die biopsychologische Erklärung ist der therapeutische Effekt von Medikamenten, die die Serotoninresorption verhindern. Eine Reihe dieser Pharmaka sind tatsächlich in der Lage, Zwangssymptome günstig zu beeinflussen, können die Störung allerdings nicht gänzlich beseitigen: «[Die Antiobsessiva] bewirken bestenfalls eine Teilremission der Zwangsstörung. Die meisten Studien schätzen das Ausmaß der Besserung auf ungefähr 50 Prozent» (Insel, 1991, S. 15), und bei vielen Patienten stellen sich überhaupt keine positiven Effekte ein. Zwangsstörungen sind zweifellos nicht allein auf einen gestörten Serotoninhaushalt zurückzuführen. Ein weiteres Argument, das die Vertreter der Serotonintheorie anführen, ist die spezifische Wirksamkeit der SSRI *(selective serotonin reuptake inhibitor,* selektive Serotonin-Wiederaufnahmehemmer). Sie verweisen darauf, dass andere Antidepressiva keine positiven Effekte auf die Zwangsstörung haben. Eine Reihe von Befunden scheinen diese Behauptung zu unterstützen, jedoch gibt es auch gegenläufige Resultate und einige der Studien, die zur Unterstützung der Serotoninhypothese angeführt werden, weisen schwerwiegende Schwächen auf. So führte beispielsweise in den Untersuchungen von Foa und Mitarbeitern (1987, 1992) das Standardantidepressivum (Imipramin), mit dem die verhaltenstherapeutische Behandlung verglichen wurde, nicht zu einer Beseitigung der depressiven Symptomatik, die auch nach der Behandlung noch im klinischen Bereich lag. Damit findet keine Prüfung der Hypothese statt, dass Antidepressiva bei Zwangsstörungen wirksam sind, weil sie Depressionen abbauen. Darüber hinaus steht die schlechte Wirksamkeit der Imipraminmedikation im Widerspruch zu anderen Untersuchungen (z. B. Mavissakalian, 1983).

Es gibt keine Belege dafür, dass Patienten mit einer Zwangsstörung mehr oder weniger Serotonin hätten als Patienten ohne eine solche Störung oder mehr oder weniger Serotonin als Patienten, die unter einer anderen Angststörung leiden. Mit großem Forschungsaufwand sind verschiedene Aspekte der Serotonintheorie der Zwangsstörung überprüft worden – und «die Daten zeigen, dass das serotonerge System von Patienten mit Zwängen vermutlich intakt ist» (Salkovskis, 1996b, 1996c, S. 197). Bei einem großen Teil der Untersuchungen wurde auch Gehirn-Rückenmark-Flüssigkeit (Liquor) untersucht, wobei Pigott, Myers und Williams (1996) auch hier zu dem Schluss kommen, dass «die neueren Liquorstudien keine signifikanten Unterschiede zwischen Patienten mit Zwangsstörungen und den Kontrollgruppenpersonen feststellen konnten» (S. 141). Es gibt weder überzeugende empirische Belege für eine spezifische selektive Serotonindysfunktion (z. B. Insel, 1991; Insel & Winslow, 1992), noch besteht ein Zusammenhang zwischen dem Serotoninspiegel und der Reaktion auf die Behandlung. Verschiedene Serotonin-Wiederaufnahmehemmer zeigen keine additiven oder Übertragungseffekte und die Substanzen, die am effektivsten die Serotonin-Wiederaufnahme verhindern, haben nicht die größte Wirkung auf die Zwangssymptomatik.

Die therapeutischen Effekte der SSRI stellen keinen schlüssigen Beweis für die Richtigkeit der biochemischen Theorie dar. Sie erinnern vielmehr an das berühmte Beispiel mit den Kopfschmerzen und dem Aspirin: Zwar kann Aspirin Kopfschmerzen beseitigen, aber heißt das etwa, dass Kopfschmerzen durch einen Mangel an Aspirin verursacht werden? Dass sich Zwangsstörungen durch Serotonin-Wiederaufnahmehemmer lindern lassen, sagt noch nicht viel über die Ursache der Zwänge. Ein weiteres Problem der biochemisch orientierten Erklärungsversuche ergibt sich durch die wiederholt bestätigten therapeutischen Effekte einer rein psychologischen Behandlung. Diese erzielt ihre Wirkung ohne den Einsatz von Medikamenten und bringt damit das biologische Erklärungsmodell in Bedrängnis. Die Behauptung, dass eine psychologische Behandlung zufällig gerade die biochemischen Veränderungen hervorruft, die zur Überwindung von Zwängen erforderlich sind, ist weit hergeholt und bislang unbestätigt. Man kann nicht daran vorbeisehen, dass die therapeutische Wirkung der Psychotherapie ein Problem für jede ausschließlich biologisch orientierte Theorie darstellt.

Die Probleme der Serotonintheorie und die zunehmende Verbreitung der neuen bildgebenden Untersuchungsverfahren mündeten in der Aufstellung einer zweiten biologischen Theorie. Diese führt die Zwangsstörung auf eine strukturelle und/oder funktionale Abweichung im zentralen Nervensystem zurück – einen Defekt des ZNS, vermutlich in den Basalganglien (Rapoport & Wise, 1988; siehe auch Insel, 1988; McGuire, 1995). Insbesondere Rapoport vertritt die Auffassung, es liege eine Dysfunktion in den Basalganglien vor – dort, wo die angeborenen psychomotorischen Funktionen angesiedelt sind; die Hypersensibilität der Basalganglien sei verantwortlich für das repetitive motorische Verhalten, etwa das zwanghafte Händewaschen. Die empirischen Belege für diese These sind äußerst dürftig und lückenhaft und es herrscht ein großer Mangel an Replikationsstudien (insbesondere in Bezug auf Studien mit bildgebenden Verfahren, in denen große Mengen an Daten erzeugt werden; die statistischen Probleme, die bei der Verarbeitung und Analyse dieser Daten entstehen, sind beträchtlich). In der Studie von Aylward et al. (1996) «fanden sich auf keinem der Maße für strukturelle Basalganglienmerkmale Unterschiede zwischen der Patientengruppe und der parallelisierten Kontrollgruppe aus gesunden Personen» (S. 577). Dieses Resultat stand auch im Einklang mit ihrer gründlichen Analyse der vorliegenden Literatur.

Rapoport konzentriert sich sehr auf den repetitiven Charakter einiger Zwangssymptome und verliert damit aus dem Blick, was die Zwangsstörung an sich ausmacht, nämlich den subjektiv empfundenen Zwang, das absichtsvolle, gezielte Verhalten, die übertriebenen Verantwortungs- und Schuldgefühle, aufdringlichen Gedanken usw. Repetitive Bewegungen sind nur *ein* Merkmal der Zwangsstörung, jedoch weder ein notwendiges noch ein hinreichendes. Außerdem sind die repetitiven Zwangssymptome weder mechanisch noch automatisch zu nennen. Und niemand wird behaupten wollen, dass eine psychologische Behandlung zufällig bestimmte Veränderungen in den Basalganglien herbeiführt, was dann einen Rückgang der Symptomatik nach sich zieht.

In Anerkennung der Probleme, auf die die rein biologischen Erklärungsansätze stoßen, kam ein führender Vertreter dieser Richtung zu dem Schluss, dass «die Zusammenhänge zwischen der Zwangsstörung und Serotonin nicht eindeutig sind ... Es besteht eine deutliche zeitliche Diskrepanz zwischen den beiden Ereignissen» (die Resorptionshemmung tritt bereits nach Stunden ein, während der klinische Effekt oft Wochen auf sich warten lässt usw.) (Insel,

1991, S. 14). «Aussagen über die Bedeutung von Serotonin für die Pathophysiologie dieser Störung sind nach wie vor spekulativ» (Insel, 1991, S. 15) und es ist «ein wenig voreilig, zu behaupten, es gebe eine neurale Läsion bei Zwangsstörungen» (S. 14). Angesichts der widersprüchlichen und teilweise wenig aussagekräftigen neurophysiologischen Befunde wird dies möglicherweise auch noch lange so bleiben.

Obwohl die biochemischen und die neurophysiologischen Theorien jeweils einige unterstützende Belege vorweisen können, lassen sie sich nicht besonders gut miteinander vereinbaren. Sie stehen völlig unverbunden nebeneinander und es ist unwahrscheinlich, dass beide stimmen.

Nebenbei sei bemerkt, dass natürlich nicht nur die Erfolge psychotherapeutischer Behandlungsmethoden ein Problem für die biologischen Theorien darstellen, sondern auch die therapeutischen Effekte bestimmter Antidepressiva wie Clomipramin die psychologischen Modelle in Erklärungsnöte bringen.

Zusammenfassung

Die zentrale Aussage lerntheoretischer Angstmodelle lautet, dass Angst und Furcht durch Konditionierung oder andere Lernprozesse erworben werden und dass diese erworbenen Angstreaktionen ihrerseits Flucht- oder Vermeidungsverhalten nach sich ziehen. Die von Eysenck und Wolpe vorgebrachten Erklärungen unterscheiden sich im Detail, beruhen aber beide auf der Annahme, dass Angst im Wesentlichen gelernt wird. Grays psychophysiologische Theorie erweitert diese älteren Modelle und ist fest in der Physiologie verankert.

Die psychoanalytischen Formulierungen zum Thema Angst beruhen auf der allgemeinen Freudschen Theorie, die die Bedeutung sexueller Motive und Symbole in den Vordergrund stellt. Ihr zufolge hat Angst viel mit der Unterdrückung sexueller Impulse zu tun: In der Angst kommen auf symbolische Weise unannehmbare sexuelle Gefühle zum Ausdruck.

Die biologischen Angsttheorien beziehen sich in erster Linie auf bestimmte Angststörungen, vor allem die Panik- und die Zwangsstörung. Gemeinsam ist ihnen der Glaube an eine biologische Verursachung der Angst, im Detail unterscheiden sie sich jedoch erheblich voneinander.

Kapitel 4

Die Konditionierungstheorie und spezifische Phobien

In diesem Kapitel wird die Konditionierungstheorie der Furcht dargestellt und ein Überblick über die vorliegenden empirischen Befunde, auf die sich diese Theorie stützt, gegeben. Außerdem werden acht Einwände gegen die Theorie genannt und schließlich wird gesagt, dass Konditionierung eine von drei Arten ist, auf die Furcht erworben werden kann.

Die Konditionierungstheorie

Das zentrale Postulat dieser Theorie ist, dass Furcht durch Konditionierung erworben wird. «Neurotische Reaktionen sind wie alle anderen *gelernt* und unterliegen den Gesetzen des Lernens» (Eysenck, 1960, S. 5). Neutrale Stimuli, die gemeinsam mit Furcht- oder Schmerzreizen auftreten, entwickeln selbst eine Furcht erzeugende Qualität; sie werden zu konditionierten Furchtstimuli. Das Ausmaß der Furcht hängt zum einen davon ab, wie häufig der vormals neutrale Reiz gemeinsam mit dem Furcht- oder Schmerzreiz aufgetreten ist, und zum anderen von der Intensität der dabei hervorgerufenen emotionalen Reaktion. Auch Reize, die Ähnlichkeit mit dem Furcht erzeugenden haben, lösen Furcht aus – sie werden zu sekundären konditionierten Stimuli. Die Wahrscheinlichkeit, eine Furchtreaktion auszubilden, wird erhöht durch Einschränkungen der Bewegungsfreiheit, durch die Konfrontation mit Situationen, in denen besonders starke Schmerzen oder Furcht ausgelöst wurden, und durch häufige Wiederholungen des gemeinsamen Auftretens des neuen konditionierten Stimulus und des Schmerzes bzw. der Furcht. Weiterhin besagt die Theorie, dass Objekte oder Situationen, die zu Furchtauslösern geworden sind, motivierende Eigenschaften haben. Es entsteht ein sekundärer Furchttrieb. Verhalten (z. B. Vermeidung), das Furcht erfolgreich zu vermindern vermag, wird verstärkt.
  Wolpe (1958) hat in seiner Erklärung der konditionierten Furcht individuelle Vulnerabilitätsunterschiede nicht berücksichtigt, diesen wurde dann jedoch von Eysenck große Bedeutung beigemessen. Er stellte die Hypothese auf, dass (neurotische) Introvertierte leicht zu konditionieren sind und daher

mit höherer Wahrscheinlichkeit übertriebene Ängste ausbilden (Eysenck & Rachman, 1965).

Empirische Belege

Die empirischen Befunde, auf die sich die Theorie stützen kann, stammen aus sechs Bereichen: der Forschung zur Ausbildung von Furchtreaktionen bei Tieren; Untersuchungen von Ängsten von Soldaten während und nach Kampfhandlungen; Experimenten zur Furchtinduktion bei Kindern; klinischen Beobachtungen; Befunden, die im Zusammenhang mit der Aversionsbehandlung angefallen sind; sowie einigen wenigen Experimenten zu den Auswirkungen traumatischer Erlebnisse. Die Bedeutung individueller Vulnerabilitätsunterschiede wurde durch Untersuchungen bestätigt, die zeigten, dass Introvertierte leichter zu konditionieren sind, und durch psychometrische Studien an neurotischen Patienten.

Die beweiskräftigsten und systematischsten empirischen Belege stammen aus den zahlreichen tierexperimentellen Untersuchungen. Es ist offensichtlich leicht, bei Tieren Furchtreaktionen aufzubauen, indem man sie gleichzeitig neutralen und aversiven Reizen (in der Regel Elektroschocks) aussetzt. Gemessen werden die erworbenen Furchtreaktionen meistens anhand des Auftretens von Vermeidungsverhalten, mit Hilfe physiologischer Variablen sowie anhand von Verhaltensauffälligkeiten (bzw. mit allen drei Indizes gleichzeitig). Die Ergebnisse lassen kaum Zweifel darüber, dass Furchtreaktionen konditionierbar sind, zumindest bei Tieren, die unter experimentellen Bedingungen untersucht werden.

Beobachtungen aus Kriegszeiten zeigen, dass intensive Furchtreaktionen das Ergebnis traumatischer Erlebnisse sein können. Flanagan (1948) berichtete, dass die überwältigende Mehrheit der Piloten der Luftwaffe während ihrer Kampfeinsätze Furcht erlebten, und wenngleich diese Reaktionen meist vorübergehender Natur waren, entwickelten sich in manchen Fällen daraus auch so genannte Kriegsneurosen, die durch starke Ängste gekennzeichnet waren. Eine Minderheit der Piloten bildete starke und anhaltende Ängste aus. Form und Inhalt dieser Ängste, ihre Neigung zu generalisieren sowie ihre Entstehungsbedingungen stehen durchaus im Einklang mit den Aussagen der Konditionierungstheorie.

Konditionierte Übelkeitsreaktionen werden relativ häufig bei Patienten beobachtet, die sich einer Chemotherapie unterziehen (Burish & Carey, 1986; Cella, Pratt & Holland, 1986). Dabei spielen die gleichen Faktoren eine Rolle wie bei anderen Konditionierungsprozessen (z. B. die Reizintensität in Laborstudien). In ihrem Übersichtsartikel über zahlreiche Arbeiten mit insgesamt ngefähr 1700 erwachsene Patienten errechnen Burish und Carey (1986), dass es bei 32 Prozent der Patienten zu antizipatorischem Erbrechen kommt. Die Zahlen für antizipatorische Übelkeit liegen wahrscheinlich noch darüber (den Ergebnissen der Studie von Cella et al. zufolge bei 80 Prozent). Übelkeit bzw. Erbrechen hielten in den meisten der von Cella et al. (1986) untersuchten Fälle über zwei Jahre an. Die Existenz konditionierter Übelkeits- oder Ekelreaktionen bedeutet jedoch nicht zwingend, dass auch Furchtreaktionen konditioniert werden können.

In der klinischen Praxis ist es häufig möglich, die Angaben von Patienten zur Entstehung ihrer Ängste im Rahmen eines Konditionierungsmodells zu interpretieren. Manchmal lässt sich der Beginn einer Angststörung auf ein spezifisches Ereignis zurückverfolgen, bei dem es zu einer Konditionierung gekommen ist. In einer Studie von Lautch (1971) gaben alle 34 Untersuchten mit Zahnarztphobie an, wenigstens einmal in der Kindheit ein traumatisches Zahnarzterlebnis gehabt zu haben, beispielsweise unter einer Narkosemaske Erstickungsangst bekommen zu haben. Allerdings zeigte sich auch, dass diese 34 Personen grundsätzlich zu neurotischen Reaktionen neigten und dass außerdem 10 Personen der Vergleichsgruppe, die ebenfalls als Kinder traumatische Erfahrungen beim Zahnarzt gemacht hatten, nur wenig Angst vor Zahnarztbesuchen hatten.

In einer Studie über Hundeangst stellten Di Nardo et al. (1988) fest, dass fast zwei Drittel der Untersuchten, die sich vor Hunden fürchteten, eine konditionierende Erfahrung mit einem Hund gemacht hatten, wobei in über der Hälfte dieser Fälle der Hund den Betroffenen schmerzhafte Verletzungen zugefügt hatte. Allerdings berichteten auch zwei Drittel der Personen einer Vergleichsgruppe, die keine Angst vor Hunden hatten, von entsprechenden Erlebnissen, wobei in der Hälfte der Fälle die Begegnung mit dem Hund schmerzhaft ausgegangen war. Damit liefern die Daten ein gewisses Maß an Unterstützung für die Theorie, machen jedoch gleichzeitig deutlich, dass konditionierende Erlebnisse – selbst wenn sie mit Schmerzen verbunden sind – nicht immer zur Folge haben, dass eine entsprechende Furcht ausgebildet wird. Es hatten hier – und das Gleiche gilt für andere Fälle – weniger Personen eine Angstreaktion ausgebildet, als aufgrund der Konditionierungstheorie zu erwarten gewesen wäre. Vermutlich hatten diejenigen, die ein konditionierendes Erlebnis gehabt hatten, ohne eine Angst vor Hunden zu entwickeln, dieses Erlebnis anders interpretiert als diejenigen, die in der Folge ängstlich geworden waren. Wie Di Nardo und seine Mitarbeiter (1988) festhalten, glaubten alle ängstlichen Versuchspersonen, «dass sie bei einer Begegnung mit einem Hund Angst bekommen würden und damit rechnen müssten, verletzt zu werden, während von den angstfreien Befragten nur sehr wenige solche Erwartungen hatten ... Die Erwartung negativer Konsequenzen scheint ein entscheidender Faktor für die Aufrechterhaltung der Furcht zu sein.»

Die klassische Demonstration der gezielten Erzeugung einer Furchtreaktion bei einem kleinen Kind von Watson und Rayner (1920) hatte zwar beträchtlichen Einfluss auf die frühe Theorienbildung, spätere Versuche, diese Befunde zu replizieren, hatten aber nur wenig Erfolg (z. B. Bregman, 1934; Valentine, 1946). Die systematischste Datensammlung zur Induktion konditionierter Furcht beim Menschen stammt von der schwedischen Arbeitsgruppe um Öhmann (1987). Unter Berufung auf Seligmans (1971) *preparedness*-Konzept, startete die Öhman-Gruppe ein zeitaufwändiges Forschungsprogramm, um herauszufinden, ob Menschen dafür «präpariert» sind, Furcht vor bestimmten Reizen auszubilden. Sie stellten fest, dass es möglich ist, unter Laborbedingungen bei Menschen konditionierte Furchtreaktionen zu erzeugen, dass diese jedoch eher schwach, vorübergehend und unvollständig sind. Unvollständig sind sie in dem Sinn, dass sich die Reaktion in der Regel nur anhand der elektrodermalen Aktivität nachweisen lässt, dass es aber beispielsweise nicht gelungen ist, konditionierte Herzfrequenzreaktionen verlässlich nachzuweisen. Die elektrodermale Aktivität kann als Indikator für Furcht dienen, die Herzrate ist jedoch grundsätzlich vorzuziehen (Cook, Melamed, Cuthbert, McNeil & Lang, 1988; Cuthbert & Lang, 1989; Lang, Melamed & Hart, 1970; Öst, 1989; Prigatano & Johnson, 1974; Sartory, Rachman & Grey, 1977; Sartory, 1989). Die konditionierten Reaktionen waren relativ schwach ausgeprägt und nicht leicht auszulösen und sie waren mit wenigen Ausnahmen nach einigen Durchgängen wieder gelöscht. Außerdem ließen sie sich ohne weiteres durch geeignete Instruktionen verändern oder auflösen (siehe die Übersicht von McNally, 1987).

Weitere Belege für die Konditionierungstheorie stammen aus eher zufälligen Beobachtungen, die im Zusammenhang mit der Aversionstherapie gemacht wurden, einem Verfahren, das sich ausdrücklich auf das klassische Konditionieren beruft. Bestätigt wurden diese Beobachtungen später durch eine Arbeit von Baker, Cannon, Tiffany und Gino (1984). Die wiederholte Koppelung von Alkoholgenuss und chemisch erzeugter Übelkeit bewirkt bei vielen Patienten, dass der Geschmack bzw. bereits der Geruch von Alkohol bei ihnen Übelkeit hervorruft. Bei einem bekannt gewordenen Fall, den Hammersley (1957) beschrieb, änderte ein erfolgreich behandelter Patient im Nachhinein seine Meinung und entschied sich dagegen, abstinent zu bleiben. Er begann mit einem «Dekonditionierungsprogramm», das daraus bestand, dass er immer wieder trotz starker Übelkeit weitertrank, bis seine konditionierte Reaktion auf den Alkohol schwächer wurde und schließlich ganz verschwand.

Weitere Befunde, die für die Theorie sprechen, dass Furcht das Ergebnis eines Konditionierungsprozesses sein kann, stammen aus Experimenten, in denen Versuchspersonen Succinylcholin injiziert wurde, eine Substanz, die eine kurze Atemlähmung hervorruft (Sanderson, Laverty & Campbell, 1963). Es überrascht nicht, dass die meisten Personen im Anschluss an diese qualvolle Erfahrung starke Angst vor allem entwickelten, was mit dem Experiment zu tun hatte. Die Intensität ihrer Furcht stieg im Laufe der Zeit auch in Abwesenheit weiterer unangenehmer Ereignisse eher noch an (womit es sich hier um eines der wenigen Beispiele einer «Furcht-Inkubation» handelt).

Die Konditionierungstheorie des Furchterwerbs besagt nicht, dass Furchtreaktionen unbedingt in einem einzigen Durchgang bzw. durch Traumatisierung entstehen müssen, jedoch lassen sich akut einsetzende Ängste leichter mit Konditionierung erklären, was zum Teil daran liegt, dass unsere Vorstellung von konditionierter Furcht weitgehend auf den Ergebnissen experimenteller Untersuchungen basiert, in denen der aversive Reiz häufig traumatisch ist. Wir müssen allerdings auch Furchtreaktionen erklären können, die das Ergebnis subtraumatischer oder auch nichttraumatischer Erfahrungen sind.

Ängste, die ohne irgendeine identifizierbare Lernerfahrung entstehen, stellen die Konditionierungstheorie vor Schwierigkeiten. Eine Furcht, die sich allmählich entwickelt (was z. B. häufig bei sozialen Ängsten der Fall ist) und sich nicht auf ein bestimmtes Ereignis zurückführen lässt, bringt den Ansatz in Erklärungsnot. Ganz besonders gilt dies für Ängste, die ohne jeden Kontakt mit dem gefürchteten Reiz entstehen.

Belege für eine von interindividuell unterschiedliche Vulnerabilität wurden von Eysenck (1967) vorgestellt. Der Zusammenhang zwischen Introversion und Angststörungen ist relativ gut belegt, unklar ist jedoch nach wie vor, wie dieser Zusammenhang zu erklären ist, insbesondere da es sich als schwierig herausstellte, die Hypothese, Introvertierte seien leichter zu konditionieren als Extrovertierte, empirisch zu belegen. Dass manche Menschen stärker dazu neigen Angstreaktionen auszubilden als andere, ist unbestritten, wobei neuere Ansätze zur Erklärung dieser Tatsache (z. B. das Konzept der *anxiety sensitivity)* die Bedeutung der individuellen Sensitivität in den Vordergrund stellen. Sicher ist, dass Angstsensitivität und die Gesamtwerte in Furchtfragebögen hoch korrelieren (Reis et al., 1986). Dabei überschneidet sich diese Sensitivität wahrscheinlich in hohem Maße mit dem Eysenckschen Dysthymie-Konzept (hohe Introversion und hoher Neurotizismus).

Es gibt genügend Belege dafür, dass Ängste durch Konditionierung erworben werden können. Diese Aussage ist gerechtfertigt, auch wenn ein Teil der Befunde auch anders interpretiert werden kann oder von vornherein auf wackligen Füßen steht. Dabei stammen die – sowohl im Hinblick auf Replizierbarkeit als auch auf Vollständigkeit – beweiskräftigsten Belege aus tierexperimentellen Untersuchungen. Diese zahlreichen Belege werden bestätigt durch einige wenige Befunde zur Furchtinduktion bei Erwachsenen, wobei jedoch traumatische Stimuli verwendet wurden. Die Ergebnisse von Arbeiten, in denen bei Kindern Furcht induziert wurde, sind widersprüchlich, die Zahl der untersuchten Fälle ist sehr klein und allen Untersuchungen sind methodische Schwächen – Kontamination und Konfundierung – vorgehalten worden. Klinische Beobachtungen liefern interessante Daten, die die Konditionierungstheorie eigentlich stützen könnten, jedoch ist die Qualität dieser Daten recht unbefriedigend, da es sich fast ausschließlich um Einzelbeobachtungen handelt, die nur selten durch zusätzliche Belege von außen bestätigt worden sind. Solche Ergebnisse können nicht als empirische Basis für eine Theorie herhalten.

Unabhängig von ihren unbestrittenen wissenschaftlichen Meriten kann die Konditionierungstheorie die Entstehung und Aufrechterhaltung von Ängsten beim Menschen nicht umfassend erklären. Selbst der stärksten Version der Konditionierungstheorie gelingt es bei weitem nicht immer, schlüssig zu begründen, warum ein bestimmter Mensch eine bestimmte Furcht erworben hat. Es muss mehr als eine Möglichkeit geben, eine Furchtreaktion auszubilden.

Befunde und Argumente gegen die Konditionierungstheorie

Es gibt insgesamt acht Argumente, die dagegen sprechen, sich mit der Konditionierungstheorie als Erklärung für Angstphänomene zu begnügen (Rachman, 1978, 1990, 1991): Häufig kommt es in Situationen, in denen mit einer Furchtkonditionierung zu rechnen wäre, nicht zum Erwerb von Ängsten; es ist schwierig, stabile konditionierte Furchtreaktionen beim Menschen zu erzeugen, selbst unter kontrollierten Laborbedingungen; die Konditionierungstheorie geht von Äquipotenzialität aus, demzufolge hätten alle Reize das gleiche Potenzial, zum konditionierten Stimulus zu werden – eine These, die heute nicht mehr haltbar ist; die Verteilung von Ängsten in normalen und neurotischen Populationen ist kaum mit der Konditionierungstheorie in Einklang zu bringen; eine beachtliche Zahl von Menschen, die unter einer Phobie leiden, machen Angaben zur Entstehung ihrer Ängste, die die Theorie nicht erklären kann; Ängste können indirekt oder durch Beobachtung erworben werden; und schließlich kann eine Furcht auch entstehen, wenn die daran beteiligten Ereignisse zeitlich voneinander getrennt sind.

Man sollte meinen, dass kaum etwas beängstigender ist als die Erfahrung eines Luftangriffs. Dennoch hat die große Mehrheit der Menschen die Luftangriffe des Zweiten Weltkriegs erstaunlich gut verkraftet und die allgemein erwartete Massenpanik ist ausgeblieben (Janis, 1951). Die zahlreichen Bombardierungen haben nicht zu einem Anstieg an psychiatrischen Störungen geführt. Kurzzeitige Furchtreaktionen waren weit verbreitet, aber nur in erstaunlich wenig Fällen kam es zur Ausbildung bleibender phobischer Ängste. Und nur wenige Zivilisten, die Verletzungen erlitten, bildeten eine Furcht vor der Situation aus, in der dies geschehen war (Rachman, 1990).

Dass Menschen auch das wiederholte Erleben von massiver Bedrohung, Unkontrollierbarkeit, Unsicherheit und sogar Verwundung relativ furchtlos überstehen, steht im Widerspruch zur Konditionierungstheorie des Furchterwerbs. Wer wiederholt Luftangriffen ausgesetzt ist, sollte multiple, intensive konditionierte Furchtreaktionen ausbilden, die durch erneute gleichartige Erlebnisse noch bekräftigt werden müssten. Neuere Befunde über Reaktionen der Zivilbevölkerung auf die kriegsähnlichen Bedingungen im Nahen Osten (Saigh, 1984; 1988) und in Nordirland (Cairns & Wilson, 1984) bestätigen die Ergebnisse aus dem Zweiten Weltkrieg. Diese Daten widersprechen den Vorhersagen der Konditionierungstheorie.

Ebenso gilt, dass viele Menschen trotz unangenehmer Erfahrungen mit Hunden (einschließlich der, gebissen zu werden) keine Furcht vor diesen Tieren entwickeln (Di Nardo et al., 1988). Die Angst vor dem Zahnarzt ist zwar relativ weit verbreitet, aber dennoch gehen viele Menschen auch nach unangenehmen und sogar schmerzhaften Behandlungen, die sie auf dem Zahnarztstuhl über sich ergehen lassen mussten, relativ angstfrei zum Zahnarzt (z. B. Lautch, 1971; Davey, 1988).

Dass es offensichtlich keinen direkten Zusammenhang zwischen negativen Erlebnissen und späteren Ängsten gibt, steht im Widerspruch zur Konditionierungstheorie. Es sollte eine direkte Verbindung von Verletzung und Furcht geben; dies ist allerdings nicht der Fall (Rachman, 1990).

Versuche, konditionierte Ängste bei Menschen zu erzeugen – wie im Fall der frühen Versuche, Alkoholismus durch den Aufbau einer konditionierten Aversion gegen Alkohol zu behandeln –, sind nicht besonders erfolgreich gewesen.

Die Theorie geht von Äquipotenzialität aus; demzufolge können alle Stimuli mit gleicher Wahrscheinlichkeit zu einem Furchtsignal werden. Wie Seligman (1970, 1971) überzeugend dargelegt hat, ist diese Annahme nicht haltbar und stellt daher eine Schwachstelle der Theorie dar. Sie steht im Widerspruch zu den Ergebnissen aus Untersuchungen über die Verteilung von Ängsten, und zwar sowohl in der Allgemeinbevölkerung als auch in psychiatrischen Stichproben (Rachman, 1990).

Ginge es ausschließlich um ihr Vorhandensein in der Umwelt, hätten alle möglichen Objekte und Situationen die Chance, zu Furchtauslösern zu werden. Stattdessen müssen wir feststellen, dass bestimmte Ängste ausgesprochen weit verbreitet sind, während andere Ängste – zumindest aus Sicht der Theorie – viel zu selten vorkommen. Angst vor Schlangen haben viele, Angst vor Lämmern nur wenige. Hinzu kommt, dass sich oft Menschen stark vor Schlangen fürchten, die noch nie einer begegnet sind. (Noch überraschender ist, dass es keine Furcht vor Autos gibt, und auch die Angst vor dem Autofahren relativ selten vorkommt.) Man kann nicht an der Tatsache vorbeisehen, dass Schlangenangst auch ohne direkten Kontakt entstehen kann – ein bedeutsames Eingeständnis, das drei Möglichkeiten offen lässt: Die Furcht vor Schlangen ist entweder angeboren, kann auf indirektem Wege weitergegeben werden oder «lauert im Verborgenen», um bei der geringsten Provokation auf der Bildfläche zu erscheinen. Die zweite und dritte dieser Möglichkeiten schließen einander übrigens nicht aus.

Es ist nicht immer einfach zu bestimmen, wo der Ursprung einer Phobie liegt und es gibt Fälle, in denen «eine Phobie anscheinend nicht auf ein traumatisches Erlebnis zurückgeht» (Marks, 1969, S. 42).

Dass sich bei einem großen Teil der phobischen Patienten keine plausible konditionierende Erfahrung ausfindig machen lässt, zeigt die Arbeit von Öst (1985): Einundzwanzig Prozent der befragten 183 phobischen Patienten hatten ihre Phobie ihren eigenen Angaben zufolge auf indirektem Wege erworben und weitere 14 Prozent erinnerten sich nicht an den Ursprung ihrer Ängste. Öst arbeitete weiter an der Fragestellung und fand heraus, dass es einen Zusammenhang zwischen der Art der Entstehung und dem Alter bei Beginn der Störung gibt (Öst, 1987): Die indirekt erworbenen Phobien entstehen früher als die auf Konditionierung zurückgehenden Phobien.

Die wichtigen Erkenntnisse zum Beobachtungslernen bzw. Lernen am Modell zeigen, dass wir einen großen Teil unseren Verhaltens, einschließlich der emotionalen Reaktionen, durch «stellvertretende Erfahrungen» erwerben (Bandura, 1969, 1977). Es ist im Prinzip unbestritten, dass Furcht sowohl auf direktem als auch auf indirektem Wege erworben werden kann und dass Reize dann zu Furchtauslösern werden, wenn sie – durch eigene oder fremde Erfahrungen – mit schmerzhaften oder bedrohlichen Erlebnissen in Verbindung gebracht werden (Rachman, 1990).

Darüber hinaus wurde die Hypothese aufgestellt, dass Furcht auch durch die Verarbeitung verbaler Informationen entstehen kann, vor allem Informationen, die das Vorliegen einer Gefahr nahelegen (Rachman, 1978). Die soziale Weitergabe einer starken Furcht, die sich bis zur Panik steigern kann, lässt sich gut am Beispiel der Koro-Epidemien in Südostasien verdeutlichen.

Koro, abgeleitet vom malaiischen Wort für «Schildkrötenkopf», ist eine «psychiatrische Panikstörung, bei der die Betroffenen das Schrumpfen ihrer Genitalien beklagen und befürchten, sterben zu müssen» (Tseng, Kan-Ming, Hsu, Li-Shuen, Li-Wah, Gui-Quian & Da-Wei, 1988, S. 1538). Zu regelrechten Koro-Epidemien mit Hunderten bzw. gar Tausenden von Fällen kam es in Singapur (1967), Thailand (1976), Indien (1982) und China (1984-85 und 1987). Betroffen waren in erster Linie isoliert lebende, ungebildete Menschen, die stark von abergläubischen Vorstellungen beeinflusst waren. Eine Befragung von 232 Betroffenen der chinesischen Koro-Welle der Jahre 1984-1985 zeigte, dass die Störung mit panikartigen Ängsten verbunden ist (intensivem Furchterleben, Herzklopfen, Tremor, Schweißausbrüchen, Todesangst bzw. Angst vor dem Eintreten einer Katastrophe). Die Epidemie in Singapur wurde anscheinend durch Gerüchte ausgelöst, der Vietcong habe thailändische Lebensmittel mit einer Impotenz verursachenden Substanz vergiftet.

Derzeit gibt es keine ausreichenden Daten zur Frage, inwieweit Furcht durch zeitlich entkoppelte Ereignisse erzeugt werden kann. Könnte überzeugend nachgewiesen werden, dass Ängste auch dann entstehen können, wenn Reiz und Reaktion zeitlich getrennt voneinander auftreten, wäre dies jedoch ein deutliches Argument gegen die Konditionierungstheorie in ihrer ursprünglichen Fassung.

Schlussfolgerungen

Die Schwächen der klassischen Konditionierungstheorie sind zwar gravierend, müssen aber nicht unbedingt dazu führen, sie völlig aufzugeben. Es gibt zwei Möglichkeiten: Entweder sucht man nach einer völlig neuen Theorie, die die alte ersetzen könnte, oder bringt Modifikationen und Erweiterungen an. Bestenfalls lässt sich mit der Theorie das Entstehen mancher Ängste erklären – und das auch nur zum Teil. Nicht erklären kann die Theorie, wie die am meisten verbreiteten Ängste entstehen, wie diese Ängste in der Bevölkerung verteilt sind und dass viele Phobien nicht mit einem auslösenden Ereignis in Zusammenhang zu bringen sind. Die Theorie hat auch keine Erklärung für die indirekte Übertragung von Ängsten, für das Phänomen, dass bestimmte Ängste sehr leicht erzeugt werden können *(preparedness),* und für die Tatsache, dass unter bestimmten Umständen entgegen den Erwartungen keine bleibenden Ängste erworben werden. Ein weiteres Problem für die Theorie stellen Ängste dar, die ohne direkten Kontakt mit dem gefürchteten Stimulus entstehen, und eine weitere kritische Frage betrifft den Erwerb von Ängsten unter Bedingungen, bei denen die kausalen Ereignisse zeitlich voneinander getrennt sind.

Eine umfassende Theorie zum Angsterwerb müsste all diese Beobachtungen erklären können sowie außerdem die Tatsachen, dass Ängste sowohl allmählich als auch plötzlich entstehen können und dass sich Menschen hinsichtlich ihrer individuellen Angstanfälligkeit unterscheiden. Eine Übersicht über den aktuellen Stand der Theorie zu den verschiedenen Möglichkeiten des Furchterwerbs geben Merckelbach, de Jong, Muris und Van den Hout (1996).

Weiterentwicklungen der Konditionierungstheorie

Die klassische Ansicht, der zufolge die Kontiguität (das gleichzeitige Auftreten) von konditioniertem Reiz (*conditioned stimulus*, CS) und unkonditioniertem Reiz (*unconditioned stimulus*, US) Voraussetzung für die Ausbildung einer konditionierten Reaktion ist, muss als widerlegt betrachtet werden. Akzeptiert man jedoch, dass es trotz fehlender Kontiguität zu Konditionierung kommen kann, wischt man mit einem Schlag die meisten Einwände gegen die Konditionierungstheorie des Furchterwerbs vom Tisch. Konditionierte Reaktionen können sich auch dann entwickeln, wenn der konditionierte Stimulus und das unkonditionierte Ereignis zeitlich voneinander getrennt auftreten. Die überzeugendsten Beispiele für entsprechende Konditionierungsphänomene stammen aus der Literatur zu Geschmacksaversionen. Wenn Tiere ein neues Nahrungsmittel fressen und Minuten oder gar erst Stunden später krank gemacht werden, können sie eine starke Abneigung gegenüber der entsprechenden Nahrung entwickeln. Eine einzige derartige Erfahrung reicht aus, um eine anhaltende konditionierte Aversion zu erzeugen.

Die für die Konditionierungstheorie problematische Tatsache, dass viele Menschen ihre Ängste nicht mit einem bestimmten Erlebnis in Verbindung bringen können, lässt sich damit erklären, dass bei ihnen möglicherweise eine Konditionierung ohne Kontiguität *(non-contiguous conditioning)* stattgefunden hat. Dass es dagegen so häufig trotz gegebener Kontiguität nicht zur Ausbildung einer Furcht kommt (z.B. nach einem Hundebiss keine Angst vor Hunden ausgebildet wird), lässt sich durch Blockierung (siehe unten) erklären bzw. in anderen Fällen dadurch, dass der Stimulus (z.B. ein Hundehalsband) nicht die Ursache des kritischen Ereignisses ist. Sowohl Tiere als auch Menschen können lernen, dass einem Stimulus keine Relevanz «als Prädiktor irgendeines bedeutsamen Ereignisses» zukommt (Dickinson, 1987, S. 66).

Diese Einwände gegen die Konditionierungstheorie sind also kein Grund, die Theorie völlig aufzugeben.

Rescorla (1988) stellt fest, dass «Konditionierung zwar manchmal langsam vonstatten gehen kann, es aber unter den meisten Bedingungen zu schnellem Lernen kommt. Nicht nur Geschmacksaversionen werden häufig mit nur einem Durchgang erworben» (S. 154). Außerdem ist die «Assoziationsspanne» von Tieren häufig so groß, dass sie «lange Zeitintervalle überbrücken kann» (Mackintosh, 1983, S. 172). Der Lernprozess muss jedoch selektiv sein, da die Tiere ansonsten ein «sinnloses Durcheinander an irrelevanten Assoziationen» (S. 172) ausbilden würden. Nach Mackintosh hat «Konditionierung die Funktion, Organismen dazu zu befähigen, die wahrscheinlichen Ursachen bedeutsamer Ereignisse herauszufinden» (S. 172).

Weitere Belege dafür, dass Konditionierungsprozesse auch bei fehlender Kontiguität stattfinden können, liefert die Forschung zum «Blockierungseffekt» und zu den Konsequenzen «zufälliger Kontrolle» Ein Stimulus wird selbst bei wiederholter Darbietung unmittelbar vor einem US nur dann zu einem CS, wenn er einen gewissen Vorhersagewert hat. Wenn der US bereits durch einen anderen Stimulus sicher vorhergesagt werden kann, ist ein zusätzlicher Reiz wertlos und es findet keine Konditionierung statt. Der bereits bestehende CS verhindert (blockiert) die Entwicklung eines zweiten CS. Wird die Verabreichung eines Elektroschocks bereits durch ein akustisches Signal hinreichend angekündigt, ist die zusätzliche Vorgabe eines visuellen Stimulus ohne prädiktiven Wert, weshalb dieser nicht zu einem CS wird. Der zweite Stimulus ist redundant und es kommt nicht zu einer Konditionierung, selbst wenn er wiederholt gemeinsam mit dem Elektroschock (dem US) dargeboten wird. Die bestehende konditionierte Reaktion ist ausreichend und verhindert, dass ein zweiter Reiz Signalfunktion erwirbt.

Auch der Zufallskontrolleffekt zeigt, dass bloße Kontiguität nicht ausreicht, um eine Konditionierung stattfinden zu lassen. Geht ein Stimulus, beispielsweise ein Klingeln, regelmäßig einem Elektroschock voraus, kommt es zu einer Konditionierung; wird jedoch der Elektroschock auch mehrere Male ohne Darbietung des Klingelsignals verabreicht, ist der Konditionierungseffekt gering. «Eine temporäre Kontiguität zwischen einem CS (oder einer Reaktion) und einem Verstärker ist weder eine notwendige noch eine hinreichende Bedingung für Konditionierung» (Mackintosh, 1983, S. 173). Ein Stimulus wird nur dann zu einem CS, wenn er den Verstärker besser als andere Stimuli vorhersagt. Tut er dies nicht, ist sein Informationsgehalt niedrig, Konditionierung aber «richtet sich selektiv auf gute Verstärkungsprädiktoren – zu Lasten schlechterer Prädiktoren» (S. 173).

Der neuen Sichtweise der Konditionierung (*«neo-conditioning»*) geht es nicht darum, die bisherigen Erklärungsmodelle zu diskreditieren. Es sind jedoch einige interessante neue Phänomene entdeckt worden, neue Vorhersagen sind möglich geworden und es wurden neue Erklärungen für assoziatives Lernen vorgelegt. Bloße Kontiguität ist nicht ausreichend; vielmehr kommt es entscheidend auf den Informationsgehalt der beteiligten Stimuli an. Nach heutiger Auffassung heißt Konditionierung, etwas über die Zusammenhänge zwischen Ereignissen zu lernen. Nach Ansicht von Rescorla (1988, S. 153) ist «das Pawlowsche Konditionieren kein stupider Prozess, durch den der Organismus nolens volens Assoziationen zwischen zwei Reizen ausbildet, die zufällig gerade gemeinsam auftreten». Viel vernünftiger sei es anzunehmen, dass der Organismus ständig auf der Suche nach Informationen sei, «wobei er logische und perzeptorische Relationen zwischen Ereignissen benutzt, ... um sich eine möglichst funktionale Vorstellung von seiner Welt zu verschaffen» (S. 154). Konditionierung bedeutet nicht einfach, dass die Fähigkeit, eine bestimmte Reaktion auszulösen, von einem Reiz auf einen anderen übertragen wird.

Im Gegensatz zur Annahme der klassischen Theorie werden nicht alle Reize mit gleicher Wahrscheinlichkeit zu konditionierten Stimuli. Schmerz verbindet sich eher mit akustischen und visuellen Stimuli als mit gustatorischen, während Magenbeschwerden leichter mit einem bestimmten Geschmack als mit einem bestimmten visuellen Reiz assoziiert werden. Den meisten Stimuli begegnen Menschen (jedenfalls Erwachsene) nicht zum ersten Mal; in der Regel haben sie bereits zahlreiche Assoziationen zu den in ihrer Umwelt vorhandenen Stimuli ausgebildet. Diese bestehenden Assoziationen haben einen Einfluss darauf, ob es zu einer Konditionierung kommt oder nicht. Wir haben beispielsweise in unserem bisherigen Leben Assoziationen zu Hundehalsbändern erworben. Niemand, der unangenehme Erfahrungen mit Hunden macht, entwickelt deshalb Angst vor Hundehalsbändern – trotz der Anwesenheit eines solchen Halsbandes in der kritischen Situation (d.h. gegebener Kontiguität). Hundehalsbänder allein kündigen keine unangenehmen Erlebnisse an und werden folglich auch nicht zu konditionierten Furchtauslösern. Wenngleich viele Menschen, die belastende Begegnungen mit Hunden gehabt haben, lernen, sich vor ihnen zu fürchten, entwickeln ungefähr genauso viele Personen, die derartige Erfahrungen machen mussten, keine Angst vor Hunden (Di Nardo et al., 1988). Vermutlich führten die bislang gemachten angenehmen Erfahrungen zu konditionierten Vorhersagen positiver Begegnungen. Diese wurden durch einzelne Ereignisse nicht außer Kraft gesetzt. Bisher gemachte Erfahrungen mit einem Stimulus haben einen Einfluss auf den Konditionierungsprozess. Geschmacksaversionen entwickeln sich am ehesten gegenüber unbekannten Nahrungsmitteln (Revusky, 1979). Bekannte Lebensmittel – und vor allem solche, für die der Betreffende eine besondere Vorliebe hat – sind relativ immun gegenüber konditionierten Geschmacksaversionen. Vermutlich sind auch vertraute und geschätzte Menschen, Orte und Tiere relativ immun dagegen, zum Auslöser für Furchtreaktionen zu werden. Auf dieser Furchtimmunität bekannter Stimuli und Situationen beruht möglicherweise die Wirkung von Neal Millers (1960) «Abhärtungstraining» zur Verhinderung der Entstehung von Ängsten.

Neuere Forschungsergebnisse zeigen, dass Tiere nicht nur auf einzelne Stimuli konditioniert werden können, sondern auch auf Beziehungen zwischen Reizen, was für Rescorlas (1988) These spricht, dass «Konditionierung bedeutet, Zusammenhänge zwischen komplex repräsentierten Ereignissen zu lernen» (S. 158). Seit den klassischen Arbeiten Pawlows ist die Entwicklung beträchtlich vorangeschritten: Die Flexibilität und Spannbreite von Konditionierungsprozessen ist sehr viel größer als früher angenommen (Davey, 1988; Macintosh, 1983; Rescorla, 1980, 1988). Zu Konditionierung kann es auch kommen, wenn die Stimuli zeitlich oder räumlich getrennt voneinander auftreten; außerdem können konditionierte Reaktionen nicht nur auf diskrete Reize, sondern auch auf abstrakte Beziehungen zwischen zwei oder mehreren Reizen ausgebildet werden. Es handelt sich also um einen ausgesprochen flexiblen und funktionalen Prozess.

Das wieder entfachte Interesse an der Konditionierung hat einige Ungereimtheiten beseitigen können, einige Probleme bleiben jedoch bestehen. Die Ausweitung des Konditionierungskonzepts ist zwar zu begrüßen, nun hat es jedoch keine klaren Grenzen mehr: Es gibt nur wenige Phänomene, die es nicht zulässt. Allerdings kann auch die revidierte Theorie Ängste nicht erklären, die ohne jeden Kontakt zwischen dem gefürchteten Stimulus und einem aversiven Ereignis entstanden sind, und sie kann auch nur schwer erklären, warum es unter bestimmten Bedingungen nicht zur Ausbildung von Ängsten kommt (z. B. bei Luftangriffen). Furcht kann durch Konditionierung erworben werden – aber auch durch stellvertretendes Lernen und durch die Aufnahme verbaler Informationen. Schließlich ist es sehr wahrscheinlich, dass Menschen dafür «präpariert» sind, leicht Angst vor bestimmten Stimuli, wie beispielsweise Schlangen, auszubilden (Rachman, 1990).

Spezifische Phobien

Starke und anhaltende Furcht vor Schlangen – auch vor harmlosen – gehört zu den häufigsten Beispielen einer «spezifischen Phobie» – einer der Angststörungen. Die meisten spezifischen Phobien lassen sich einem von drei Clustern zuordnen: sozialen Phobien, Tierphobien und Phobien, die sich auf Krankheiten bzw. Verletzungen beziehen (hierunter zählt auch Erstickungsangst). Von einer Phobie kann man nur sprechen, wenn die Furcht stark ausgeprägt, anhaltend und beeinträchtigend ist. Der Übergang zwischen Furcht und Phobie ist fließend und die meisten Menschen mit starken Ängsten oder gar einer Phobie ertragen sie oder gehen der gefürchteten Situation aus dem Weg. Nur eine kleine Zahl der Betroffenen begeben sich in professionelle Behandlung.

Für diejenigen, die es tun, hält die psychologische Therapie durchaus effektive Hilfen bereit. Im Laufe der zurückliegenden 30 Jahre sind nachweislich effektive und effiziente Behandlungsmethoden entwickelt worden (Giles, 1993; Marks, 1987). Das älteste Verfahren zur systematischen Reduktion von Ängsten – die Desensibilisierung – geht auf Wolpe (1958) zurück und besteht aus der wiederholten Konfrontation der phobischen Person mit dem Furcht erzeugenden Reiz. Dies geschieht allmählich und stufenweise, die behandelte Person wird dazu in einen entspannten Zustand versetzt. Es können entweder reale Stimuli verwendet werden (im Fall der so genannten In-vivo-Konfrontation) oder auch innere Vorstellungen des gefürchteten Reizes. Die In-vivo-Konfrontation ist wirksamer und wird in der Regel vorgezogen. Zusätzliches «therapeutisches Modelling» – wobei der Patient das Annäherungsverhalten des Therapeuten imitiert – kann die Konfrontationsbehandlung unterstützen. Mit der neuesten Version der Konfrontationstherapie gelingt es, eine Phobie innerhalb von einer bis sechs Sitzungen wirksam und dauerhaft abzubauen (z. B. Öst, 1989, 1996).

Bis vor kurzem hatte die kognitive Verhaltenstherapie wenig anzubieten, um spezifische Phobien zu behandeln (Last, 1987), mittlerweile hat sich aber gezeigt, dass sich anscheinend zumindest in einigen Fällen Phobien mit Hilfe rein kognitiver Interventionen abbauen lassen. So stellte sich in einer Untersuchung von Booth und Rachman (1992) die kognitive Therapie als genauso effektiv bei der Behandlung von Klaustrophobie (Furcht vor geschlossenen Räumen) heraus wie das Standardkonfrontationsverfahren. Es konnte auch gezeigt werden, dass sich mit Hilfe rein kognitiver Methoden in manchen Fällen ein rascher und vollständiger Abbau phobischer Ängste erreichen lässt (Rachman & Whittal, 1989). Dennoch besteht die derzeit effektivste Methode heute nach wie vor in einer wiederholten In-vivo-Konfrontation mit dem gefürchteten Objekt bzw. der gefürchteten Situation. Medikamente sind, wie sich herausgestellt hat, nicht geeignet zur Behandlung von Phobien. «Kein psychotropes Medikament hat sich bislang als erfolgreich in der Behandlung einfacher Phobien erwiesen» (Fyer, 1987, S. 190).

Theoretisch erklärt wurden die Effekte der Konfrontationsbehandlung abwechselnd mit reziproker Hemmung, Habituation und Löschung (siehe Rachman, 1990). Zwar kann als gesichert gelten, dass die mehrfache gezielte Konfrontation eine hinreichende Bedingung für den Abbau von Angst ist; die frühere Ansicht, der zufolge sie auch eine *notwendige* Bedingung für den Abbau von Ängsten darstellt, hat sich jedoch als unhaltbar erwiesen. Auch kognitive Interventionen allein sind in manchen Fällen erfolgreich. Jede der erwähnten Erklärungen hat ihre Vorzüge, keine jedoch kann die Effekte der Behandlung vollständig erklären.

Zusammenfassung

Das Hauptpostulat der Konditionierungstheorie lautet, dass Furcht durch einen Konditionierungsprozess erworben wird. Die Furcht hat motivierende Eigenschaften und Verhalten, das mit einer Angstreduktion verbunden ist, wird verstärkt.

Die Befunde, die die Konditionierungstheorie unterstützen, stammen aus sechs Bereichen: experimentelle Forschung zur Angstinduktion bei Tieren; unter Kriegsbedingungen entstandene Ängste; klinische Beobachtungen; Studien über Ängste bei Kindern; Beobachtungen, die im Zusammenhang mit der Aversionstherapie gemacht wurden; sowie Untersuchungen zu den Auswirkungen traumatischer Erlebnisse.

Zu den Erkenntnissen, die im Widerspruch zur Konditionierungstheorie stehen, gehört die Tatsache, dass Menschen oft keine ausgeprägten Ängste entwickeln, obwohl sie Bedingungen ausgesetzt waren, unter denen konditionierte Furcht entstehen sollte. Dazu kommt, dass es prinzipiell schwierig ist, unter kontrollierten Laborbedingungen Furchtreaktionen bei Menschen zu erzeugen; dass darüber hinaus Personen, die unter Phobien leiden, häufig keine konditionierende Erfahrung angeben können; und dass sich schließlich die Häufigkeit bestimmter Ängste kaum mit der Konditionierungstheorie in Einklang bringen lässt.

Anscheinend kann Furcht auf direktem Wege (durch Lernprozesse, u. a. Konditionierung) oder auf indirektem Wege – durch stellvertretende Erfahrung – entstehen oder aber auch durch die bloße Aufnahme von Informationen. Es gibt somit mindestens drei verschiedene Arten des Furchterwerbs.

Einige der Einwände, die gegen die ursprüngliche Theorie vorgebracht wurden, können geklärt werden, wenn man sie im Licht der Weiterentwicklung der Konditionierungstheorie *(neo-conditioning)* betrachtet. Diese besagt, dass die Funktion der Konditionierung darin besteht, das Individuum in die Lage zu versetzen, die wahrscheinlichen Ursachen bedeutsamer Ereignisse zu entdecken.

Bei spezifischen Phobien handelt es sich um intensive, andauernde Ängste, denen ein irrationales Element innewohnt und die – solange sie nicht mit den bewährten Angstreduktionstechniken angegangen werden – weitgehend änderungsresistent sind.

Kapitel 5

Panik

In diesem Kapitel werden die Merkmale der Panik und die Bedingungen ihres Auftretens beschrieben. Außerdem werden die wichtigsten theoretischen Modelle dargestellt und bewertet und es werden Behandlungsmethoden beschrieben.

Merkmale der Panik

Von einem Panikanfall spricht man bei einem plötzlich einsetzenden, zeitlich begrenzten Zustand intensiver Furcht. Diese Furcht geht in der Regel mit unangenehmen körperlichen Empfindungen, einer Einschränkung der Fähigkeit zu logischem Denken und dem Gefühl einher, ein schlimmes Ereignis stehe unmittelbar bevor. Es gibt eine enge Beziehung zwischen Panik und Angst und oft verstärken sie sich gegenseitig. Daher lassen sich anhand der Panik auch gut die Zusammenhänge zwischen Furcht und Angst untersuchen.

Bei einem erhöhten allgemeinen Angstniveau ist auch die Wahrscheinlichkeit von Panikanfällen höher (Margraf, Ehlers & Roth, 1986), und nach einer Panikattacke bleibt in der Regel noch eine gewisse Zeit über eine erhöhte Ängstlichkeit bestehen (ein «Angstresiduum»). Neben diesem kurzfristigen Residuum beobachteten Klein, Zitrin und Woerner (1977, S. 27) bei Psychiatriepatienten, dass «sie als Folge dieser Panikanfälle eine (längerfristige) Erwartungsangst entwickeln».

Panikanfälle kommen bei allen Angststörungen vor – als auch bei der Zwangsstörung, der sozialen Phobie usw. Nach Barlow und Craske (1988) sind «Panikattacken ein weit verbreitetes Problem bei Patienten mit Angststörungen und in jeder Kategorie geben mindestens 83 Prozent der Patienten an, mindestens einmal einen Panikanfall gehabt zu haben» (S. 20).

Die Furcht vor einem unmittelbar bevorstehenden schlimmen Ereignis kann unterschiedliche Formen annehmen. Manche Leute beschreiben sie als Ahnung, «dass gleich irgendetwas Schlimmes mit mir passiert», als «Gefühl, in Gefahr zu sein» oder «kurz davor zu stehen, die Beherrschung zu verlieren». Der Begriff «Panik» hat seinen Ursprung im Namen des griechischen Gottes Pan, der durch sein lautes und ungestümes Auftreten die Menschen erschreckte. Inhaltlich richten sich die meisten Ängste während einer Panikattacke darauf, sterben zu müssen, die Kontrolle zu verlieren, verrückt zu werden oder das Bewusstsein zu verlieren. Manchmal treten die Panikanfälle unerwartet – «wie aus heiterem Himmel» – auf. Die meisten Attacken werden jedoch durch erkennbare Stressoren ausgelöst und sind daher vorauszusehen (McNally, 1994). Die meisten Menschen geraten gelegentlich in Panik, wobei die Ursache ihrer Furcht offenkundig ist. Ein drohender Autounfall oder der Angriff eines aggressiven Hundes sind Ereignisse, die panische Angst auslösen können. Diese vorhersehbaren Angstzustände sind zwar ebenfalls unangenehm und haben auch einige Gemeinsamkeiten mit den unerwarteten Panikattacken, sind jedoch auf eine konkrete Ursache zurückzuführen und damit erklärbar. Dies gilt nicht für die unerwartet auftretenden Panikanfälle, die deshalb besonders belastend sind. Panikanfälle, die «aus heiterem Himmel kommen» – unvorhersehbar und unerklärbar –, sind ein zentrales Merkmal der Panik*störung*. Die dabei auftretenden Panikzustände dauern im Durchschnitt zwischen zehn und zwanzig Minuten, werden von den Betroffenen als sehr belastend erlebt und hinterlassen bei ihnen Erschöpfung und ängstliche Anspannung.

Panikzustände, die als Reaktion auf eine echte Bedrohung auftreten, sind prinzipiell adäquat, wenngleich in manchen Fällen übertrieben, und dienen als Schutz vor Schmerz, Verletzung oder sonstigen negativen Ereignissen. Im Gegensatz zu diesen berechtigten Alarmreaktionen handelt es sich bei Panik-attacken angesichts von Gefahren, die entweder minimal sind oder in Wirklichkeit überhaupt nicht bestehen, um «falschen Alarm». So wird es jedenfalls in einigen der wichtigsten Theorien zur Panikstörung gesehen (Barlow, 1988; Klein, 1987, 1993; sowie Klein & Klein, 1989), die diese falschen Alarmreaktionen jedoch unterschiedlich beschreiben und auch auf unterschiedliche Ursachen zurückführen.

Es folgen einige Beispiele für unerwartete Angstreaktionen, die durch ungewöhnliche bzw. bedrohliche Ereignisse ausgelöst werden, die dann katastrophisierend fehlinterpretiert werden und sich rasch zu einem Zustand massiver Furcht steigern – mit einem Wort: Panik. Eine 23-jährige Frau beschrieb ihren ersten unerwarteten Panikanfall mit folgenden Worten: «Es war Wochenende und ich war zu Hause. Da bekam ich plötzlich Atemnot. Mein Herz schlug heftig und mir brach der Schweiß aus. Ich dachte, mein Herz würde stehenbleiben und ich müsste sterben. Mein Mann hat mich schnell zum Krankenhaus gefahren, wo ich untersucht wurde. Die haben dann gesagt, dass alles in Ordnung wäre und ich mir keine Sorgen machen müsste. Da habe ich mich langsam wieder beruhigt und bin nach etwa einer Stunde wieder nach Hause gefahren. Ich war ziemlich fertig, aber die Angst war wieder weg.»

Ein körperlich vollkommen gesunder Wachmann bekam seinen ersten Panikanfall im Fitness-Studio. Während er nach seinem üblichen Programm trainierte, fiel ihm auf einmal auf, wie schnell sein Herz schlug, was er als Anzeichen einer bevorstehenden Herzattacke interpretierte. Verständlicherweise bekam er Angst und um Luft ringend bat er einen Freund, einen Rettungswagen zu rufen. Er wurde in die Notaufnahme des nächsten Krankenhauses gebracht und während der Fahrt befürchtete er, es nicht mehr zu schaffen und zu sterben, bevor man ihm helfen konnte. Im Krankenhaus wurde er als Notfall aufgenommen und direkt in den Untersuchungsraum gebracht. Es wurden keine Anzeichen einer Herzkrankheit oder irgendeiner anderen organischen Störung festgestellt und man teilte ihm mit, er sei gesund und könne nach Hause gehen. Dies tat er auch, nachdem er sich noch zwei Stunden im Krankenhaus ausgeruht hatte. Er war erleichtert, aber völlig erschöpft. Zwei Wochen darauf bekam er beim Joggen einen weiteren unerwarteten Panikanfall und erneut wurde ihm im Krankenhaus versichert, dass er bei bester Gesundheit sei. Sein Hausarzt, der ihn am folgenden Tag ausführlich untersuchte, diagnostizierte eine Panikstörung und überwies ihn in eine psychologische Behandlung.

Bei diesen beiden Beispielen kam es zu einer katastrophisierenden Fehlinterpretation von ungewöhnlichen oder für den Betreffenden unerklärlichen körperlichen Empfindungen als Anzeichen einer drohenden Herzattacke – eine recht typische Deutung. Andere katastrophisierende Gedanken, die häufig bei Panikanfällen auftreten, sind das Gefühl, die Beherrschung zu verlieren, die Furcht, verrückt zu werden, die Furcht, das Bewusstsein zu verlieren, und die Furcht, sich merkwürdig zu verhalten oder schreien zu müssen.

Eine 25-jährige Rechtsanwältin überquerte eines Nachmittags zu Fuß eine Brücke. Auf einmal wurde ihr schwindelig und ihr Herz begann zu schlagen. Sie hatte das Gefühl, jeden Moment ohnmächtig zu werden oder – schlimmer noch – die Kontrolle über sich zu verlieren und, obwohl ihr Autos entgegenkamen, einfach auf die Straße zu laufen. Später hatte sie noch zahlreiche ähnliche Anfälle und jedes Mal war ihre größte Angst, die Kontrolle zu verlieren und irgendetwas Verrücktes oder Selbstzerstörerisches zu tun. Diese Gedanken ließen schließlich eine weitere Angst in ihr entstehen, nämlich die Befürchtung, dass sie verrückt werden könnte und auf einer geschlossenen Station in der Psychiatrie landen würde.

Das vierte Beispiel stammt von einer ängstlichen, jungen Buchhalterin, die sich bereits seit längerem immer wieder Sorgen um ihre Gesundheit machte. Einmal verschluckte sie sich an einem Stück Fleisch und wäre fast erstickt. Sie geriet in große Panik. Selbst nachdem sich der Bissen wieder gelöst hatte, war sie noch über eine Stunde sehr aufgeregt und ängstlich. Nach diesem

Vorfall entwickelte sie eine starke Angst davor zu ersticken und begann, sich ausschließlich von weicher Nahrung zu ernähren, die leicht herunterzuschlucken war. Trotzdem hatte sie manchmal das Gefühl, ihr sei etwas im Hals stecken geblieben, was sie jedes Mal in Panik versetzte. Die Panikanfälle dieser jungen Frau wurden stets durch die gleichen, eindeutig zu erkennenden Ereignisse ausgelöst und sie konnte im Voraus abschätzen, welche Nahrungsmittel und Situationen einen Anfall auslösen würden – und vermied sie folglich.

Im «Diagnostischen und Statistischen Manual psychischer Störungen» ist die Panikstörung durch das Auftreten von Panikattacken definiert, die zumindest teilweise unerwartet sind und nach denen mindestens in einem Fall über einen Zeitraum von mindestens einem Monat Angst vor weiteren Anfällen besteht. Die Attacken werden von mindestens vier der folgenden Symptome begleitet: Atemnot; Schwindel oder Mattigkeit; beschleunigter Herzschlag; Zittern oder Beben; Erstickungsgefühle; Schwitzen; Übelkeit oder Magenbeschwerden; Gefühl der Unwirklichkeit; Taubheitsgefühle; Hitzewallungen oder Kälteschauer; Schmerzen oder Beklemmungsgefühle in der Brust; und Angst, zu sterben, die Beherrschung zu verlieren oder verrückt zu werden. Derartige Panikattacken treten täglich oder mehrmals pro Woche auf. Nach der ersten unerwarteten und unerklärlichen Panikattacke reicht in der Regel die Versicherung seitens eines Arztes, dass kein organisches Problem besteht, um den Betroffenen vorübergehend zu beruhigen. Beim zweiten und weiteren Anfällen sind solche Erklärungen jedoch nur begrenzt wirksam. Die Betroffenen befürchten, dass jederzeit weitere Attacken auftreten können. Sie werden unruhig und ängstlich, entwickeln ein gewisses Vermeidungsverhalten und fühlen sich ständig bedroht.

In der Mehrheit der Fälle haben wiederholte Panikanfälle eine Einschränkung der Mobilität zur Folge. Die Betroffenen neigen dazu, Situationen zu vermeiden, in denen ein Panikanfall auftreten könnte bzw. Situationen, aus denen eine rasche Flucht schwierig wäre. Wenn sie das Haus verlassen müssen, überlegen sie sich im Voraus, welche Route sie nehmen, zu welchen Zeiten dies am «ungefährlichsten» ist und wo Fluchtwege sind. Zu den Orten und Aktivitäten, die am häufigsten vermieden werden, gehören Supermärkte, Theater, Kinos, öffentliche Verkehrsmittel, Autofahrten ohne Begleitung sowie Brücken und Tunnel. Viele Betroffene werden unruhig, wenn sie im Stau stehen oder in einer langen Schlange warten müssen. In vielen Fällen fürchten sie sich schließlich auch davor, allein zu Hause zu sein. Sie sind darauf angewiesen, dass eine vertraute Person bei ihnen bleibt, die ihnen Sicherheit gibt oder die im Notfall etwas unternehmen kann (z. B. einen Arzt oder einen Rettungswagen zu rufen). Wenn diese Ängste und die daraus folgende Vermeidung «unsicherer» Orte ein gewisses Ausmaß überschreitet, wird die Diagnose auf Panikstörung mit Agoraphobie erweitert.

Panik im Erleben der Betroffenen

Ein Panikanfall dauert im Durchschnitt zwischen 5 und 20 Minuten; dem Betroffenen erscheint diese Zeit jedoch als eine Ewigkeit. Er steht in dieser Zeit starke Ängste aus und hat das Gefühl, dass etwas sehr Schlimmes passieren wird. Während des Anfalls ist die Fähigkeit zu logischem Denken in gewisser Hinsicht beeinträchtigt (was sich in Äußerungen bzw. Gedanken niederschlägt wie «Mein Kopf ist leer», «Ich kann keinen klaren Gedanken fassen»). Solange die Panik anhält, sind die Betroffenen davon überzeugt, sich in realer und unmittelbarer Gefahr zu befinden. Zu den am häufigsten angegebenen Symptomen, die bei Panikanfällen auftreten, gehören ein beschleunigter Herzschlag, Schweißausbrüche, Atemnot und Zittern. Und die am häufigsten genannten Gedanken sind: «Ich habe einen Herzanfall», «Ich verliere die Beherrschung», «Ich kippe gleich um», «Ich fang gleich an zu schreien», «Ich kriege keine Luft mehr» und «Ich ersticke».

Eine junge Patientin spürte, wenn sie in Panik war, ihr Herz so stark schlagen, dass sie manchmal das Gefühl hatte, es könne jeden Moment ihre Rippen sprengen. Bei einem Anfall wurde festgestellt, dass ihre Herzfrequenz um 25 Schläge pro Minute anstieg. Eine Zunahme der Herzrate um 20 oder mehr Schläge pro Minute ist nichts Ungewöhnliches, manchmal erhöht sich die Frequenz aber auch nur sehr geringfügig oder gar nicht. Bei einem typischen Anfall erleben die Betroffenen wenigstens einige dieser körperlichen Empfindungen, und bei den schwereren Anfällen ist in der Regel auch die Zahl dieser Symptome erhöht. Bei besonders heftigen Attacken haben die Betroffenen manchmal das Gefühl, der Flut der körperlichen Empfindungen nichts entgegensetzen zu können, was die Angst vor einem Kontrollverlust oder irgendeinem anderen schlimmen Ereignis noch erhöht. Die körperlichen Veränderungen werden als sehr massiv erlebt und sind vermutlich ein Grund für das erwähnte irrationale Denken. Hat der Betroffene den Anfall mit den intensiven Symptomen und den beängstigenden Gedanken durchgestanden, ist er oft noch über einen Zeitraum von 30 Minuten bis zu mehreren Stunden ängstlich, erschüttert und müde oder erschöpft. Wie bereits gesagt, hinterlassen Panikattacken Residuen.

Während eines Panikanfalls haben die meisten Betroffenen das Gefühl, in der Falle zu sitzen, und ihr ganzes Denken und Fühlen wird von dem Wunsch beherrscht, aus dieser Situation zu entkommen. Dieses starke Bedürfnis zu fliehen kann zu irrationalem und riskantem Verhalten führen – z. B. dazu, dass die Betroffenen zu schnell fahren oder ohne nach links oder rechts zu schauen aus dem Gebäude laufen. Eine Patientin hatte nach mehreren Panikfällen so große Angst davor, am Steuer ihres Wagens die Kontrolle zu verlieren, dass sie nur noch sehr langsam und auf der rechten Spur fuhr und auch nur noch frühmorgens oder spätabends. Wenn sie das Gefühl hatte, es könnte sich eine Panikattacke anbahnen, hielt sie abrupt an, ohne auf den nachfolgenden Verkehr zu achten. In schweren Fällen nimmt die Zahl der vermiedenen Orte immer weiter zu: Jeder neue Anfall hat zur Konsequenz, dass ein weiterer Ort zur Tabuzone erklärt wird, und im schlimmsten Fall verlassen die Betroffenen ihre eigenen vier Wände überhaupt nicht mehr.

Ungefähr ein Drittel der Patienten haben ihren ersten Anfall an öffentlichen Orten, ein Drittel im Auto und etwa ein Drittel in der eigenen Wohnung. In den meisten Fällen ist es möglich, einen Stressor zu identifizieren, der um die Zeit der ersten Attacke herum bestanden hat (zwischenmenschliche Konflikte, Belastung am Arbeitsplatz, ein Verlusterlebnis oder Trauerfall usw.). Von den Symptomen und den äußeren Umständen des Anfalls hängt es ab, wie der Betroffene ihn interpretiert und auf ihn reagiert. Wie in den ersten beiden Fallbeispielen deutlich wurde, kommt es häufig zu einem unerwarteten Panikanfall, wenn jemand bei sich selbst einen beschleunigten Herzschlag oder Atemnot feststellt und sich das Gefühl einer drohenden Gefahr einstellt. Wird dieser Zustand nun als Anzeichen eines Herzanfalls oder eines anderen Notfalls interpretiert, geht der Betroffene zum Arzt oder ins Krankenhaus und erwartet, wegen eines Herzleidens oder einer anderen akuten Krankheit behandelt zu werden. Wenn die ärztliche Untersuchung dann ergibt, dass das Herz des Patienten normal funktioniert, bedeutet dieses Ergebnis für den Betroffenen eine große Erleichterung – gibt ihm aber keine Erklärung für seine Symptome und seine Unruhe. Dies wiederum kann zum Nährboden für weitere Ängste werden.

Kommt es dann zu einem weiteren Anfall und bestätigt sich, dass keine Herz- oder sonstige Erkrankung vorliegt, muss die Möglichkeit einer Angststörung in Betracht gezogen werden. Konnte der Betroffene durch die wiederholten ärztlichen Untersuchungen und Beratungen davon überzeugt werden, dass ihm auf der physischen Ebene nichts Schlimmes passieren kann, verlagert sich die Furcht vor Krankheit möglicherweise hin zu einer Furcht vor dem nächsten Panikanfall. Die Betroffenen fangen an, die Panik selbst zu fürchten – sie werden beherrscht von der Angst vor der Angst.

Aktuelle Schätzungen der Inzidenz und Prävalenz der Panikstörung sowie anderer psychischer Probleme sind stark von den Ergebnissen einer großen epidemiologischen Studie beeinflusst, im Rahmen derer fast 20.000 Men-

Panikstö : 3-4% 2:1

schen aus verschiedenen Teilen der USA untersucht wurden: der ECA-Studie («ECA» für *Epidemiological Catchment Area*) (Klerman, 1985). Die Daten dieser Untersuchung wurden durch speziell geschulte Laien erhoben, die mit allen Befragten ein standardisiertes Interview führten. Den Ergebnissen der – mittlerweile aus mehreren Gründen kritisierten – ECA-Studie zufolge sind psychische Störungen erschreckend weit verbreitet: Bis zu 20 Prozent der amerikanischen Bevölkerung leiden irgendwann in ihrem Leben unter einer psychischen Störung, wobei Angststörungen anscheinend das am häufigsten vorkommende Einzelproblem darstellen. Den Schätzungen zufolge liegt die Lebenszeitprävalenz für die Panikstörung bei 2,1 Prozent bei den Frauen und bei 1,0 Prozent bei den Männern. Am häufigsten tritt die Störung im mittleren Erwachsenenalter auf und am seltensten bei den über 65-Jährigen, wobei sie hier anscheinend vor allem nach schweren Erkrankungen oder Verletzungen vorkommt. Diese Schätzungen sind angezweifelt worden: Auf der einen Seite wurden Prävalenzraten von bis zu 3,8 Prozent für Männer und Frauen berichtet, während andererseits behauptet wurde, dass die ECA-Studie die Auftretenshäufigkeit dieser Störungen grundsätzlich zu hoch eingeschätzt habe.

Die ECA-Studie hat noch einige weitere überraschende Ergebnisse hervorgebracht, die jedoch ebenfalls nicht unwidersprochen geblieben sind. So wurde bei relativ vielen Befragten eine Agoraphobie diagnostiziert, von denen aber nur sieben Prozent auch eine Panikstörung hatten. Im Gegensatz dazu kam eine groß angelegte Behandlungsstudie (Ballenger et al., 1988) zu dem Ergebnis, dass nicht einer der 300 untersuchten Agoraphobie-Patienten vor Ausbruch der Störung keine Panikattacken gehabt hatte. Zur Klärung dieser Widersprüche interviewten Horwath, Lish, Johnson, Hornig und Weismann (1993) 22 der Teilnehmer der ECA-Studie, bei denen angeblich eine Agoraphobie ohne Panikattacken festgestellt worden war, ein zweites Mal, wobei sich zeigte, dass diese Diagnose nur in 2 der 22 Fälle zutreffend war.

Aus diesen Gründen sowie aufgrund einiger methodologischen Schwächen der ECA-Studie ist ihren Ergebnissen mit gewisser Vorsicht zu begegnen. Während allerdings die Genauigkeit der Schätzungen etwas fraglich ist, steht der Befund, dass Angststörungen in der Allgemeinbevölkerung äußerst weit verbreitet sind, im Einklang mit neuen Erkenntnissen zum Thema. Auch in Bezug auf das Alter bei Ausbruch der Störung (Median: 24 Jahre) sowie die Häufung in den mittleren Lebensjahren sind die Ergebnisse mit Daten aus anderen Quellen vereinbar. Das Gleiche gilt für den Befund, dass zwei- bis dreimal so viele Frauen wie Männer unter einer Panikstörung leiden.

Die Kontroverse um die Panikstörung

War vormals die Agoraphobie die Angststörung, die das meiste Interesse auf sich gezogen hat, so ist es heute die Panikstörung. Die Agoraphobie wird dagegen mittlerweile als Folgeerscheinung von Panikanfällen betrachtet – «eine Agoraphobie ... beginnt fast immer mit spontanen Panikanfällen» (Klein & Klein, 1989). Nach Ansicht von D. Klein unterscheidet sich die Panikstörung dahingehend von anderen Angststörungen, dass sie im wesentlichen biologischen Ursprungs ist. Seine Darstellungen haben eine lebhafte Diskussion darüber entfacht, was genau Panik ist, und die Argumente, die für und gegen die biologischen und psychologischen Erklärungen ins Feld geführt wurden, haben diese Kontroverse zu einer der interessantesten der gesamten klinischen Psychologie werden lassen. Die einander gegenüberstehenden Positionen wurden folgendermaßen beschrieben: «Ein Modell, das biomedizinische, geht im Wesentlichen davon aus, dass die Panikstörung eine organische Störung biochemischer Natur ist, die sich auf der Grundlage einer genetischen Vulnerabilität entwickelt und am ehesten medikamentös zu behandeln ist. Dem anderen Modell zufolge handelt es sich um eine psychologische Störung, die die Folge von Fehlinterpretationen ist und sich auf der Grundlage einer kognitiven Diathese entwickelt. Dieses Modell legt eine Behandlung der Panikstörung mit psychologischen Methoden nahe.» (Seligman, 1988, S. 321).

Klein stützte seine Behauptung, die Panikstörung nehme eine Sonderstellung unter den Angststörungen ein, vor allem auf zwei Argumente. Zum einen reagieren die betroffenen Patienten nicht auf Medikamente, die bei anderen Angststörungen eine Besserung erreichen können, wohl aber auf Imipramin, ein Antidepressivum (Klein & Klein, 1989, S. 20). Diesen Anti-Panik-Effekt des Imipramins entdeckte Klein eher zufällig im Jahr 1959, als er sich im Rahmen von Forschungsarbeiten zu diesem Antidepressivum, das damals gerade entwickelt worden war, dazu entschloss, es probeweise bei Patienten einzusetzen, die nicht von Beruhigungsmitteln wie Benzodiazepinen profitierten. «Die Logik, die dahinter steckte, war nicht gerade zwingend: Es war eher so, dass wir nicht wussten, was wir sonst für diese Menschen tun konnten, und dachten, dass dieser eigenartige, neue, sichere Wirkstoff, der eine so besondere beruhigende Wirkung hatte, hier möglicherweise etwas ausrichten konnte. Eine Reihe von Patienten nahmen freiwillig an einer ersten Testung statt, in erster Linie, weil alles besser war, als ohne jede Besserung nach Hause geschickt zu werden» (Klein, 1987, S. 4). Durch ihre unerwartete Reaktion auf das Antidepressivum unterschieden sich die Patienten mit Panikanfällen deutlich von solchen mit anderen Angststörungen.

Der zweite Beleg, den Klein für die behauptete Sonderstellung der Panikstörung ins Feld führt, ist die Tatsache, dass bei Patienten mit einer Panikstörung in der Vorgeschichte durch Laktatinfusionen Panikattacken ausgelöst werden können. Aufgrund dieser beiden Befunde gelangte Klein zu der Schlussfolgerung, die Panikstörung unterscheide sich in bedeutsamer Hinsicht von anderen Angststörungen: Panikpatienten reagieren anders auf eine medikamentöse Behandlung und bei ihnen lassen sich durch eine spezielle Substanz, die auf andere Patienten keine Wirkung hat, Panikattacken auslösen. Diese Ergebnisse wurden zu den Grundpfeilern des Konzepts der Panikstörung.

Miteinander in Zusammenhang gebracht wurden die beiden Befunde dann durch das Ergebnis, dass die Panik auslösende Wirkung von Laktat durch die vorherige Gabe von Impiramin blockiert werden kann. Später wurden noch weitere Argumente vorgebracht, die aber im Vergleich zu den beiden Hauptargumenten von untergeordneter Bedeutung sind. Weiterhin wurde im Laufe der Zeit deutlich, dass es einen engen Zusammenhang zwischen Panikanfällen und Agoraphobie geben muss: Ein großer Teil der agoraphobischen Patienten kann sich daran erinnern, Panikattacken gehabt zu haben.

Klein hat ursprünglich offen gelassen, welcher Art die vermutete biologische Störung sein möge, später jedoch die These formuliert, spontane Panikanfälle gingen zurück auf die «pathologische zentrale Auslösung eines Alarmmechanismus, der möglicherweise in Zusammenhang mit Trennungsangst oder Sauerstoffmangel steht» (Klein & Klein, 1989, S. 37). Im Laufe der Zeit hat er seine Vorstellungen weiter konkretisiert und die Ansicht vertreten, Panikattacken seien das Resultat von «Fehlmeldungen» eines «Erstickungsalarmsystems» (siehe unten).

Klein hat zahlreiche Befunde zur Stützung seiner Argumente vorgelegt und seine ursprüngliche Beobachtung, dass Imipramin einen Anti-Panik-Effekt hat, hat sich bestätigt. Es ist weiterhin richtig, dass ein gewisser Teil der Patienten, die an Panikanfällen leiden, positiv auf den Laktattest reagieren (siehe McNally, 1994). Während allerdings ursprünglich behauptet worden war, dass die große Mehrheit der Patienten entsprechend reagiere, zeigen die neuesten Zahlen, dass dies nur in etwas über 50 Prozent der Fälle zutrifft. Darüber hinaus weiß man mittlerweile, dass auch Personen, die nicht an einer Panikstörung leiden, manchmal positiv auf den Test reagieren und dass interessanterweise die Reaktion auf die Laktatinfusion nachweislich auch von psychologischen Faktoren abhängt (Clark, Salkovskis & Anastasiades, 1990). Kleins These, dass Panikanfälle der Ausgangspunkt für eine Agoraphobie sein können, hat beträchtliche Unterstützung gefunden und wird heute kaum noch angezweifelt. In sechs Untersuchungen zum Thema lag der Anteil der Personen mit Agoraphobie, die sagten, dass ihrer Phobie Panikattacken vorausgegangen waren, nie unter 80 Prozent – und in einer Studie sogar bei 97 Prozent.

Die biologische Theorie ist aus vier Gründen Kritik ausgesetzt gewesen: Die zahlreichen Versuche, ein biologisches Substrat der Störung zu finden, sind ohne Erfolg geblieben; die revidierte Theorie ist zwar deutlich ausführlicher als die ursprüngliche Formulierung, bleibt aber an entscheidenden Stellen unklar; es liegen Befunde vor, die im Widerspruch zu der Theorie bzw. ihren Folgerungen stehen; und schließlich betrachten einige Kritiker die Theorie als im Ansatz irrig.

Die Grundlage der ursprünglichen Formulierungen – die beiden Hauptstützen der Theorie – sind angezweifelt worden. Außerdem hat man die biologische Interpretation der Tatsache, dass Laktatinfusionen Panikanfälle auslösen können, in Frage gestellt. Es hat sich gezeigt, dass diese Reaktionen – anders als ursprünglich behauptet – nicht nur bei Patienten mit Panikstörung auftreten, sondern beispielsweise auch bei Depressionspatienten und Patienten mit generalisierter Angststörung (Ehlers et al., 1988). Barlow und Craske (1988) haben darüber hinaus gezeigt, dass Panikattacken bei allen Angststörungen relativ weit verbreitet sind. Patienten, die unter einer Panikstörung leiden, unterscheiden sich nicht so sehr von anderen Angstpatienten, wie Klein dies ursprünglich postuliert hatte. Wie Klein selbst eingeräumt hat, reagieren darüber hinaus auch viele Patienten mit Panikstörung nicht positiv auf den Test. Damit mangelt es dem Laktatinfusionstest sowohl an Spezifität als auch an Sensitivität. Dass, wie sich inzwischen herausgestellt hat, zahlreiche verschiedene chemische Wirkstoffe eine Panik auslösende Wirkung haben, hat Gorman (1987) zu der Feststellung bewegt, es sei fraglich, ob es «überhaupt irgendeinen Wirkstoff gibt, der keine Panikreaktionen auszulösen vermag». Außerdem gilt, wie Clark (1988) anmerkt, dass die verschiedenen Wirkstoffe keine gemeinsame chemische Eigenschaft haben. Sollte es sich also tatsächlich um eine biologische Störung handeln, dann ist es eine, die leicht durch zahlreiche chemische Substanzen auszulösen ist. Auch aufgrund methodologischer Schwächen sind die Laktatstudien kritisiert worden: So hat man beispielsweise versäumt, den Faktor eines möglicherweise unterschiedlichen Ausgangsniveaus zu kontrollieren (d.h. sicherzustellen, dass die untersuchten Patientengruppen und die Kontrollgruppen vor der Laktatinfusion gleich viele spontane Panikreaktionen zeigten).

Auch die Beobachtung, die Klein ursprünglich dazu veranlasst hatte, zwischen der Panikstörung und den anderen Angststörungen zu unterscheiden, ist nicht ohne Kritik geblieben. Es bestätigte sich nämlich nicht, dass Imipramin und ähnliche Antidepressiva eine spezifische Wirkung auf die Neigung zu spontanen Panikanfällen haben. Nach Tyrer (1986) hat Imipramin noch sehr viele andere Wirkungen und außerdem sind verschiedene Gruppen von Medikamenten in der Lage, spontane Panikattacken zu unterdrücken. Dazu zählen vor allem zwei Arten von Antidepressiva sowie bestimmte Benzodiazepine. Ähnlich äußerte sich Zitrin und andere Mitarbeiter Kleins, die darauf verwiesen, dass mindestens drei Klassen von Medikamenten Panikattacken effektiv verhindern (Zitrin, 1986). Die Behauptung eines besonderen Zusammenhangs zwischen Imipramin und Panikanfällen ist somit nicht bestätigt worden.

Klein hat im Laufe der Entwicklung seines Konzeptes stets zwischen spontanen und situativen Panikattacken unterschieden, wobei es ihm vor allem um erstere ging. Spontane Attacken sind solche, die nach Angaben der Patienten «wie aus heiterem Himmel» auftreten, und unterscheiden sich insofern von situativen Panikattacken, bei denen eine äußere Bedrohung erkennbar ist. Die Unterscheidung zwischen spontanen und situativen Panikanfällen ist jedoch möglicherweise nicht aufrechtzuerhalten (siehe Barlow und Craske, 1988; Turner, Beidel & Jacob, 1988).

Eine Reihe von Befunden lassen sich nur schwer mit Hilfe der biologischen Theorie erklären. So können Panikattacken beispielsweise durch rein psychologische Einflüsse ausgelöst werden (Rachman, 1990). Mit Hilfe psychologischer Behandlungsverfahren lässt sich die Häufigkeit von Panikanfällen signifikant reduzieren, und zwar – wie mittlerweile gut belegt ist – besonders effektiv mit Methoden der kognitiven Verhaltenstherapie (Margraf et al., 1986; McNally, 1995; Clark et al., 1994). Zwar könnte eine psychologische Behandlung durchaus auch dann effektiv sein, wenn es sich bei der Panikstörung um eine primär biologische Störung handelte, allerdings bietet Kleins Theorie keine Erklärung für diese Behandlungsergebnisse an.

Auch die wichtigsten demographischen Ergebnisse im Zusammenhang mit der Panikstörung bleiben unerklärt. Die biologische Theorie kann nichts darüber sagen, warum Frauen so viel anfälliger für diese angeblich biologische Störung sind als Männer und wieso sie am häufigsten im frühen Erwachsenenalter auftritt. Die Auffassung, dass die Panikstörung eine Sonderstellung unter den Angststörungen einnimmt, ist angezweifelt worden, da Panikanfälle bei allen Angststörungen vorkommen und auch in der Allgemeinbevölkerung nicht so selten sind. Die Wahrscheinlichkeit, mit der Laktat und andere Substanzen Panikanfälle auslösen, nimmt nach mehreren Durchgängen allmählich ab, und dieser Gewöhnungseffekt ist schwerlich mit einer biologischen Dysfunktion in Einklang zu bringen. Wenn es eine biologische Störung ist, so hat sie die ungewöhnliche Eigenschaft, sich zurückzubilden, wenn sie wiederholt getestet wird.

Kleins revidierte Theorie

Nachdem er die Panikstörung von anderen Störungen abgegrenzt hatte, hat Klein ihren Zusammenhang zur Agoraphobie demonstriert und begonnen, Behandlungsmöglichkeiten zu entwickeln. Später hat er eine kühne Theorie aufgestellt, der zufolge «viele spontane Panikattacken auftreten, wenn das Erstickungskontrollsystem *(suffocation monitor)* des Gehirns fälschlicherweise einen Mangel an brauchbarer Atemluft meldet und damit einen unbegründeten Erstickungsalarm auslöst» (Klein, 1993, S. 306). Nach Klein handelt es sich bei diesem Erstickungsalarm um eine weitgehend biologische Reaktion, die auf physiologischen Mechanismen beruht, welche einen Anstieg von Kohlendioxyd und Hirnlaktatwerten registrieren. Ein Erstickungsalarm werde durch einen ansteigenden Kohlendioxydspiegel aktiviert und wirke direkt auf die Atmung, was subjektiv als Erstickungsgefühl empfunden werde. Dies wiederum ziehe Hyperventilation, Panik und einen starken Drang, aus der Situation zu fliehen, nach sich. Ein solches Kontrollsystem hätte offensichtlich Überlebenswert. Wenn irgendetwas die Atmung behindert, wird alles andere unwichtig.

Nach Klein kann die Alarmreaktion auch durch psychologische Hinweisreize ausgelöst werden. «Blockierte Ausgänge, stickige, abgestandene Luft, eng zusammengepfercht in einer Menschenmengen zu stehen oder der Anblick einer Person, die keine Luft zu bekommen scheint – dies alles kann jemanden in Panik versetzen, wenn seine Schwelle für die Auslösung des Erstickungsalarms herabgesetzt ist oder diese Hinweisreize besonders stark sind» (S. 306). In diesem Fall kann es zu falschen Alarmreaktionen – der Aktivierung des Erstickungskontrollsystems durch die falschen Stimuli – kommen. Unerwartete Panikanfälle wären demnach das Ergebnis einer «Fehlfeuerung» des Erstickungsalarmsystems, die besonders häufig bei Menschen auftritt, die eine abnorm niedrige Schwelle für die Aktivierung dieses Systems haben, da dies dazu führt, dass der *suffocation monitor* anscheinend regellos und unvorhersehbar Alarm schlägt. Kleins Theorie, der zufolge das Alarmsystem und damit Panikreaktionen sowohl durch biologische als auch durch psychologische Stimuli ausgelöst werden können, kann als psychobiologisch betrachtet werden. In der früheren Version seiner Theorie hat Klein Trennungsängsten ähnlich große Bedeutung beigemessen wie Schwierigkeiten mit der Atmung; dies war jedoch nie besonders überzeugend (vgl. Thyer, Nesse, Curtis & Cameron, 1986) und spielt in seiner revidierten Theorie keine Rolle mehr.

Personen, die ein überempfindliches Erstickungsalarmsystem haben, können mit Hilfe eines Kohlendioxyd-Inhalationstests oder über ihre Reaktion auf Natriumlaktat identifiziert werden. Rachman und Taylor (1993) haben gezeigt, dass in Übereinstimmung mit Kleins Theorie Erstickungsreaktionen auch durch rein psychologische Faktoren hervorgerufen werden können. Allerdings betont Klein sehr stark die biologische Verursachung und die physiologischen Aspekte des postulierten Alarmsystems und bemüht sich, diese Sichtweise durch zahlreiche biochemische und physiologische Befunde zu untermauern.

Es gibt überzeugende Belege dafür, dass ausgeprägte Erstickungsängste nicht selten sind (Rachman, 1990). So ist beispielsweise bei der Angst vor dem Zahnarzt häufig auch Erstickungsangst mit im Spiel. In dem Experiment von Sanderson et al. (1963) hatte die Unterbrechung der Atmung ausgesprochen starke und bleibende Auswirkungen.

Für Klein kommt in diesem Zusammenhang auch einer Krankheit besondere Bedeutung zu, die als idiopathische Hypoventilation («Undine-Syndrom») bezeichnet wird und die in seinen Augen das genaue Gegenteil des Problems darstellt, welches sich aus einem überempfindlichen Erstickungsdetektor ergibt. Bei einer sehr kleinen Gruppe von Säuglingen kann das Hypoventilationssyndrom tödliche Konsequenzen haben: Setzt die Atmung des Kindes aus, während es schläft, kann es an Sauerstoffmangel sterben. «Diese Kinder sind später völlig unempfindlich gegenüber Kohlenmonoxyd und haben keine Erstickungsgefühle auch unter Bedingungen extremer Luftknappheit. Kann es einen eindeutigeren Beweis für die Existenz eines Erstickungsdetektors geben als die Konsequenzen seines Nichtvorhandenseins bei bestimmten Menschen?» (Klein, 1996).

Stimmt dies, so sollte daraus folgen, dass Kinder, die das Undine-Syndrom überleben (und das ist die überwältigende Mehrheit von ihnen), als Erwachsene relativ immun gegen die Entwicklung einer Panikstörung wären (ausgenommen möglicherweise diejenigen, die die Störung aufgrund eines traumatischen Erlebnisses erwerben). Genau gesagt, leiden die betroffenen Kinder nicht an einem fehlenden, sondern einem unzulänglichen Erstickungsalarmsystem. In aller Regel atmen sie auch im Schlaf ohne Unterbrechung weiter und nur sehr selten kommt es zu einem Versagen des Systems.

Für Kleins Theorie sprechen Ergebnisse von Rachman und Taylor (1993), die aufgrund der Veröffentlichung der revidierten Theorie die Ergebnisse einer Klaustrophobie-Studie erneut analysierten, die ursprünglich ohne Bezug zu Kleins Theorie durchgeführt worden war (Taylor & Rachman, 1994). In dieser Studie wurden die Versuchspersonen (179 Studierende) anhand eines reliablen Fragebogens in zwei Gruppen unterteilt: solche mit starker Erstickungsangst (N = 49) und solche mit schwacher oder ohne Erstickungsangst. Darüber hinaus wurden eine Reihe von Verhaltenstests durchgeführt, u. a. ein

117

«Erstickungsprovokationstest», der daraus bestand, dass die Versuchspersonen zwei Minuten lang durch einen engen Strohhalm atmeten. Die erneute Auswertung zeigte, dass von den Versuchspersonen mit hoher Erstickungsangst ein höherer Anteil angab, während des Tests in Panik geraten zu sein, als von denjenigen mit geringer Erstickungsangst – nämlich 18,4 versus 1,5 Prozent. Die Teilnehmer an der Studie wurden außerdem mit Hilfe eines strukturierten Interviews zu ihren Erfahrungen mit Angst und Panikanfällen befragt. Es kam zum Vorschein, dass im Vergleich zu den Personen mit niedriger Erstickungsangst diejenigen mit hohen Werten häufiger angaben, in geschlossenen Räumen und auch in anderen Situationen Panikanfälle gehabt zu haben (59,2 versus 16,2 Prozent bzw. 32, 7 versus 4,4 Prozent). Anders ausgedrückt gaben die Versuchspersonen mit hoher Erstickungsangst siebenmal so häufig an, unerwartete Panikanfälle gehabt zu haben, wie diejenigen, die nur geringe oder gar keine Erstickungsangst hatten.

In einer Studie, die ausdrücklich der Überprüfung eines Aspekts der Kleinschen Theorie diente, verglichen McNally, Hornig und Donnell (1995) Patienten, die eine Panikstörung entwickelt hatten, mit Personen, die zwar Panikanfälle gehabt hatten, aber nicht an einer Panikstörung litten. Sie stellten fest, dass es drei kognitive Symptome gab, die die klinischen von den nichtklinischen Fällen unterschieden: Todesangst, die Befürchtung, einen Herzanfall zu erleiden, und die Angst, die Kontrolle zu verlieren. In Einklang mit Kleins Theorie haben Erstickungssymptome die höchste Effektgröße von allen physiologischen Symptomen, und – wie McNally, Hornig und Donnell (1995) betonen – sind «Erstickungsgefühle besonders geeignet, die katastrophisierenden Gedanken hervorzurufen, die klinische am besten von nichtklinischen Panikreaktionen unterscheiden».

Zwar hat Kleins Theorie durchaus gewisse Erfolge zu verzeichnen, sie ist jedoch auch kritischen Angriffen ausgesetzt gewesen (z. B. Ley, 1994; McNally, 1994; Schmidt, Telch & Jaimez, 1996). Ein Einwand lautete, dass die Theorie zu vage ist, und sich dadurch einer genauen Bewertung entzieht (als Versuch, dieser Kritik zu begegnen, hat Klein die Vermutung geäußert, das Erstickungskontrollsystem könne sich im Karotiskörper befinden). Es wurde auch vorgebracht, dass Menschen an Kohlenmonoxydvergiftung sterben, was zu der Frage führt, warum das Erstickungskontrollsystem in diesen Fällen keinen Alarm gibt und die Betroffenen rettet. Klein (1996) sagt dazu, dass Kohlenmonoxyd und ähnliche Wirkstoffe möglicherweise eine Blockade des Erstickungskontrollsystems bewirken. Die Auseinandersetzung mit Kleins Theorie ist noch nicht abgeschlossen; zu ihren wichtigsten Errungenschaften ist jedoch bereits jetzt der Beitrag zu zählen, den sie dazu geleistet hat, dass man sich überhaupt mit dem Thema beschäftigt. Wie Seligman

(1988) feststellte, befinden wir uns mitten in einer wichtigen Kontroverse mit weit reichenden Konsequenzen.

Angesichts der referierten Probleme und Einwände ist es angebracht, ein Wort über den aktuellen Stand des Kleinschen Modells und der biologischen Theorie im Allgemeinen zu verlieren. Sicherlich ist ein Teil der ursprünglichen Thesen Kleins heute kaum noch zu halten, dennoch sind seine Arbeiten nach wie vor wertvoll. Und während man die beiden Hauptargumente, auf die er seine ursprünglichen Formulierungen stützte, am besten als Mittel zu einem bestimmten Zweck betrachtet, ist es doch sein Verdienst gewesen, die Aufmerksamkeit auf die Bedeutung von Panikanfällen, auf ihre funktionale Beziehung zur Agoraphobie sowie auf die mögliche oder gar wahrscheinliche Beteiligung eines Erstickungsalarmsystems zu lenken. Damit hat er auch einer medikamentösen Behandlung den Weg geebnet. Und schließlich hat Klein mit dem von ihm eingeführten Konzept der Panikstörung und seiner biologischen Theorie auch den Anstoß zur Formulierung konkurrierender psychologischer Erklärungen gegeben.

Die kognitive Theorie der Panik

Die Psychologie als Wissenschaft, die sich seit langem mit Furcht und Angst beschäftigt, hat das neue Konzept der Panikstörung mit Interesse aufgenommen, die im Wesentlichen biologischen Erklärungen jedoch als unbefriedigend bewertet. Von Barlow (1988) und D. M. Clark (1986) stammen zwei psychologische Erklärungsmodelle, die zwar unabhängig von einander entwickelt wurden, sich jedoch in wichtigen Teilen entsprechen und deren Unterschiede für unsere Zwecke nur von untergeordneter Bedeutung sind. Wir werden besonders auf Clarks Theorie eingehen, die zum Gegenstand zahlreicher Forschungsarbeiten geworden ist, jedoch trifft ein Großteil der in diesem Kapitel gemachten Aussagen ebenso auf Barlows Theorie zu.

Clarks Theorie ist bewundernswert klar und prägnant formuliert: «Panikanfälle sind die Folge einer katastrophisierenden Fehlinterpretation bestimmter körperlicher Empfindungen» (Clark, 1986, S. 462f). Körperliche Empfindungen wie ein beschleunigter Herzschlag oder Schwindel werden fälschlicherweise als Anzeichen einer drohenden Gefahr gedeutet – Herzklopfen beispielsweise als Vorbote eines Herzinfarktes. Weitere Beispiele: Atemlosigkeit wird als Beleg für einen bevorstehenden Atemstillstand gewertet oder Schwindel als Anzeichen eines drohenden Kontrollverlustes. Zahlreiche Stimuli sind in der Lage, Panikanfälle auszulösen – unter ihnen auch einige äußere Reize; nach Clark (1988) handelt es sich jedoch bei den allermeisten

Triggern von Panikattacken um innere Reize. Auch Barlow (1988) misst der Fehlinterpretation internaler Stimuli große Bedeutung bei. Handelt es sich dabei um eine Fehlinterpretation, bei der das Ausmaß der Gefahr zu hoch eingeschätzt wird, das befürchtete Ereignis aber nicht als unmittelbar bevorstehend betrachtet wird, kommt es eher zu einer chronischen Ängstlichkeit als zu einer Panik. Dysfunktionale Fehlinterpretationen körperlicher Empfindungen, die Anlass zu Sorgen um die eigene Gesundheit geben können, aber keine unmittelbare Gefahr beinhalten, sind beispielsweise das «Rohmaterial» für die Hypochondrie (bzw. *health anxiety*, «Gesundheitsangst», wie das Problem heute immer häufiger genannt wird, Salkovskis & Warwick, 1986).

Die kognitive Theorie der Panikstörung ist sehr erfolgreich und kann eine beeindruckende Menge an experimentellen Belegen vorweisen (Brewin, 1996; McNally, 1994). Sie diente auch als Grundlage einer neuen psychologischen Therapie: ein kognitiv-behaviorales Verfahren, das momentan auf seine Effektivität hin überprüft wird – mit bislang ermutigenden Ergebnissen (Acierno, Hersen & Van Hasselt, 1993; Clark et al., 1994; Clark & Fairburn, 1997; Clark & Salkovskis, 1986; Margraf, Barlow, Clark & Telch, 1993). Für die kognitive Theorie sprechen Befunde, denen zufolge Patienten mit Panikstörung häufiger Kognitionen haben, die sich für eine katastrophisierende Fehlinterpretation anbieten (Clark, 1986, 1988; Barlow, 1988; Hibbert, 1984). Sie denken häufiger an die Möglichkeit eines Kontrollverlusts, eines Verlusts des Bewusstseins oder eines Herzanfalls als Personen, die zwar unter Ängsten, aber nicht unter Panikattacken leiden. Immer wieder zeigen sich darüber hinaus spezifische Zusammenhänge zwischen katastrophisierenden Kognitionen und dem Auftreten von Panikanfällen bei Patienten, die mit kognitiver Verhaltenstherapie behandelt werden. Häufig verschwinden die Panikattacken kurz nach der Korrektur der Kognitionen der Patienten – bzw. erreicht die Therapie erst dann, dass die Anfälle aufhören, wenn es zu einer Modifikation der Kognitionen gekommen ist.

Clark (1988) zitiert Belege dafür, dass einem Panikanfall in der Regel die Wahrnehmung einer Veränderung im Körper vorangeht. Experimentelle Studien haben gezeigt, dass Patienten mit einer Panikstörung mit signifikant höherer Wahrscheinlichkeit ihre körperlichen Empfindungen falsch und katastrophisierend interpretieren als Patienten, die keine Panikanfälle haben. Kommt es zu einer katastrophisierenden Fehlinterpretation, ist die Wahrscheinlichkeit einer Panikreaktion erhöht (Clark, 1987). Ehlers (1987) kommt in ihrer Übersicht über einen Großteil der relevanten Forschungsergebnisse zu folgendem Schluss: «Panikpatienten stellten eine besondere Fähigkeit unter Beweis, ihre Herzfrequenz wahrzunehmen, neigten dazu, ihre Aufmerksamkeit auf physisch bedrohliche Hinweise zu richten, und schätzten mit

Angst oder Panik verbundene körperliche Symptome als gefährlicher ein» (S. 3). Die Mehrheit der experimentellen Befunde bestätigen die kognitive Theorie (siehe zusammenfassend Clark, 1996), es gibt jedoch auch einige Ausnahmen.

Der kognitiven Theorie der Panikstörung zufolge gibt es einen kausalen Zusammenhang zwischen körperlichen Empfindungen und Angstkognitionen. Um die genauere Beschreibung dieses Zusammenhangs ging es in einer Studie, in der bei klaustrophobischen Patienten und Patienten mit diagnostizierter Panikstörung Panikanfälle provoziert wurden (Rachman, 1990). In Übereinstimmung mit der Theorie wurden Panikanfälle tatsächlich von deutlich mehr körperlichen Empfindungen und Angstkognitionen begleitet als die «Nicht-Panikreaktionen» und es zeigten sich nachvollziehbare Kombinationen zwischen den Empfindungen und den Kognitionen. Dabei waren die Kombinationen von mehreren körperlichen Empfindungen und Kognitionen noch deutlicher als die zwischen einzelnen Empfindungen und einzelnen Kognitionen (siehe auch Marks, Basoglu, Alkubaisy, Sengun & Marks, 1991). Wenn beispielsweise klaustrophobische Versuchsteilnehmer Schwindel, Erstickungsgefühle und Kurzatmigkeit in Kombination mit einer «Erstickungskognition» angaben, kam es fast immer zu einer Panikattacke. Bei den Patienten mit Panikstörung ging die Kombination von Herzklopfen, Schwindel und Atemnot in Verbindung mit der Kognition «Ich kippe um» in der Regel mit einem Panikanfall einher. Wie erwartet, wurden in der Gruppe der Patienten mit Panikstörung andere typische Kombinationen festgestellt als bei den klaustrophobischen Versuchspersonen. Bei den klaustrophobischen Patienten gab es nicht einen Fall, in dem es in Abwesenheit einer Angstkognition zu einem Panikanfall gekommen wäre. Anders als erwartet kam es jedoch bei den Patienten mit Panikstörung in mehreren Fällen auch ohne Angstkognition zu Panikattacken. Aus methodischen Gründen wäre es verfrüht, definitive Schlussfolgerungen aus diesen «nicht-kognitiven Panikanfällen» zu ziehen; die Frage bedarf jedoch weiterer Untersuchungen.

Dass es bestimmte Kombinationen von körperlichen Empfindungen und Kognitionen gibt, die Panikattacken auslösen, steht im Einklang mit der Theorie. So war beispielsweise eine Kombination von Atemlosigkeit und Schwindelgefühl begleitet von der Furcht, umzukippen oder die Beherrschung zu verlieren, in 11 von 13 Fällen mit einem Panikanfall verbunden; in Abwesenheit einer Angstkognition zogen die gleichen körperlichen Empfindungen jedoch keine Panikreaktion nach sich. Diese Befunde stehen sicherlich nicht im Widerspruch zu der biologischen Theorie der Panikstörung, unterstützen sie aber auch nicht gerade und lassen sich jedenfalls nicht unmittelbar aus ihr ableiten.

Die gefundenen Zusammenhänge zwischen Empfindungen, Kognitionen und Panik stehen zwar in Einklang mit der kognitiven Theorie, sind aber noch kein Beleg für die behauptete Kausalität. Clarks Theorie geht von einer kausalen Beziehung zwischen Empfindungen, Kognitionen und Panik aus – dies nachzuweisen ist jedoch nicht einfach. Möglicherweise handelt es sich bei den von den Panikpatienten beschriebenen Kognitionen nur um Epiphänomene (eine Ansicht, die von einigen Verfechtern der biologischen Theorie – z. B. Klein und Klein, 1989 – und der Konditionierungstheorie – z. B. Wolpe und Rowan, 1988 – vertreten wird). Vielleicht sind sie nichts als Begleiterscheinungen einer im Prinzip biologischen Störung bzw. einer konditionierten Panikreaktion.

Der Nachweis der kausalen Bedeutung der Kognitionen ist zwar schwierig, es gibt jedoch eine Reihe von Argumenten, die für eine maßgebliche Beteiligung von Kognitionen am Zustandekommen von Panikanfällen sprechen. So haben bestimmte Instruktionen, die anfälligen Personen gegeben werden, einen entscheidenden Einfluss darauf, ob diese eine Panikattacke bekommen. Sagt man den Versuchspersonen beispielsweise, dass eine bestimmte Intervention (z. B. eine Laktatinfusion) einen Panikanfall auslösen könne, so steigt die Zahl der tatsächlich provozierten Anfälle (Clark, 1988). Zur Überprüfung der Hypothese, dass Instruktionen die Wahrscheinlichkeit einer positiven Reaktion auf einen Panikprovokationstest beeinflussen können, gaben Clark, Salkovskis und Anastasiades (1990) einer Gruppe von Panikpatienten beruhigende Informationen über die nach einer Laktatinfusion zu erwartenden Empfindungen, während den Versuchspersonen der Kontrollgruppe nur mitgeteilt wurde, dass Laktat ungefährlich sei. Alle Teilnehmer wussten, dass sie die Infusion jederzeit stoppen konnten. In Übereinstimmung mit der Hypothese war die Häufigkeit von Panikanfällen in der Gruppe der Patienten, die beruhigende Informationen erhalten hatten, signifikant niedriger als in der Kontrollgruppe. In der Experimentalgruppe lag sie bei 30, in der Kontrollgruppe bei 90 Prozent.

Daneben wurden auch in den oben beschriebenen Experimenten mit klaustrophobischen Patienten und Patienten mit Panikstörung bedeutsame Zusammenhänge zwischen körperlichen Empfindungen, Angstkognitionen und Panikanfällen nachgewiesen. Panikattacken kamen besonders häufig dann vor, wenn Angstkognitionen vorlagen; andererseits traten in Abwesenheit solcher Kognitionen Panikanfälle nur selten bzw. in manchen Stichproben überhaupt nicht auf. In einem hoch interessanten Experiment zeigten Sanderson, Rapee und Barlow (1989), dass unter der Bedingung eines gewissen Grades an persönlicher Kontrolle die Wahrscheinlichkeit einer Panikattacke bei einer mit Kohlendioxyd angereicherten Atemluft deutlich niedriger ist als sonst bei einem solchen Provokationstest. In dem Experiment wurde den Versuchspersonen mitgetcilt, sie könnten die Atemluft durch die Betätigung eines Hebels beeinflussen. Diese Information bewirkte eine Senkung der Häufigkeit von Panikattacken, obgleich die Kontrolle in Wirklichkeit nicht gegeben war. Auch Carter et al. (1995) zeigten, dass psychologische Faktoren einen vermittelnden Einfluss auf die Reaktionen in Panikprovokationstests haben können.

Durch beunruhigende Informationen über die eigene Gesundheit bzw. die anderer Menschen (wie z. B. «Herr G. hatte einen unerwarteten Herzanfall») kann die Bereitschaft zu Angst- und Panikreaktionen erhöht werden – sowie auch durch belastende Lebensereignisse. Im Anschluss an solche Ereignisse ist die Häufigkeit von Panikanfällen erhöht und häufig steht die Entwicklung einer Panikstörung im Zusammenhang mit negativen Ereignissen im Leben der Betroffenen. Außerdem gilt, dass manche Menschen eine konstant erhöhte Bereitschaft haben, die eigenen körperlichen Empfindungen falsch zu interpretieren. Die Theorien von Clark und Barlow betonen besonders die Bedeutung der Fehlinterpretation körperlicher Empfindungen – was sowohl plausibel als auch richtig ist –, es gibt aber Grund zu der Annahme, dass auch dysfunktionale Interpretationen anderer bedrohlicher Ereignisse eine Panikreaktion auslösen können.

Jeder Faktor, der Auswirkungen auf körperliche Empfindungen oder auf die *äußere* Sicherheit hat, erhöht die Wahrscheinlichkeit katastrophisierender Fehlinterpretationen. Die wichtigsten Faktoren sind eine beschleunigte Atmung, starke Anstrengung, die Einnahme von Stimulanzien wie Koffein, Drogen sowie ungewollte Entspannung. Zu den Bedingungen, die die Bereitschaft erhöhen, dass die entsprechenden Empfindungen falsch interpretiert werden, gehören belastende Lebensereignisse, alarmierende Informationen sowie ein negativer Attribuierungsstil. Auslösende Bedingungen sind ein Bedrohungskontext und die Abwesenheit oder das Verschwinden von Sicherheitssignalen.

Die Anfälligkeit für Panikanfälle lässt sich dadurch reduzieren, dass alles vermieden wird, was starke körperliche Empfindungen provozieren kann (z. B. hoher Koffeinkonsum), durch den Einsatz oder Erwerb von Sicherheitssignalen bzw. -ritualen und natürlich am effektivsten, indem stattfindende Veränderungen korrekt interpretiert werden. Die kognitiv-behaviorale Therapie – die effektive Therapieform, die auf der Grundlage dieser Theorie entwickelt wurde – zielt genau auf diese Fehlinterpretationen und ihre Ersetzung durch angemessenere und weniger beunruhigende Erklärungen ab (siehe Clark et al., 1994; Hawton, Salkovskis, Kirk & Clark, 1989; Margraf et al., 1993; McNally, 1995; Salkovskis, 1996a).

In seiner zusammenfassenden Darstellung des kognitiv-behavioralen Therapieansatzes stellt Brewin (1996) zu Recht fest, dass sich dieser bislang fast ausschließlich mit den zugänglichen Kognitionen beschäftigt hat, dass jedoch auch die wichtigen unbewussten kognitiven Prozessen einbezogen werden müssen, die im Zusammenhang mit Angst und Furcht eine Rolle spielen (z. B. präattentive Prozesse, Gedächtnis, selektive Aufmerksamkeit etc.).

Die kognitive Theorie hat eine Reihe von Vorzügen. Es handelt sich um einen in sich schlüssigen Ansatz, der zahlreiche Querverbindungen zur kognitiven Psychologie, Pathopsychologie sowie zur therapeutischen Praxis hat. Sie ist außerdem die einzige Theorie, die in der Lage ist, die Wirksamkeit der kognitiv-behavioralen Therapie zu erklären. Ein weiterer, wenngleich weniger offenkundiger Vorteil der kognitiven Theorie der Panikstörung besteht darin, dass sie mit einem Großteil der vorliegenden Erkenntnisse über Panikanfälle in Einklang steht, einschließlich der Befunde, die von Verfechtern der biologischen Theorie vorgelegt wurden. Dass ganz unterschiedliche biochemische und physiologische Interventionen Panikanfälle auslösen können, zeigt ja gerade, dass es nicht auf den spezifischen Wirkfaktor ankommt. Entscheidend ist vielmehr, wie die betreffende Person das Geschehen auffasst und welche Erwartungen sie in Bezug auf die Auswirkungen der Intervention (insbesondere auf ihre körperlichen Empfindungen) hat. Die verwendeten chemischen Substanzen wirken also indirekt und führen nur dann zu einer Panikreaktion, wenn die von ihnen ausgelösten körperlichen Empfindungen als Anzeichen einer unmittelbaren Bedrohung interpretiert werden. Wie bereits erwähnt, kann die Quote der durch Laktatinfusionen ausgelösten Panikanfälle durch bestimmte Instruktionen von 90 Prozent auf 30 Prozent gesenkt werden (was die Frage unbeantwortet lässt, wieso es in 30 Prozent der Fälle trotz beruhigender Auskünfte zu Panikanfällen kommt). Die kognitive Theorie liefert eine Erklärung für chemisch induzierte Panikanfälle und kann natürlich auch erklären, dass – wie gezeigt worden ist – Panikattacken auch mit rein psychologischen Methoden provoziert werden können. Da die kognitive Theorie großen Wert darauf legt, wie die Person die Bedrohlichkeit der Situation und ihrer eigenen Empfindungen einschätzt, steht sie auch nicht im Widerspruch zu der Tatsache, dass die Wiederholung des biochemischen Panikprovokationstests in der Regel zu einer Abnahme der Häufigkeit von Panikattacken führt (d. h., die Probanden lernen, die Stimulation zu ertragen).

Die kognitive Theorie ist auch mit der Tatsache zu vereinbaren, dass in einer Minderheit der Fälle Panikattacken auch durch Entspannung induziert werden können – ein Befund, der nicht ohne weiteres mit der biologischen Theorie zu erklären ist. Der kognitiven Theorie zufolge kann Entspannung dagegen durchaus eine Panikreaktion auslösen – nämlich dann, wenn die körperlichen Empfindungen, die dabei entstehen, katastrophisierend fehlinterpretiert werden. Wenn beispielsweise jemand fürchtet, bewusstlos zu werden oder sterben zu müssen, können körperliche Wahrnehmungen wie eine Verlangsamung der Atmung, Mattigkeit oder Kribbeln als bedrohlich interpretiert werden und eine Panikattacke auslösen. Genau dies geschah bei einer Patientin, deren erste Panikattacke durch ein negatives Erlebnis im Zusammenhang mit der Einnahme einer Droge ausgelöst worden war. Sie hatte intensives Derealisations- und Depersonalisationserleben und befürchtete, verrückt zu werden. Später wurde sie dann jedes Mal, wenn sie irgendwelche ungewöhnlichen Empfindungen oder Gefühle hatte, die Ähnlichkeit mit dem ursprünglichen Erlebnis hatten, extrem ängstlich – eine Angst, die sich manchmal bis zur Panik steigerte. Es war nicht möglich, ihr Entspannungstechniken zu vermitteln, da diese bei ihr genau diese negativen Reaktionen auslösten.

Vulnerabilität

Nach Clark (1988, 1997) sind manche Menschen besonders anfällig für Panikreaktionen, da sie eine überdauernde Neigung zur Fehlinterpretation körperlicher Symptome haben. Es gibt drei verschiedene Formen einer solchen Vulnerabilität: eine Prädisposition für besonders intensive oder häufige körperliche Empfindungen, eine Prädisposition für katastrophisierende Fehlinterpretationen oder eine Kombination der beiden. Die zweite Möglichkeit, die Neigung zu «katastrophisieren», hat bislang die meiste Aufmerksamkeit erfahren – und zwar zu Recht. Die meisten Menschen nehmen regelmäßig Veränderungen in ihrem Körper wahr und teilweise sind die mit solchen Veränderungen einhergehenden Empfindungen sehr stark. Anlässe, in Panik zu geraten, gäbe es also fast unendlich viele; im Verhältnis dazu ist die Zahl der tatsächlichen Panikattacken verschwindend gering. Es drängt sich daher die Frage auf, warum und unter welchen Bedingungen diese körperlichen Empfindungen als Anzeichen einer bevorstehenden Katastrophe interpretiert werden.

Die Forschung konnte bereits zeigen, dass Menschen, die unter Panikanfällen leiden, tatsächlich eine überdauernde Tendenz haben, körperliche Veränderungen sehr stark zu registrieren und falsch zu interpretieren (Clark, 1996). Darüber hinaus zeigen Panikstörungspatienten nach einer erfolgreichen Behandlung eine deutlich geringere Neigung zu derartigen Fehlinterpretationen (Clark et al., 1994). Manchmal reicht bereits das Lesen von Aussagen über unangenehme Empfindungen und Ängste aus, um Menschen an den Rand einer Panikattacke zu bringen (Clark, 1988). In einer Studie wurden hierzu beispielsweise Karteikarten mit Aufschriften wie «keine Luft bekommen» oder «sterben» verwendet. Die Forschung zur Panikstörung hat dazu beigetragen, dass man versucht hat, derartige überdauernde Neigungen messbar zu machen, beispielsweise mit Hilfe des bereits erwähnten *Anxiety Sensitivity Index* (Reis et al., 1986).

Alle Theorien müssen etwas darüber sagen, wann und in welchem Kontext Panikanfälle auftreten. Die frühen Formulierungen haben in diesem Zusammenhang die Rolle einer übermäßigen Atmung hervorgehoben. Hyperventilation kann eine Zunahme der körperlichen Empfindungen bewirken und wurde daher für einen großen Teil der Panikattacken verantwortlich gemacht. Der Grund für eine übermäßige Intensivierung der Atmung kann in körperlicher Anstrengung oder auch psychischer Belastung liegen, und wenn die resultierenden körperlichen Empfindungen fälschlicherweise als Anzeichen eines gesundheitlichen Problems gedeutet werden, kann es zu einer Panikreaktion kommen. Spätere Forschungsarbeiten haben die Bedeutung der Hyperventilation etwas relativiert und Margraf (1993) kam zu dem Schluss, dass Hyperventilation und Panik in zweierlei Hinsicht miteinander verbunden seien. «Erstens ist sie einer von mehreren Prozessen, die dazu führen können, dass der Betreffende gewisse Veränderungen in seinem Körper wahrnimmt, was wiederum positive Rückkopplungen zwischen Wahrnehmungen und Angstreaktionen bewirken kann. Zweitens kann Hyperventilation aufgrund der Zirkularität solcher Rückkopplungsprozesse auch eine Reaktion auf Angst sein» (Margraf, 1993, S. 49). Wie oben beschrieben, postulierte Klein (1993) in der letzten Version seiner biologischen Theorie, dass Hyperventilation eine Reaktion auf einen Fehlalarm des Erstickungskontrollsystems darstellt. Damit liegt hier also ein Phänomen vor, das von biologischen und kognitiven Theorien unterschiedlich beschrieben wird und das die Möglichkeit einer direkten Überprüfung bietet. Kleins Ansicht zufolge ist Hyperventilation ein Versuch, einen wahrgenommenen Mangel an Atemluft auszugleichen, während Hyperventilation aus kognitiver Perspektive als Auslöser von Panikattacken betrachtet wird, da sie körperliche Empfindungen hervorruft, die falsch interpretiert werden können.

Kritik

Eine Theorie, die so kühn in ihrer Grundkonzeption, so weit reichend in ihren Folgerungen und so erfolgreich bei der Entwicklung einer effizienten Therapie ist (z. B. Chambless & Gillis, 1993; Giles, 1993), muss einfach starkes Interesse erwecken und zu weiterer Forschung anregen. Eine Reihe wertvoller kritischer Auseinandersetzungen mit der Theorie liegen bereits vor und es ist abzusehen, dass die Theorie und ihre Schlussfolgerungen noch über Jahre die Wissenschaft beschäftigen wird. Wie bereits gesagt, geht es dabei nicht nur um die Panik selbst: Vielmehr repräsentiert die kognitive Theorie der Panikstörung eine Seite in der kontroversen Debatte zwischen überwiegend biologischen und überwiegend psychologischen Erklärungsansätzen für gestörtes Verhalten.

Kritik an der Theorie wurde von Psychologen geäußert, die selbst einen kognitiven Ansatz vertreten (z. B. Seligman, 1988; Teasdale, 1988), von Vertretern der Konditionierungstheorie der Angst (z. B. Wolpe & Rowan, 1988) sowie von Verfechtern des biologischen Ansatzes (vor allem Klein & Klein, 1989). Unter anderem folgende Einwände wurden vorgebracht: Kleins Theorie sei unpräzise und nicht vereinbar mit bestimmten empirischen Befunden; die Effekte verschiedener Medikamente auf Panikanfälle stünden im Widerspruch zur kognitiven Theorie; es dürften keine Panikattacken im entspannten Zustand auftreten sowie auch keine nächtlichen Anfälle; und schließlich gäbe es viele Bedingungen und Stimuli, die zwar einen Angstanstieg, aber keine Panikattacke auslösen würden. Einige dieser Argumente – z. B. das Auftreten von Panikanfällen im entspannten Zustand – stellen kein Problem für die kognitive Theorie dar und lassen sich sogar als Argument *für* ihre Richtigkeit ins Feld führen. Andere Einwände – etwa die nächtlichen Panikanfälle – sind schwerer zu entkräften; außerdem lassen sich noch eine ganze Reihe anderer Kritikpunkte hinzufügen. Eine vollständige Darstellung der Einwände aus der Sicht der biologischen Theorie und der Gegenargumente dazu findet sich bei McNally (1994, S. 110-115).

Unerklärt sind nach wie vor die wichtigsten demographischen Merkmale der Panikstörung (der Beginn im frühen bis mittleren Erwachsenenalter und der hohe Frauenanteil). Warum fangen Menschen als junge Erwachsene an zu «katastrophisieren»? Und wieso Frauen viermal häufiger als Männer? Warum entwickeln so wenig ältere Menschen eine Panikstörung – sie hätten doch gewiss mehr Grund als junge Erwachsene, sich Sorgen angesichts ihrer körperlichen Empfindungen und ihrer nachlassenden Gesundheit zu machen. Nach Seligman (1988) ist das Konzept «katastrophisierende Fehlinterpretation» zu vage und steht kaum in Zusammenhang zu anderen Konzepten und Theorien der kognitiven Psychologie. Darüber hinaus ist er der Ansicht, dass Clarks Theorie sich nicht deutlich genug von nicht-kognitiven Erklärungen abhebe und sich mit der Konditionierungstheorie überschneide (vgl. Wolpe & Rowan, 1988). Seligman erinnert auch an die schwierige ungelöste Frage, warum bestimmte Ängste trotz wiederholter Widerlegung fortbestehen. Wieso, fragt er, weiß jemand, der hundert Panikattacken hinter sich hat, immer noch nicht, dass sein Herz *nicht* stehen bleibt? Warum glaubt er immer noch, kurz vor einem Herzanfall zu stehen? Eine Überzeugung, die so häufig widerlegt wurde und sich als unberechtigt herausgestellt hat, sollte eigentlich irgendwann verschwinden. Teasdale (1988) wirft die Frage auf, warum die kognitive Therapie auf Unterstützung durch konkrete eigene Erfahrungen angewiesen ist. Auch wenn kognitive Interventionen das Denken verändern, bedürfen sie häufig der Ergänzung durch die direkte Erfahrung.

Es gibt keine befriedigende Erklärung für nächtliche Panikanfälle. Möglich ist, dass diese zum Teil durch schlechte Träume ausgelöst werden und es in anderen Fällen zunächst zum Erwachen und dann zu der Wahrnehmung einer körperlichen Empfindung kommt. Die Erhebung der zur Überprüfung dieser Thesen notwendigen Daten – mit der gebotenen Genauigkeit und Zuverlässigkeit – ist jedoch keine leichte Aufgabe. Ein weiteres Problem ist das Auftreten so genannter «nichtkognitiver Panikattacken»: Panikattacken, die nach Angaben der Betroffenen, nicht von Angstkognitionen begleitet werden (Rachman, Levitt & Lopatka, 1987). Möglicherweise gelingt es ihnen einfach nicht, den entsprechenden Gedanken zu identifizieren; dazu aber muss gesagt werden, dass alle Patienten, die von einem nichtkognitiven Anfall berichteten, bei mindestens einer weiteren Gelegenheit ihren Angaben zufolge eine so genannte kognitive Panikattacke gehabt hatten. Es handelt sich also nicht einfach darum, dass manche Leute schlicht nicht in der Lage wären, den Inhalt ihrer Ängste zu erkennen und zu beschreiben.

Es gibt äußerst schwer zu beantwortende Fragen im Zusammenhang mit der Kausalität und es ist keineswegs leicht zu entscheiden, ob Kognitionen die Ursache, die Konsequenz oder bloß ein Korrelat von Panikanfällen sind. Der Rückgang bestimmter Kognitionen und körperlicher Empfindungen im Anschluss an eine erfolgreiche Behandlung lässt sich auf unterschiedliche Weise interpretieren (z. B. Seligman, 1988). Die Abnahme der Kognitionen und/oder der körperlichen Empfindungen könnte nämlich sowohl die Ursache der Reduktion der Panikanfälle sein als auch deren Folge. Auch könnte es sich bei dem Rückgang der Kognitionen um ein Korrelat des Rückgangs der Panikattacken handeln. Manche Kritiker vertreten die Ansicht, bei den Kognitionen und ihrem Rückgang handele es sich um reine Epiphänomene (z. B. Wolpe & Rowan, 1988). Ein Grund dafür, sich ernsthaft mit diesen alternativen Erklärungen auseinanderzusetzen, ist die Tatsache, dass in der Panik-Behandlungsstudie von Margraf et al. (1993) Patienten, die eine reine Konfrontationsbehandlung ohne kognitive Interventionen erhielten, genauso stark und dauerhaft von der Therapie profitierten wie die Patienten, die ausschließlich mit kognitiver Therapie ohne Konfrontation behandelt wurden. Darüber hinaus nahmen die kritischen Kognitionen in beiden Gruppen gleich stark ab. Anscheinend können negative Kognitionen also sowohl auf direktem als auch auf indirektem Wege abgebaut werden.

Ein befriedigendes kognitives Modell müsste also in der Lage sein, den Rückgang relevanter Kognitionen zu erklären, der sich nach einer nichtdirekten Behandlung einstellt, z. B. nach wiederholter Konfrontation mit der gefürchteten Situation. Am wahrscheinlichsten ist, dass der Patient bei jeder Konfrontation neue empirische Belege dafür geliefert bekommt, dass seine Befürchtungen unbegründet sind – er *keinen* Herzanfall erleidet, *nicht* die Kontrolle verliert usw. Diese persönlichen, direkten, die Kognitionen widerlegenden Belege schwächen auf Dauer die katastrophisierenden Interpretationen. Dennoch muss man sich fragen, wieso der direkte Angriff auf die Kognitionen in der Studie von Margraf und einer ähnlichen Untersuchung von Öst und Westling (1995) nicht signifikant effektiver war als die indirekten, eher beiläufigen Effekte der Konfrontationsbehandlung. Es besteht allerdings die Möglichkeit, dass die kognitive Therapie auf lange Sicht doch effektiver ist, auch wenn bei Abschluss der Behandlung zunächst keine Unterschiede auf der Ebene der Kognitionen erkennbar sind. Entsprechendes wurde bei anderen Störungen bereits festgestellt (z. B. Cooper & Steere, 1995). Für die kognitive Theorie spricht auch, dass es einen Zusammenhang zwischen dem Umfang der erhaltenen kognitiven Verhaltenstherapie und dem Ausmaß der Veränderung gibt. In der wichtigen Behandlungsstudie von Clark et al. (1994) war das Therapieergebnis bei den Patienten besser, die zusätzlich zu einer indirekten Behandlung auch kognitive Therapie erhalten hatten.

Was die Wirkmechanismen der kognitiven Therapie betrifft, so muss geklärt werden, ob der Abbau von Schlüsselkognitionen das entscheidende Element der Behandlung ist. Wir wissen bereits, dass die direkte Modifikation von Kognitionen eine hinreichende Voraussetzung für den Erfolg der Therapie ist, wir wissen jedoch auch, dass sie keine notwendige Voraussetzung für eine erfolgreiche Behandlung ist (so kann beispielsweise auch die Konfrontation allein schon effektiv sein, Medikamente können Verbesserungen bewirken usw.). Eine der größten Hürden, die der Beantwortung dieser Fragen im Wege stehen, ergibt sich aus der Notwendigkeit, die zeitliche Abfolge der Ereignisse zu kontrollieren. Ein Rückgang der Angst ist noch relativ leicht zu beobachten und aufzuzeichnen, kann sich jedoch langsam – eher über Wochen als über Minuten – vollziehen. Im Fall von Panikattacken beziehen sich die Veränderungsmaße in den Therapieversuchen in der Regel auf Tage oder häufig auch auf Wochen (z. B. die Zahl der Panikattacken in einer Woche oder sogar einem Monat). Wenn also der Patient einen Rückgang der Panikanfälle von beispielsweise vier auf einen pro Woche festhält – wann genau ist dann diese Abnahme eingetreten? Noch schwieriger kann es sein, die kognitiven Veränderungen zurückzuverfolgen. Wichtige Veränderungen auf der kognitiven Ebene vollziehen sich manchmal plötzlich (z. B. Öst, 1989; Rachman & Whittal, 1989) und sind dann leicht festzustellen. In vielen bzw. wahrscheinlich sogar den meisten Fällen – ob in der klinischen Praxis oder im wissenschaftlichen Versuch – bahnen sich die kognitiven Wandlungen über längere Zeit an und vollziehen sich eher innerhalb von Wochen als innerhalb von Minuten, wie z. B. auch im Fall der mit kognitiver Therapie behandelten Gruppe der Klaustrophobiestudie von Booth und Rachman (1992). Noch komplizierter wird die Sache dadurch, dass sich die Veränderungen im Bereich der Ängste bzw. der relevanten Kognitionen häufig zu einer Zeit vollziehen, zu der der Betreffende gar nicht mit dem Angst auslösenden Stimulus in Kontakt ist und sich in einem ganz anderen Umfeld befindet (Rachman, 1990). Es ist nicht möglich, genau festzustellen, wann eine solche Veränderung stattgefunden hat. Der Forschung bleibt daher die schwierige Aufgabe, die zeitliche Abfolge der Veränderungen auf der kognitiven Ebene und auf der Ebene der Panikreaktionen genauer zu bestimmen – in dem Wissen, dass sich diese Veränderungen über einen längeren Zeitraum erstrecken und dass die Bestimmung eines exakten Zeitpunktes schwierig oder unmöglich sein wird. Es gibt auch einige Hinweise, die darauf schließen lassen, dass kognitive Modifikationen einen Veränderungsprozess initiieren, der erst später sichtbar wird.

Zusammenfassend kann festgehalten werden, dass die kognitive Theorie einen außergewöhnlich hohen Erklärungswert hat und eine Reihe von empirischen Belegen vorweisen kann. Darüber hinaus hat sie zur Entwicklung einer nachweislich effektiven Therapiemethode geführt. Für die Wirksamkeit dieser Therapie gibt es keine andere befriedigende Erklärung als die kognitive Theorie selbst. Der enge logische Zusammenhang zwischen der Theorie und ihrer klinischen Anwendung ist eine weitere Stärke des kognitiven Ansatzes. Außerdem vermittelt uns die Theorie eine einigermaßen schlüssige Vorstellung davon, warum und wann es mit einer gewissen Wahrscheinlichkeit zu einem Panikanfall kommt. Eine Umgebung oder ein Hinweis, die die Möglichkeit einer katastrophisierenden Fehlinterpretationen bieten oder die die Wahrscheinlichkeit der katastrophisierenden Interpretation eines inneren oder äußeren Stimulus erhöhen, machen das Auftreten einer Panikattacke wahrscheinlicher. Das Risiko eines Panikanfalls erhöht sich, wenn relevante körperliche Empfindungen an Zahl oder Intensität zunehmen und/oder eine starke Tendenz besteht, diese Empfindungen als Anzeichen einer akuten Gefahr zu interpretieren. Bekannt ist auch, dass zwar jeder Mensch die körperlichen Empfindungen kennt, die Anlass zu einer katastrophisierenden

Fehlinterpretation geben könnten, aber nur sehr wenige tatsächlich zu solchen, eine Panikreaktion hervorrufenden Interpretationen kommen. Clark und seine Mitarbeiter haben mit Erfolg begonnen, die psychologischen Eigenschaften zu erforschen, die Menschen für derartige Fehlinterpretationen prädisponieren – ein wichtiger Schritt zur Entwicklung von Möglichkeiten, die Vulnerabilität für Panikattacken abzubauen.

Behandlung

Die Panikstörung wird mit psychologischen Methoden, Medikamenten oder einer Kombination aus beiden Strategien behandelt. Bis zur Einführung der kognitiv-behavioralen Therapie (KBT) bestand die wichtigste Methode der Behandlung von Panikattacken und damit einhergehender agoraphobischer Vermeidung in kontrollierten, gradweise abgestuften Konfrontationen mit dem gefürchteten Reiz (Barlow, 1988; Marks, 1987; Mathews et al., 1981; Rachman & Wilson, 1980). Dieses verhaltenstherapeutische Vorgehen war mäßig effektiv und wurde in vielen Fällen durch ein Entspannungs- oder Angstbewältigungstraining ergänzt. Die Erweiterung dieser Methode um eine starke kognitive Komponente verspricht eine deutliche Verbesserung ihrer – insbesondere langfristigen – Wirksamkeit (Clark et al., 1994; Margraf et al., 1993). Die KBT besteht aus zwei Komponenten: der Identifikation der problematischen Kognitionen und ihrer Ersetzung durch funktionale plus Durchführung von Konfrontationsübungen zur Unterstützung der kognitiven Veränderungen (Hawton et al., 1989). Dass sich in einigen Studien ein fast rein kognitives Vorgehen als ebenso erfolgreich erwiesen hat wie die traditionelle Konfrontationstherapie (z. B. Margraf et al., 1993), zeigt, dass die bisherigen theoretischen Erklärungen der Wirkung von Verhaltenstherapie überdacht werden müssen. Ebenso wirft die Tatsache, dass eine reine Konfrontationstherapie genau so effektiv sein kann wie eine kognitive Behandlung, Fragen zum kognitiven Modell auf.

Abgesehen von diesen interessanten theoretischen Fragen ist die erhöhte Wirksamkeit der KBT sehr begrüßenswert. Die Therapie ist damit in der Lage, vielen Menschen ein effektives Hilfsangebot zu machen. In den Studien, die in den letzten sieben Jahren veröffentlicht wurden, lag der Anteil der Patienten, die nach Abschluss der Behandlung frei von Panikattacken waren, bei 80 bis 90 Prozent. Damit ist die KBT eine bei dieser Störung ganz außergewöhnlich erfolgreiche Methode (Clark, 1997; Cote & Barlow, 1993). Dennoch wird die Mehrheit der Patienten nach wie vor mit der Konkurrenzmethode behandelt – Pharmakotherapie. Besonders Imipramin ist als wirksames Medikament bekannt (Clark et al., 1994). Wie andere ähnliche trizyklische Antidepressiva kann Imipramin Panikattacken in vielen Fällen reduzieren oder ganz beseitigen. Allerdings haben diese Medikamente Nebenwirkungen und werden häufig nicht gut vertragen (Lader, 1994). Außerdem besteht ein Rückfallrisiko nach Absetzen der Medikation. Das Rückfallrisiko ist auch besonders hoch (50 Prozent oder höher) bei einer anderen Gruppe von Medikamenten: den etablierten und weit verbreiteten Benzodiazepinen (z. B. Alprazolam). Lader (1994) weist darauf hin, dass bis zu 15 Prozent der Patienten, die einen Allgemeinmediziner aufsuchen, dies wegen einer Angstproblematik – in der einen oder anderen Form – tun und dort dann die Standardbehandlung aus der Verschreibung eines anxiolytischen Medikaments (besonders Benzodiazepinen) besteht. «Die Anxiolytika unterdrücken in gewissem Ausmaß – und manchmal auch relativ effektiv – die Symptome der Angst, richten jedoch nichts gegen die eigentlichen Ursachen der Störung aus» (Lader, 1994, S. 323).

Auch wenn eine psychologische Behandlung prinzipiell die bessere Alternative ist, besteht manchmal aus praktischen oder finanziellen Gründen nicht die Möglichkeit einer Psychotherapie. In vielen Fällen wird man jedoch natürlich eine psychologisch-medikamentöse Kombinationsbehandlung in Erwägung ziehen.

Da man wusste, dass psychologische Methoden und Pharmakotherapie beide zumindest in bestimmtem Ausmaß effektiv sind, lag die Vermutung nahe, dass sich durch eine Kombination der beiden Vorgehensweisen noch bessere Ergebnisse erzielen lassen als durch eine der beiden allein. Überraschenderweise ist das jedoch nicht der Fall. Die Mehrheit der Studien, in denen die Kombinationsbehandlung mit einer ausschließlich medikamentösen und ausschließlich psychologischen Therapie verglichen wurde, konnten keine Überlegenheit der Kombinationstherapie nachweisen (z. B. Otto, Gould & McLean, 1996). So erwiesen sich in einer der ersten vergleichenden Untersuchungen zur Wirksamkeit von Verhaltenstherapie und Pharmakotherapie (Clomipramin) mit vierzig Patienten mit schwerer, chronischer Zwangsstörung beide Behandlungen als mäßig effektiv (Rachman, Cobb, Grey, McDonald & Sartory, 1979). Eine weitere Patientengruppe, die sowohl pharmako- als auch verhaltenstherapeutisch behandelt worden war, profitierte auch nur so viel wie die Patienten, die ausschließlich Medikamente oder Verhaltenstherapie erhalten hatten. Es gab keinen additiven Effekt (vgl. auch Foa et al., 1992, S. 279 [«Imipramin potenzierte die Wirksamkeit der Verhaltenstherapie nicht»], sowie zahlreiche weitere Arbeiten, u. a. Otto et al., 1996; Marks, 1987). Man vermutete damals, dass die Effekte des Clomipramins sekundärer Art seien, d. h., dass es (als Antidepressivum) über einen Abbau der depressiven Symptomatik auf die Zwänge wirke. In späteren Untersuchungen konnte diese Hypothese nicht bestätigt werden, die Frage ist jedoch noch nicht abschließend geklärt (Marks, 1987). Unabhängig davon, auf welche Ursachen man das überraschende Ausbleiben additiver Effekte zurückführt, sind auch spätere Vergleiche der psychologischen Behandlung mit einer Kombinationstherapie in der Regel zu dem gleichen Ergebnis gekommen: Additive Effekte sind die Ausnahme (Otto et al., 1996). Wir haben es hier anscheinend mit einer merkwürdigen therapeutischen Mathematik zu tun, in der gilt: 1+1=1.

Obwohl es keine überzeugenden empirischen Belege für den Wert einer Kombination von psychologischer Behandlung mit Medikamenten gibt, ist diese Kombinationsbehandlung in vielen Therapieeinrichtungen nach wie vor die Methode der Wahl. Im klinischen Alltag scheint es oft im Interesse des Patienten zu liegen, beide Behandlungen zu erhalten. Dabei deutet manches darauf hin, dass zumindest manchmal die Gabe bestimmter Medikamente den Erfolg der psychologischen Behandlung gefährden (Marks, Swinson & Basoglu, 1993) bzw. das Rückfallrisiko erhöhen kann. In einer Studie von Otto, Pollack und Sabatino (1996) blieben 69 Prozent der Patienten mit Panikstörung, die im Anschluss an eine kognitive Therapie keine Medikamente nahmen, über zwei Jahre rückfallfrei. Von den Patienten, die nach der kognitiven Therapie weiterhin Medikamente nahmen, blieben nur 24 Prozent im Nachuntersuchungszeitraum von Panikanfällen verschont (siehe auch Otto, Pollack, Meltzer-Brody & Rosenbaum, 1992).

Zusammenfassung

Bei einem Panikanfall handelt es sich um einen im Allgemeinen 5 bis 20 Minuten anhaltenden intensiven Angstzustand, auf den meist ein Residuum – länger anhaltende Ängstlichkeit – folgt. Panikzustände treten bei vielen Menschen auf, die unter einer Angststörung leiden, handelt es sich jedoch bei den wiederholten Panikattacken um das einzige oder das schwerwiegendste Problem, wird eine Panikstörung diagnostiziert.

Die Forschung betrachtete die Panikstörung ursprünglich als biologische, medikamentös zu behandelnde Störung. Die revidierte biologische Theorie ist spezifischer und führt das Problem auf eine Überempfindlichkeit des Alarmsystems des Körpers zurück: Demzufolge sind Panikattacken falsche Alarmreaktionen, zu denen es kommt, weil das entsprechende Kontrollsystem fälschlicherweise einen Mangel an Atemluft meldet. Die Theorie kann eine große Menge an empirischen Belegen vorweisen, ist jedoch nicht in der Lage, einige wichtige Aspekte des Phänomens zu erklären, auf die die konkurrierende psychologische Theorie eingeht.

Die kognitive Theorie geht davon aus, dass Panikreaktionen die Folge einer katastrophisierenden Fehlinterpretation bestimmter körperlicher Empfindungen sind. Daraus folgt, dass eine Korrektur oder Beseitigung dieser falschen Interpretationen weitere Panikanfälle verhindern sollte. Die Theorie hat viel Unterstützung gefunden und die aus ihr abgeleitete Therapie ist effektiv. Allerdings gibt es noch einige Probleme zu lösen.

Kapitel 6

Agoraphobie

Das ursprüngliche Konzept der Agoraphobie – eine Furcht vor öffentlichen Plätzen bzw. Orten mit entsprechender Vermeidung – ist revidiert worden und steht jetzt in einem engen Zusammenhang zur Theorie der Panikstörung. Im vorliegenden Kapitel wird auf aktuelle Modellvorstellungen zur Agoraphobie sowie auf die heute übliche Behandlung eingegangen.

Das Konzept der Agoraphobie – die, da sie so weit verbreitet ist und alle wesentlichen Merkmale neurotischen Verhaltens in sich vereint, als Prototyp der Neurose betrachtet werden kann – ist in den vergangenen Jahren immer wieder zum Ziel kritischer Angriffe geworden und hat viel von seiner ursprünglichen Bedeutung verloren. Mehr als 30 Jahre galt die Agoraphobie als Prototyp der Neurosen und Theorien, die keine plausible Erklärung für die agoraphobische Symptomatik lieferten, stießen nur auf geringes Interesse.

Die wichtigsten Merkmale der Agoraphobie sind eine Furcht vor öffentlichen Orten bzw. Plätzen und vor Fahrten, vor allem mit öffentlichen Verkehrsmitteln. Begleitet werden diese Ängste häufig von einer Furcht vor dem Alleinsein, sogar in den eigenen vier Wänden. Die Betroffenen befürchten ihren eigenen Schilderungen zufolge, sie könnten «umkippen», einen Herzanfall erleiden, «in der Falle sitzen», die Beherrschung verlieren oder dass irgendetwas anderes Schlimmes passieren könnte. Sie reagieren mit körperlichen Symptomen, sobald sie sich von ihrem sicheren Stützpunkt, meist der eigenen Wohnung, entfernen – oder auch nur daran denken. In schweren Fällen sind die Betroffenen völlig ihrer Bewegungsfreiheit beraubt und können die Wohnung nur in Begleitung einer Vertrauensperson verlassen und selbst dann noch ist ihre Mobilität eingeschränkt. Die Störung entsteht meist im frühen Erwachsenenalter und trifft mindestens doppelt so häufig Frauen wie Männer. Sie tritt oft in Verbindung mit anderen psychischen Problemen auf, vor allem mit der Panikstörung, Klaustrophobie und Depression.

Personen, die unter Agoraphobie leiden, haben häufig auch ein hohes Maß an generalisierter Angst. Sowohl ihre Angst als auch ihr Vermeidungsverhalten unterliegen gewissen Tages- und Wochenschwankungen, die Furcht selbst bleibt jedoch oft über viele Jahre bestehen. Manchmal kommt es zu einem spontanen Rückgang der Agoraphobie; auf Therapie sprechen die Betroffenen mäßig gut an (Rachman, 1990). Durch wiederholte Übungen, bei denen systematisch die Furcht auslösenden Situationen aufgesucht werden (die so genannte Konfrontationsbehandlung), lassen sich in den allermeisten Fällen Fortschritte erzielen; häufig bleibt jedoch eine bestimmte Restangst bestehen.

Frühe und neuere Modellvorstellungen

Ins Zentrum der Aufmerksamkeit rückte die Agoraphobie in den frühen fünfziger Jahren, was vor allem auf die hohe Anzahl der betroffenen Patienten zurückzuführen war. Die Problematik eignete sich für eine Behandlung unter Rückgriff auf die damals neu entwickelten verhaltenstherapeutischen Methoden und Lerntheoretiker wie Eysenck (1957, 1967) und Wolpe (1958), die die Bedeutung des beobachtbaren Verhaltens in den Vordergrund stellten, erkannten schnell, dass sich ihnen hier ein ideales Anwendungsgebiet für ihre Neurosetheorien bot.

Da unangepasstes Vermeidungs*verhalten* ein zentrales und beobachtbares Merkmal der Agoraphobie darstellt, eignete es sich gut zur Überprüfung der neuen Neurosemodelle, die den Schwerpunkt auf das beobachtbare Verhalten legten. Man konzentrierte sich ganz auf das Vermeidungsverhalten – ja, definierte die Störung sogar neu als Vermeidungsproblematik – und erhoffte sich davon, neue Techniken zur Modifikation dieses dysfunktionalen Verhaltens entwickeln zu können. Grundlage des neuen Ansatzes war ein umfangreiches Datenmaterial, das aus Untersuchungen an kleinen Tieren unter Laborbedingungen stammte. Es war bereits viel über die Entstehung und Aufrechterhaltung von Vermeidungsverhalten bei Tieren bekannt. Die Verfechter der Anwendung der Lerntheorie auf klinische Fragestellungen kannten die Konzepte und Methoden aus der Forschung zum Vermeidungsverhalten und basierten ihr Agoraphobiemodell auf diesen Theorien und Modellen.

Man hielt konditionierte Furchtreaktionen für einen zentralen Bestandteil der Agoraphobie und der meisten anderen Neurosen. Bei der Agoraphobie, so meinte man, seien es u. a. öffentliche Orte und Verkehrsmittel, die als konditionierte Stimuli die Furchtreaktion auslösten. Die konditionierten Ängste zögen wiederum Vermeidungsverhalten nach sich, da Menschen lernen, die Orte zu vermeiden, an denen sie Furcht oder Schmerz erlebt haben. Eine Zeitlang hatte diese Theorie ihre Berechtigung: Sie konnte sich auf experimentelle Befunde stützen und fand weitere Bestätigung durch die erfolgreichen Behandlungstechniken, die aus ihr abgleitet wurden.

Zu den Studien, die die Theorie unterstützten, zählte eine Untersuchung von Öst und Hugdahl (1983): Hier führten 81 Prozent der befragten 88 Agoraphobie-Patienten den Ausbruch ihrer Ängste auf eine konditionierende Erfahrung zurück. In einer Studie von Thorpe und Burns (1983) war diese Zahl etwas geringer: Siebzig Prozent der Befragten nannten ein auslösendes Erlebnis. Allerdings beschrieben nur 38 Prozent dieses Erlebnis so, dass es mit dem Konditionierungsmodell zu vereinbaren war. Insgesamt blieb recht unklar, welche Art von Ereignissen eine Agoraphobie verursachen können, und selbst in ihrer erfolgreichsten Zeit blieb die Konditionierungstheorie die Antwort auf viele wichtige Fragen schuldig. Als sich dann kognitive Erklärungen in der klinischen Psychologie durchzusetzen begannen, fragte man sich schließlich, ob sich Menschen mit Agoraphobie tatsächlich vor öffentlichen Orten fürchten. Man kam zu der Auffassung, dass die Betroffenen vermutlich eher Angst davor haben, *was ihnen an diesen Orten zustoßen konnte*, als vor den Orten selbst – so wie Menschen mit klaustrophobischen Ängsten sich auch nicht vor dem Fahrstuhl selbst fürchten, sondern vielmehr davor, was ihnen darin passieren könnte (z. B. in Panik zu geraten).

Außerdem kamen noch aus einer anderen Richtung neue Thesen, die sich weitgehend von der damals vorherrschenden Auffassung unterschieden. Wie bereits beschrieben, stellte Klein die Hypothese auf, dass es sich bei der Agoraphobie lediglich um die Folge eines grundlegenderen Problems handele: der Panikstörung. Er glaubte, dass Menschen aus Furcht vor Panikattacken agoraphobisches Vermeidungsverhalten entwickelten. Sie benützten deshalb so ungern öffentliche Verkehrsmittel und würden nervös, wenn sie sich an öffentlichen Orten aufhielten oder im Theater auf einem Platz säßen, den sie nicht leicht verlassen könnten, weil sie befürchteten, sie könnten einen Panikanfall bekommen. Es ist mittlerweile allgemein anerkannt, dass sich agoraphobische Vermeidung meist im Anschluss an Panikattacken entwickelt. Deshalb betrachtet man heute öffentliche Orte oder Verkehrsmittel nicht mehr als Kern des Problems agoraphobischer Menschen. Sie stellen vielmehr den *Kontext* dar, in dem die panikbezogenen Ängste manifest werden. Aufgrund dieser neuen Sichtweise hat sich die Aufmerksamkeit weg von den Ursachen und Folgen der Agoraphobie und hin zu den Ursachen und Folgen von Panikanfällen verlagert.

Die Theorie, der zufolge es sich bei der Agoraphobie um persistierendes Vermeidungsverhalten in der Folge der Ausbildung einer konditionierten Furchtreaktion handelt, hat einen beträchtlichen Erklärungswert und diente lange Zeit als Grundlage einer effektiven Behandlungsmethode. Verschiedene Phänomene blieben jedoch unerklärt, was zu der Auffassung führte, Agoraphobie sei besser als Streben nach einem bestimmten Gleichgewicht zwischen Bedrohungs- und Sicherheitssignalen zu verstehen. Viele Menschen, die unter Agoraphobie leiden, sagen, dass sie in den kritischen Situationen das Gefühl haben, in der Falle zu sitzen, und dann in erster Linie fliehen und sich in Sicherheit bringen wollen. Drei der größten Schwierigkeiten, auf die die Theorie stößt, die Agoraphobie als furchterzeugtes Vermeidungsverhalten betrachtet, sind: a) die erstaunliche Hartnäckigkeit des Vermeidungsverhaltens; b) die Tatsache, dass in einer nicht zu vernachlässigenden Zahl der Fälle agoraphobische Ängste im Anschluss an Ereignisse auftreten, die – wie beispielsweise der Verlust eines nahestehenden Menschen – selbst nicht direkt mit Furcht verbunden sind; sowie c) die Wirksamkeit therapeutischer Methoden, die keine Konfrontation mit gefürchteten Stimuli einschließen und daher von der Theorie weder vorhergesagt noch erklärt werden kann. Vor allem angeregt durch die Kritik von Gray (1971) sowie von Seligman und Johnston (1973) an Mowrers Zwei-Faktoren-Theorie wurde das Sicherheitssignal-Konzept formuliert.

Kommt es im Anschluss an ein ängstigendes oder schmerzhaftes Erlebnis an einem öffentlichen Ort oder in einem Verkehrsmittel zu agoraphobischem Verhalten, lässt sich das relativ gut mit Hilfe der Konditionierungstheorie erklären. Entsteht eine Agoraphobie jedoch nach einem Verlusterlebnis oder einem Trauerfall, ohne dass es zu einer Angstreaktion an einem der später gefürchteten Orten gekommen wäre, lässt sich dies kaum im Sinne der Konditionierungstheorie interpretieren. Es ist unklar, wie hoch der Anteil der Fälle ist, bei dem es erstmals nach einem konkreten Furchtereignis zu agoraphobischer Vermeidung gekommen ist (Mathews et al., 1981); relativ unbestritten ist jedoch, dass sich in einer nicht unbeträchtlichen Zahl der Fälle kein konkreter Auslöser feststellen lässt (z. B. Thorpe & Burns, 1983). Diese letztgenannten Autoren befragten in einer großen Studie 900 Agoraphobiker, von denen nicht weniger als 23 Prozent angaben, dass sich ihr agoraphobisches Vermeidungsverhalten nach dem Tod eines Angehörigen oder Freundes entwickelt hätte. Weitere 13 Prozent berichteten, im Anschluss an eine Krankheit agoraphobisch geworden zu sein. Darüber hinaus gaben in dieser Studie 89 Prozent der Befragten Tagesschwankungen des Vermeidungsverhaltens an, was gegen eine Interpretation spricht, die nur Konditionierungsprozesse als Erklärung zulässt. Nach Hallam (1978) ist es falsch, «Agoraphobie als Furcht vor diskreten Stimuli wie Straßen, Geschäften und Menschenmengen zu betrachten» (S. 314). Man müsse sich vielmehr mit den konkreten Befürchtungen der Menschen, die unter Agoraphobie leiden, befassen. Die Furcht vor Krankheit und Tod ist bei vielen Betroffenen ungewöhnlich stark ausgeprägt (Hallam, 1978; Thorpe & Burns, 1983) und die am häufigsten genannte Angst ist die vor einer Panikattacke. Eng damit verbunden ist die Angst, ohnmächtig zu werden oder «zusammenzubrechen». Aus dieser Erkenntnis – nämlich dass Menschen mit Agoraphobie sich vor allem vor Panikattacken, Ohnmacht, Krankheit, Tod etc. fürchten – folgt, dass sie die meiste Angst in Situationen erleben sollten, in denen sie auf Hilfe angewiesen sind, falls eines der gefürchteten Ereignisse eintritt. Am unwohlsten fühlen sie sich in Situationen, aus denen es für ihr Empfinden keinen Ausweg gibt, in denen sie weit weg von zu Hause oder anderen sicheren Orten sind, wenn sie z. B. an einer Theater- oder Kinokasse anstehen müssen, allein unterwegs sind usw.

Verfolgen wir den Gedanken weiter, dass agoraphobisches Vermeidungsverhalten auf einem bestimmten Verhältnis von Gefahr und Sicherheit beruht, erklärt sich auch, wieso diese Probleme häufig nach Verlusterlebnissen entstehen. Einen nahen Angehörigen zu verlieren kann zu einer ernsthaften Erschütterung des Gefühls von Sicherheit führen. Dies gilt besonders für Menschen, die generell ängstlich sind und einen dependenten Verhaltensstil ausgebildet haben. Grundsätzlich kann jedes einschneidende Erlebnis, das unser Gefühl, sicher und geborgen zu sein, bedroht, das Gleichgewicht von Gefahr und Sicherheit zerstören.

Hieraus ergibt sich, dass alles, was – innerhalb oder außerhalb einer Therapie – das Gefühl von Sicherheit erhöht, einen Rückgang von Furcht und Vermeidung nach sich zieht (z. B. Carter et al., 1995). Dieses Sicherheitsgefühl kann durch den Erwerb von Selbsthilfekompetenzen gestärkt werden, z. B. durch so bewährte Techniken wie Entspannungsverfahren, kognitive Umstrukturierung, das Einplanen von Sicherheit gebenden Vorgehensweisen sowie eine Reihe anderer Denk- und Verhaltensweisen, die den Betroffenen das Gefühl vermitteln, allein zurechtzukommen. Aus therapeutischer Sicht ist es am lohnenswertesten, auf ein Sicherheitsgefühl hinzuarbeiten, das auf der Entwicklung adäquater Bewältigungsfähigkeiten beruht, da so das Individuum in die Lage versetzt wird, sein Gefühl von Sicherheit zu steigern, seine Bewegungsfreiheit zu erweitern und seine Abhängigkeit von anderen und die damit verbundenen Probleme abzubauen.

Beeinträchtigt wird das Gefühl von Sicherheit dagegen vor allem durch die Erfahrung einer Bedrohung, Misserfolge oder andere aversive Ereignisse. Schon ein einziges negatives Erlebnis kann ein Sicherheitsgefühl, das sich über längere Zeit aufgebaut hat, nachhaltig unterminieren. Der zweite Faktor, der zu einem verminderten Gefühl von Sicherheit beitragen kann, ist der Verlust von Schutz, insbesondere in Form eines vertrauten Mitmenschen. Das Gefühl von Sicherheit kann auch dadurch beschädigt werden, dass der Schutz an Verlässlichkeit verliert. Auf die Mitmenschen bezogen, heißt das, dass sich jemand nur ein- oder zweimal als nicht völlig verlässlich erweisen muss, um das Gefühl von Sicherheit zu untergraben. Nicht nur die Verlässlichkeit von Menschen, sondern auch die von Gegenständen wie Fahrzeugen, Telefonen und anderen Dingen, die Sicherheit verleihen können, bzw. der Zugang zu ihnen ist von großer Wichtigkeit für Personen mit Agoraphobie.

Entscheidend für das Sicherheitsgefühl sind Verlässlichkeit und Vorhersagbarkeit (Rachman, 1984).

Behandlung

Die «traditionelle» Agoraphobiebehandlung besteht seit Einführung der Verhaltenstherapie aus einem geplanten, kontrollierten Aufsuchen der Orte, vor denen sich der Patient fürchtet. Eine beeindruckende Menge an Behandlungsstudien legt den zwingenden Schluss nahe, dass die Konfrontation mit den gefürchteten Situationen in der Behandlung von Agoraphobie-Patienten manchmal hinreichend, häufig notwendig und in der Regel mit günstigen Ergebnissen verbunden ist. Bei ungefähr 60 bis 70 Prozent der mit In-vivo-Konfrontation behandelten Patienten kommt es zu einem deutlichen Symptomrückgang (Shapiro, Pollard, Carmin, 1993, S. 187).

Mittlerweile hat sich jedoch die Ansicht durchgesetzt, dass hinter der Mehrzahl der Fälle von Agoraphobie eine Panikstörung steht, weshalb die Behandlung der Agoraphobie heute meist hinter die Behandlung der Panikanfälle zurücktritt. Üblicherweise geht man heute zunächst die Panikstörung an und erst im Anschluss daran die agoraphobische Vermeidung (Hawton et al., 1989; Clark & Fairburn, 1997).

Zusammenfassung

Die wichtigsten Merkmale der Agoraphobie sind die Furcht vor öffentlichen Orten und Verkehrsmitteln und deren Vermeidung. Ursprünglich galt die Störung als Paradebeispiel eines konditionierten Angstmusters, eine Ansicht, die durch Fallstudien unterstützt wurde. Demnach kommt es zunächst durch ein negatives Erlebnis an einem öffentlichen Ort zu einer Konditionierung, woraufhin sich eine anhaltende konditionierte Furcht ausbildet. Nun wird die motivierende Eigenschaft von Furcht wirksam und führt zur Verstärkung von Flucht- und Vermeidungsverhalten. Es kommt zur Agoraphobie.

Später dann kam man zu der Auffassung, dass sich Menschen mit Agoraphobie im Grunde nicht vor bestimmten Orten fürchten, sondern davor, was ihnen dort passieren könnte. Diese neue Sichtweise führte dazu, dass man sich mit der Suche nach Sicherheit bzw. Sicherheitssignalen befasste und agoraphobische Vermeidung als Ausdruck eines gestörten Gleichgewichts zwischen subjektiv empfundener Gefahr und Sicherheit betrachtete.

Die traditionelle Therapie der Agoraphobie, die aus einem geplanten, kontrollierten Aufsuchen der Orte besteht, vor denen sich der Patient fürchtet, ist zumindest mäßig erfolgreich. Dabei geht man heute in der Regel zunächst die Ursache der Angst und die häufig mit ihr verbundene Neigung zu Panikanfällen an.

Kapitel 7

Zwang

In diesem Kapitel werden die wichtigsten Merkmale von Zwangsgedanken und Zwangshandlungen beschrieben und ihr Zusammenhang zur Angst, wie er sowohl in klinischen Studien als auch in experimentellen Arbeiten zum Vorschein kommt, dargestellt. Behandelt werden Zwänge mit psychologischen Methoden oder medikamentös oder mit einer Kombinationstherapie.

Zwangsstörungen

Das Verhalten, das Menschen mit einer Zwangsstörung an den Tag legen, ist in mehrfacher Hinsicht ein Musterbeispiel für gestörtes Verhalten. Viele von ihnen leiden beträchtlich unter der wiederholten Ausführung von im Wesentlichen irrationalen Handlungen – etwa dem ständigen Händewaschen. Menschen, die mit ihrem Verhalten ansonsten durchaus innerhalb der Grenzen des Vernünftigen bleiben, tun also Dinge, die sie selbst als sinnlos ansehen. Sie geben einem Drang nach, der im Widerspruch zu ihrem eigenen rationalen Empfinden steht; ihr zwanghaftes Verhalten entzieht sich bis zu einem gewissen Grad ihrer Kontrolle. Zwangsstörungen sind relativ selten, können aber mit erheblichen Belastungen und Beeinträchtigungen für die Betroffenen verbunden sein – sowie auch für das Umfeld, das häufig ebenfalls unter den negativen Folgen des Problems zu leiden hat. Zwangsgedanken und Zwangshandlungen gehen oft mit starker Angst einher bzw. sind durch Angst motiviert (und fungieren daher im DSM als Angststörung). Daneben gibt es auch einen engen Zusammenhang zur Depression.

Das klassische Beispiel zwanghaften Verhaltens sind exzessive, stereotype Waschhandlungen sowie ähnlich stereotype und repetitive Kontrollhandlungen, insbesondere zur Überprüfung von Gefahrenquellen in der eigenen Wohnung und am Arbeitsplatz (z.B. wiederholtes Überprüfen des Elektroherds oder von Türen und Fenstern). So entwickelte ein 36-jähriger Verkäufer massive Ängste vor möglichen Infektionen, vor allem mit Aids, und begann, sich ständig die Hände und den restlichen Körper zu waschen sowie seine Kleidung zu reinigen. Er duschte schließlich bis zu achtmal täglich, ohne dadurch jedoch seine Furcht ganz abschütteln zu können, sich durch den Kontakt mit «unsauberen» Personen, Gegenständen oder Orten infiziert zu haben. Menschen oder Orte, die er für potenzielle Infektionsquellen hielt, vermied er strikt. Jedes Mal, wenn er die eigenen vier Wände verließ, befürchtete er, mit infektiösem Material in Kontakt kommen zu können. Besonders große Angst hatte er davor, mit benutzten Kondomen in Kontakt zu kommen. Ständig suchte er seine Umgebung nach «gefährlichen» Gegenständen ab. Ging er beispielsweise in einem öffentlichen Park spazieren, suchte er unaufhörlich die Gegend nach herumliegenden Präservativen ab und befürchtete bei allen möglichen kleinen weißen Dingen, die er aus der Ferne erblickte – wie einem weggeworfenen Papiertaschentuch –, es könne sich um ein gebrauchtes Kondom handeln. Abgesehen von seinen massiven Ansteckungsängsten hatte er auch ein allgemein erhöhtes Angstniveau. Wenngleich ihm klar war, dass sein Risiko, sich zufällig mit Aids oder einer anderen ernsten Krankheit zu infizieren, verschwindend gering war und dass, abgesehen davon, seine hygienischen Maßnahmen auch keinen Schutz boten, hatte er einen enorm starken Drang, sich immer wieder zu waschen. Obwohl seine Handlungen also völlig übertrieben und zugestandenermaßen sinnlos waren, steckte er fest im Griff seiner Angst und ihrer starken Triebkraft.

Bei einer jungen Büroangestellten nahm das zwanghafte Kontrollieren von Elektrogeräten, Herd, Türen und Fenstern ihrer Wohnung solche Ausmaße an, dass sie jeden Morgen zwei Stunden damit beschäftigt war, ehe sie aus dem Haus gehen konnte. Ihr war bewusst, dass das Risiko, dass sich in ihrer Wohnung irgendein Unglück ereignen würde, äußerst niedrig war, dennoch bekam sie jedes Mal vor dem Verlassen des Hauses große Angst, die nur dadurch gedämpft werden konnte, dass sie alle potenziellen Gefahrenquellen viele Male kontrollierte. Es ist bemerkenswert, wie schwer es Menschen mit Kontrollzwang fällt, sich davon zu überzeugen, dass keine Gefahr besteht. Dass sie ihre Handlungen viele Male wiederholen, kann auf Außenstehende – aber auch auf den Betroffenen selbst – beunruhigend wirken. «Ich muss es immer wieder tun, um mir ganz sicher sein zu können.» Manchmal hat es den Anschein, als könnten sie sich nicht genau erinnern, ob sie etwas bereits überprüft haben; hierbei handelt es sich aber eher um ein Mangel an Vertrauen zu ihrem eigenen Gedächtnis als um ein tatsächliches Defizit. Immer wieder bemühen sie sich um die «genaue und befreiende Erinnerung» (Proust, 1981, S. 55).

Eine dritte Patientin machte sich, immer wenn sie Auto fuhr, große Sorgen, unabsichtlich jemanden verletzt zu haben. Immer, wenn ihr etwas Ungewöhnliches auffiel – irgendetwas, das sie während der Fahrt gesehen oder gehört hatte, wurde sie sehr ängstlich und fühlte sich gezwungen, die gesamte Strecke noch einmal abzufahren und nach Anzeichen eines Unfalls und Verletzten zu suchen.

Wie die Betroffenen selbst ihre Angst und deren Folgen erleben, lässt sich gut der folgenden Beschreibung eines Patienten entnehmen (De Silva & Rachman, 1992, S. 37).

Der Gedanke ist, es könnte etwas Schlimmes passieren, nicht mir, aber meiner Familie. Den Gedanken habe ich zigmal am Tag, an manchen Tagen mehr als 50 Mal. Es kann jederzeit passieren, aber eher, wenn ich allein bin. Manchmal geht es um einen Unfall, manchmal um irgendeine Krankheit, manchmal sogar um Tod; was genau, ist nicht immer klar. Klar ist aber, dass irgendetwas Schlimmes passieren wird. Die Vorstellung schießt mir auf einmal durch den Kopf, ganz plötzlich, und wenn sie da ist, werd ich sie nicht mehr los. Egal, was ich dann gerade mache, wenn ich zum Beispiel lese, ich muss damit aufhören. Der Gedanke ist stärker als alles andere. Er macht mir Angst und lässt mich ziemlich nervös und angespannt werden. Ich *weiß* [Hervorhebung im Original], dass es irrational ist, mir wegen so einem blöden Gedanken Sorgen um meine Familie zu machen, aber wenn der Gedanke einmal da ist, kann ich nicht anders. Ich muss die Sache dann wieder geraderücken, den Gedanken irgendwie wieder gutmachen. Ich weiß gar nicht mehr, wie das am Anfang war, aber jetzt muss ich mir immer, wenn der Gedanke kommt, bestimmte Dinge vorstellen. Es ist eine genau festgelegte Abfolge [von vorgestellten Bildern von Angehörigen, Freunden, religiösen Gestalten – immer in derselben Folge].

Ein anderer Patient spürte den Drang sicherzugehen, dass «alles in Ordnung war», und führte daher extensive Kontrollhandlungen aus. Fast alles, was er tat, wiederholte er mehrmals. Die größte Unsicherheit bereiteten ihm die Türen, Fenster und Gashähne in seiner Wohnung, die er viele Male kontrollierte, bevor er aus dem Haus ging oder sich schlafen legte. Für einige Kontrollhandlungen konnte er einen Bezug zu einer konkreten Gefahr angeben, z. B. der Möglichkeit eines Einbruchs, was aber die übrigen Zwangshandlungen anging, so hatte er nur eine vage Vorstellung davon, welchem Zweck sie eigentlich dienten – der Vermeidung irgendeines nicht näher zu beschreibenden Unglücks.

Die Hauptmerkmale der Zwangsstörung sind leicht erkennbar. Die von Jaspers (1953) vorgelegte Definition ist repräsentativ und umfassend:

Diese Tatsache, daß Angstvorstellungen, Impulse usw. erlebt werden können, an die das Individuum immer denken muß, während es von der *Grundlosigkeit* der Angst, der *Sinnlosigkeit* des Impulses, der *Unmöglichkeit* des Gedankens völlig überzeugt ist, bezeichnet man im engeren und eigentlichen Sinne mit den Worten Zwangsvorstellungen, Zwangsimpulse usw. In einem engeren Sinne nennen wir also Zwangsvorgänge solche Vorgänge, gegen deren *Dasein* der Erlebende sich erstens wehrt, und deren Inhalt ihm zweitens grundlos, sinnlos, unverständlich oder relativ unverständlich ist. (S. 112, Hervorhebungen im Original).

Bei Zwangsgedanken handelt es sich um aufdringliche, wiederholt auftretende Gedanken, Vorstellungen oder Impulse, die unannehmbar oder ungewollt sind und zu einem inneren Widerstand führen. Die Betroffenen empfinden sie in der Regel als abstoßend und leiden unter ihnen. Typisch für Zwangsgedanken ist, dass sie nicht kontrolliert oder beiseite geschoben werden können. Die Betroffenen sind sich der Sinnlosigkeit der Impulse oder Vorstellungen im Allgemeinen bewusst. Der Inhalt von Zwangsgedanken ist abstoßend, besorgniserregend, bedrohlich, blasphemisch, obszön oder unsinnig und thematisch herrschen unannehmbare sexuelle, aggressive und gotteslästerliche Gedanken vor.

Unter Zwangshandlungen versteht man repetitive stereotype Handlungen. Diese Handlungen sind entweder völlig widersinnig oder – in der Mehrheit der Fälle – zumindest teilweise nachvollziehbar, aber in den Augen der Betroffenen unangemessen oder übertrieben. Während der Ausübung der Handlung beziehungsweise davor besteht ein subjektiv empfundener Zwang, der in der Regel einen gewissen Widerstand hervorruft. Die Betroffenen leiden unter den Zwangshandlungen und räumen deren Sinnlosigkeit ein, insbesondere wenn sie sie in einem ruhigen Moment beurteilen. Zwar haben die Betroffenen Kontrolle über das konkrete Verhalten (d.h., sie können die Handlungen herauszögern, ausdehnen, auf einen späteren Zeitpunkt verschieben oder reduzieren – oder sie sogar durch andere Personen ausführen lassen), dennoch kann der Drang zur Ausübung der Handlungen ausgesprochen stark sein. Die Betroffenen fühlen sich dadurch in ihrer Willensfreiheit beeinträchtigt.

Die Zwangsstörung ist nicht ganz so selten wie zunächst angenommen. Die meisten der früheren Schätzungen beruhten auf den Zahlen der stationär behandelten Patienten. Demzufolge lag die Zahl der Betroffenen bei unter einem Prozent. Neuere Daten zeigen, dass diese Schätzungen womöglich zu niedrig waren. Aus US-amerikanischen Untersuchungen geht hervor, dass zwischen zwei und drei Prozent der Bevölkerung zumindest einmal im Leben unter einer bedeutsamen Zwangsstörung leiden. Zwar sind diese Schätzungen möglicherweise etwas zu hoch gegriffen, jedoch ist dem vorliegenden Zahlenmaterial zu entnehmen, dass die Zwangsstörung in der Allgemeinbevölkerung weiter verbreitet ist, als ursprünglich vermutet worden war (De Silva &

Rachman, 1997). Auch darf nicht vergessen werden, dass viele Menschen zwanghafte Gedanken oder Verhaltensweisen haben, unter denen sie nicht leiden und die sie nicht beeinträchtigen. Außerdem ersucht ein beträchtlicher Teil derjenigen, die unter klinisch relevanten Zwängen leiden, niemals um professionelle Hilfe. Nicht selten wird versucht, das Problem zu verheimlichen. Insgesamt sind etwa gleich viele Männer und Frauen von der Zwangsstörung betroffen, allerdings gibt es Unterschiede bezüglich der Art der Zwänge (so kommen beispielsweise Waschzwänge bei Frauen häufiger vor als bei Männern). Der Beginn der Störung liegt in der Regel in der Jugend oder im frühen Erwachsenenalter, in der Mehrheit der Fälle vor dem 25. Lebensjahr. Mit Erreichen des 30. Lebensjahres sind fast drei Viertel aller Fälle bereits diagnostiziert. Häufig vergeht viel Zeit, ehe professionelle Hilfe aufgesucht wird; dank der zunehmenden Aufklärung über das Thema Zwangsstörung geht die Zahl dieser erst spät vorgestellten Fälle jedoch glücklicherweise zurück. Zweifellos wird das Problem heute schneller erkannt als noch vor drei Jahrzehnten. In ungefähr der Hälfte der Fälle entwickelt sich die Problematik schleichend. Bei den Betroffenen mit einem abrupten Beginn überwiegen die Fälle von Waschzwang gegenüber den Fällen von Kontrollzwang.

Es gibt einen engen und vermutlich kausalen Zusammenhang zwischen zwanghaften Impulsen und Zwangshandlungen, wobei vermutlich erstere zu letzteren führen. Zwangsgedanken und Zwangshandlungen sind eng miteinander verbunden, und in der Studie von Akhtar, Wig, Verma, Pershad und Verma (1975) hatten nur 25 Prozent der Patienten Zwangsgedanken, die nicht mit entsprechenden offenen Handlungen einhergingen. Wilner, Reich, Robins, Fishman und van Doren (1976) berichteten, dass 69 Prozent der von ihnen befragten 150 Zwangspatienten sowohl unter Zwangsgedanken als auch unter Zwangshandlungen litten, 25 Prozent ausschließlich unter Zwangsgedanken und 6 Prozent ausschließlich unter Zwangshandlungen.

Die notwendige und hinreichende Bedingung für die Definition eines repetitiven Verhaltens als zwanghaft ist das Erleben eines Drangs zur Ausübung der Handlung sowie die Lokalisierung dieses Drangs im eigenen Inneren. Widerstand gegen die Handlung ist ein wichtiges Merkmal, das die Diagnose bestätigt, aber weder notwendige noch hinreichende Bedingung.

Um repetitive Gedanken, Impulse oder Vorstellungen zwanghaft nennen zu können, müssen diese aufdringlich, internal attribuiert, ungewollt und schwer kontrollierbar sein. Zusätzliche Indikatoren sind Widerstand und ein Gefühl von Fremdheit. Eine Zwangsstörung liegt dann vor, wenn das Hauptproblem der betreffenden Person darin besteht, dass sie unter zwanghaften Handlungen oder Gedanken leidet und/oder durch diese in ihrer Lebensführung beeinträchtigt wird. Die nach außen hin sichtbaren Indikatoren sind repetitives, stereotypes Verhalten und ein gewisses Ausmaß an psychischer und sozialer Beeinträchtigung, die mit den Beschwerden einhergeht.

Tabelle 7.1: Kritische Merkmale von Zwangsgedanken und Zwangshandlungen

Zwangsgedanken sind aufdringliche Gedanken, die

- als unangenehm empfunden werden,
- ungewollt sind,
- um aggressive/sexuelle/blasphemische Themen kreisen,
- inneren Widerstand hervorrufen,
- Leid verursachen,
- als von einem selbst stammend erkannt werden,
- als sinnlos erkannt werden (Einsicht),
- ich-fremd sind und
- häufig mit Depressionen einhergehen.

Zwangshandlungen sind repetitive, stereotype Verhaltensweisen, die

- mit einem subjektiven Zwang verbunden sind, als dessen Quelle die eigene Person erkannt wird,
- inneren Widerstand hervorrufen,
- als sinnlos oder übertrieben erkannt werden,
- den Betroffenen peinlich sind oder unter denen sie leiden,
- auf Dauer schwer zu kontrollieren sind,
- intentional und zielgerichtet sind.

Bei Menschen mit organischen Beeinträchtigungen können repetitive Handlungen auftreten, die

- keinen nachvollziehbaren Inhalt haben,
- nicht zielgerichtet sind,
- einen mechanischen bzw. primitiven Charakter haben,
- mit bestimmten organischen Funktionsstörungen in Zusammenhang stehen.

Typologie zwanghaften Verhaltens

Grob kann zwischen zwei Hauptformen zwanghaften Verhaltens unterschieden werden: Waschzwängen und Kontrollzwängen. Diese Unterteilung beruht auf klinischer Beobachtung und wird auch durch psychometrische Untersuchungen bestätigt (Rachman & Hodgson, 1980); bei vielen Betroffenen finden sich jedoch Elemente beider Formen zwanghaften Verhaltens.

Zwanghaftes Kontrollieren dient der Vermeidung irgendwelcher Unglücke und ist fast immer auf die Zukunft gerichtet. In den meisten Fällen kann es als Form von Vorsorge verstanden werden (als aktiver Versuch, zu verhindern, dass ein befürchtetes Ereignis eintritt). Dies ist weitgehend auch bei Waschzwängen der Fall, bei denen jedoch auch die passive Vermeidung eine wichtige Rolle spielt – Versuche, dem Stimulus oder der Situation aus dem Weg zu gehen, die den Drang sich zu waschen auslösen könnten (wie im oben beschriebenen Fall die Vermeidung von Personen oder Orten, die in irgendeiner Weise mit der Gefahr einer Ansteckung in Verbindung gebracht werden). Misslingt die passive Vermeidung, verspürt der Betroffene einen starken Drang, aus der Situation zu fliehen. Der direkte Zweck der Waschhandlungen ist meistens die Wiederherstellung des Zustands der «Nichtverseuchtheit»; manchmal geht es aber auch um einen längerfristigen Präventivschutz. Waschzwänge gehen meist mit starken Ängsten einher und weisen einige Merkmale einer Phobie auf. Kontrollzwänge sind häufiger als Waschzwänge mit Zweifel und Unentschlossenheit verbunden, nehmen sehr viel Zeit in Anspruch, entwickeln sich relativ langsam, rufen inneren Widerstand hervor und gehen häufig mit Ärger und Anspannung einher.

Persistenz

Zu den rätselhaftesten Aspekten zwanghaften Verhaltens gehört seine Persistenz, d. h. seine Stabilität oder Hartnäckigkeit. Es gibt keinen vernünftigen Grund für dieses repetitive, mühevolle, peinliche und ungewollte, unsinnige Verhalten. Noch rätselhafter ist die hartnäckige Wiederkehr aufdringlicher, inakzeptabler und belastender Gedanken. Die Persistenz dieser abweichenden Erlebens- und Verhaltensweisen stellt den Kern des Problems dar.

Die am stärksten favorisierte Antwort auf die Frage nach dem Grund für das hartnäckige Fortbestehen zwanghaften Verhaltens ist, dass es Angst abbauend wirkt. Diese Ansicht, die in der ein oder anderen Form bereits vor der Entwicklung der modernen Verhaltenstheorie und -therapie geäußert wurde, vertraten die meisten Psychologen, die versuchten, eine Erklärung für diese

Art gestörten Verhaltens zu finden. Viele Jahre lang war Mowrers (1939, 1960) Zwei-Faktoren-Theorie, der zufolge die Angst paradoxerweise durch erfolgreiches Vermeidungsverhalten aufrechterhalten wird, Teil vieler Erklärungsansätze zum Thema Zwangsstörung. Diese Theorie hat damit einen prägenden Einfluss auf unser Verständnis der Problematik gehabt. Die Angaben, die die Betroffenen selbst machten, ließen sich ohne Schwierigkeit mit Mowrers Sichtweise vereinbaren und die Theorie erfüllte über eine bestimmte Zeit ihren Zweck. Nach und nach wurden jedoch die (bereits beschriebenen) Mängel der Theorie offensichtlich, und heute steht fest, dass sie zwanghaftes Verhalten nicht umfassend erklären kann. Zwar sagen Patienten häufig, dass sie ihre Zwangshandlungen ausführen müssen, um ihre Angst oder Anspannung abzubauen, diese Daten allein lassen jedoch noch keine eindeutigen Schlüsse zu. Darüber hinaus besteht die Schwierigkeit, dass ein kleiner Teil der Patienten ausdrücklich abstreitet, dass ihnen die Ausübung ihres zwanghaften Verhaltens Erleichterung verschafft (Beech, 1971, 1974). Mit Hilfe klinischer Untersuchungen, psychometrischer Studien und experimenteller Arbeiten konnte mittlerweile etwas Licht in die Fragen nach dem Wesen und der Funktion von Zwangshandlungen gebracht werden.

Eine Reihe von Experimenten hat gezeigt, dass Zwangsstörungspatienten auf die gezielte Konfrontation mit einem ihrer kritischen Stimuli fast immer mit einem steilen Anstieg an subjektiv empfundener Angst reagieren und dann den Drang verspüren, die entsprechende Zwangshandlung auszuführen (z. B. sich zu waschen). Nach der Ausführung der Zwangshandlung geht die Angst rasch zurück. Abbildung 7.1 veranschaulicht diesen Zusammenhang graphisch.

Die Hypothese, dass es nach der Ausführung zwanghafter Handlungen unmittelbar zu einem Angstrückgang kommt, wurde mit Hilfe mehrerer Experimente untersucht (siehe Rachman & Hodgson, 1980), in denen ein einfaches Vorgehen verwendet wurde. Die Patienten wurden in einen entspannten Zustand versetzt und sollten dann etwas «Verbotenes» tun (z. B. einen schmutzigen Teppich berühren), was einen Angstanstieg bewirken und in ihnen den Drang wecken würde, ihr jeweiliges Kontroll- oder Waschverhalten auszuführen. Sobald die Angst und der zwanghafte Drang ausgelöst waren, wurden die Patienten aufgefordert, die entsprechende Handlung auszuführen (sich z. B. zu waschen) und anzugeben, wie stark ihre zwanghaften Impulse und ihre Angst zu verschiedenen Zeitpunkten während des Experiments war. In der Mehrheit der Fälle kam es im Anschluss an die zwanghaften Handlungen tatsächlich zu einem Rückgang der Angst und der Stärke der mit ihr einhergehenden Impulse. Für die Patienten mit Waschzwang galt dies fast ausnahmslos. Bei den Patienten mit Kontrollzwängen gab es jedoch eine kleine Zahl von Fällen, in denen das zwanghafte Kontrollieren keinen Einfluss auf die Angst hatte bzw. in Ausnahmefällen sogar einen geringfügigen Angstanstieg nach sich zog. Interessanterweise war das Ausmaß der Angst, das unter diesen experimentellen Bedingungen hervorgerufen werden konnte, stärker bei den Patienten mit Waschzwängen als bei den Patienten, bei denen die Kontrollzwänge überwogen.

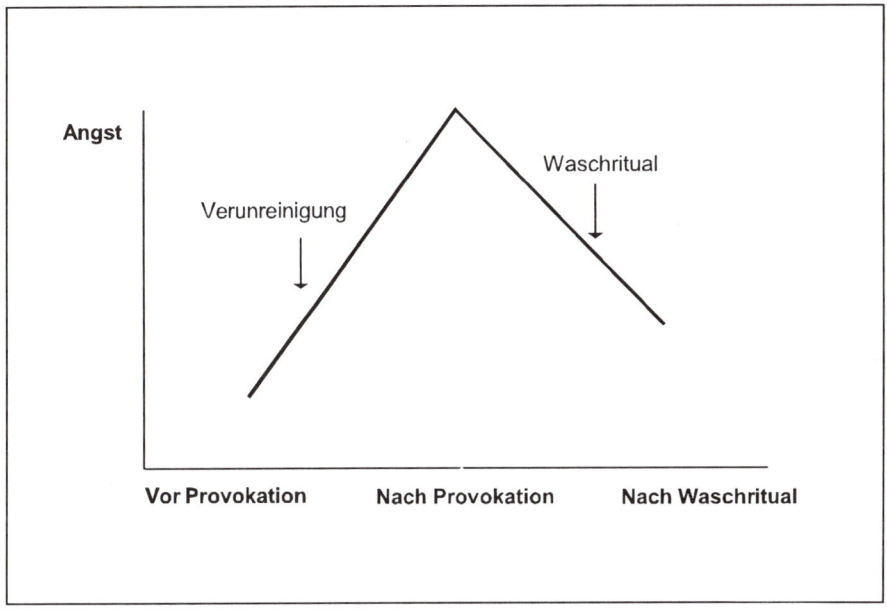

Abbildung 7.1: Angstanstieg nach Provokation und Angstrückgang nach Durchführen des Waschrituals

Mit Hilfe des gleichen experimentellen Vorgehens wurde versucht, Einsichten über zwanghafte Impulse zu gewinnen. Dazu wurden derartige Impulse als treibende, zielgerichtete Kraft definiert, deren Quelle im Inneren der Person liegt, wenngleich sie teilweise durch ein äußeres Ereignis ausgelöst werden. In psychologischem Sinn sind zwanghafte Impulse die «psychische Aktivität», die das Verbindungsglied zwischen einem Zwangsgedanken und der Ausübung einer zwanghaften Handlung darstellt.

Wie in den Experimenten zur Frage der Persistenz zwanghaften Verhaltens wurde auch hier jeder Patient zunächst mit einer für ihn kritischen Situation konfrontiert, die zu einem signifikanten Anstieg von Angst und zwanghaften Impulsen führte. Auch hier zeigte sich, dass sich Angst und Impulse regelmäßig, zuverlässig und ohne Schwierigkeit hervorgerufen werden konnten. Der natürliche Verlauf dieser zwanghaften Impulse, ihre Beziehung zur Angst und das Ausmaß ihrer Modifizierbarkeit wurden mit Hilfe zweier Experimente untersucht.

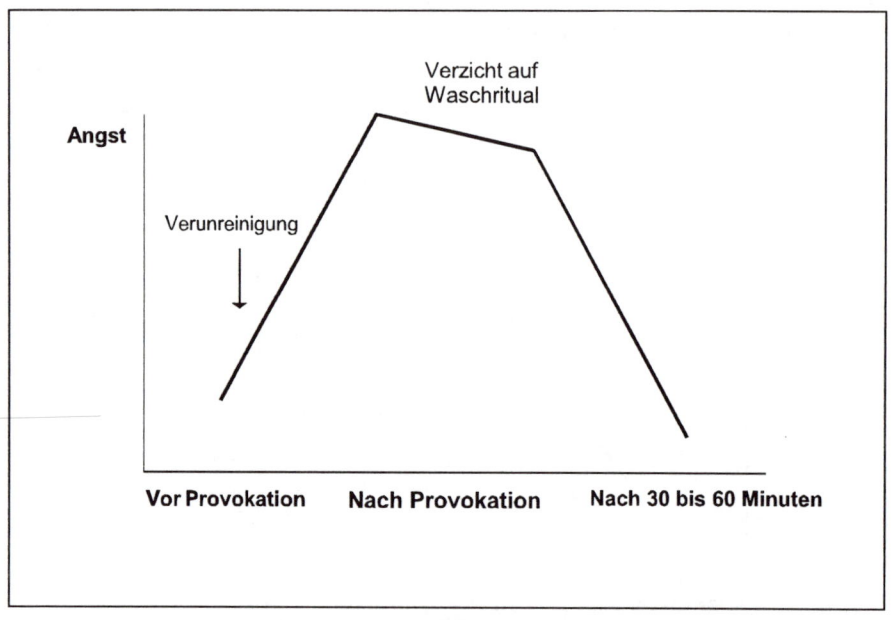

Abbildung 7.2: Langsamer, spontaner Rückgang provozierter Angst

Wie in den früheren Versuchen zeigte sich, dass die Ausübung der entsprechenden Zwangshandlung mit einem raschen Rückgang der Angst und der Impulse verbunden war und nur eine geringe Restangst bestehen blieb. Der so genannte Spontanrückgang von Angst und Impulsen (ohne Ausübung des zwanghaften Verhaltens) wurde mit einem Experiment untersucht, in dem auf die Konfrontation mit dem kritischen Stimuli eine dreistündige Beobachtungsphase folgte. In den meisten Fällen kam es innerhalb der ersten Stunde zu einem signifikanten Nachlassen von Angst und Impulsen und nach maximal drei Stunden hatte sich der zwanghafte Drang fast vollständig aufgelöst (siehe Abbildung 7.2). War den Teilnehmern dagegen die Ausführung ihrer Zwangshandlung erlaubt, berichteten sie von einem raschen und steilen Abfall der Impulse. Damit wird deutlich, dass die Ausübung der relevanten Zwangshandlung in dem Sinn eine Funktion erfüllt, dass sie eine *schnellere* Erleichterung bringt. Angesichts der vergleichsweise langen Zeit, die es dauert, bis die zwanghaften Ängste und Impulse spontan zurückgehen, ist klar, wieso es zu zwanghaftem Verhalten kommt: Dieses bewirkt ein rascheres Nachlassen der inneren Anspannung und Angst.

Wie die therapeutische Erfahrung zeigt, hilft es den Patienten, wenn sie merken, dass ihre Angst und ihre zwanghaften Impulse auch dann nachlassen, wenn sie auf die Ausführung der entsprechenden Zwangshandlung verzichten. Das wiederholte Erleben des natürlichen, spontanen Nachlassens von Angst und zwanghaften Impulsen führt zu einem dauerhaften Rückgang des zwanghaften Drangs.

Zwangsgedanken

Zwangsgedanken – aufdringliche, ungewollte, repetitive Gedanken, die inneren Widerstand auslösen – sind ein faszinierendes, aber weniger gut verstandenes Problem. Woher kommen diese störenden Gedanken, haben sie eine Funktion – wenn ja, welche – und warum sind sie so schwer unter Kontrolle zu bringen? Bei der Beantwortung dieser Fragen ist man erst einen entscheidenden Schritt weitergekommen, als man vermutete und später auch nachweisen konnte, dass bei den meisten Menschen ungewollte aufdringliche Gedanken auftreten, die viel mit Zwangsgedanken gemein haben, wenngleich sie weniger intensiv und häufig sind.

Beispiele für Zwangsgedanken sind wiederkehrende blasphemische Vorstellungen wie obszöne Fantasien von der Jungfrau Maria, aggressive Gedanken an Überfälle auf harmlose, alte oder gebrechliche Menschen oder hartnäckig sich aufdrängende Gedanken an sexuelle Handlungen, die man ablehnt. Verschlimmert wird die Situation noch dadurch, dass die Betroffenen häufig glauben, dass das Auftreten der Gedanken die Wahrscheinlichkeit erhöhen könnte, dass das gefürchtete Ereignis tatsächlich eintritt. Ein Beispiel für dieses Phänomen, *thought-action-fusion* genannt, ist der Fall eines Studenten, der durch den immer wiederkehrenden Gedanken gequält wurde, seine Familie könnte einen schweren Autounfall haben. Er glaubte, dass er jedes Mal, wenn ihm dieser Gedanke und die damit einhergehenden fürchterlichen Bilder durch den Kopf gingen, die Wahrscheinlichkeit erhöht war, dass seine Familie tatsächlich verunglücken könnte. Dies wollte er natürlich nicht und litt dementsprechend unter starken Schuldgefühlen und massiven Ängsten.

Ungewollte, als abstoßend erlebte Gedanken können so häufig wiederkehren oder so lange anhalten, dass die Betroffenen erheblich unter ihnen leiden. Sie tun dann oft etwas, das vergleichbar mit Flucht- oder Vermeidungsverhalten ist. Dazu zählt sowohl direkte Vermeidung als auch das weniger augenfällige innere Neutralisieren (das «Wiedergutmachen» des Gedankens) sowie das wiederholte Rückversichern bei anderen. Ein Großteil dieser Versuche, den Zwangsgedanken etwas entgegenzusetzen, haben große Ähnlichkeit mit offenen Zwangshandlungen. Obwohl die meisten Zwangsgedanken im Normalfall aus dem Inneren der Person kommen, können sie auch relativ leicht von außen ausgelöst werden, etwa durch den Anblick eines scharfen Messers, das dann Teil einer inakzeptablen aggressiven Zwangsvorstellung wird. So wurde beispielsweise eine liebevolle Mutter von der Vorstellung gequält, sie könne auf ihr kleines Kind einstechen. Aus diesem Grund hatte sie große Angst davor, mit Messern oder anderen scharfen Objekten allein gelassen zu werden.

Wie Horowitz (1975) zeigte, haben Menschen, die einem belastenden Ereignis ausgesetzt waren, häufig im Anschluss daran aufdringliche und repetitive Gedanken. Dies entspricht dem Ergebnis einer Studie von Parkinson und Rachman (1980) mit einer Gruppe von Müttern, deren Kinder für einen operativen Eingriff ins Krankenhaus kamen. Die Mütter standen starke Ängste aus, die von einem steilen Anstieg an ungewollten und belastenden Gedanken begleitet wurden. Zum Glück gingen sowohl die Angst als auch die belastenden Gedanken rasch zurück, sobald die Eltern informiert wurden, dass die Kinder außer Gefahr waren.

Es gibt Gründe zu der Annahme, dass es einen Zusammenhang zwischen den normalen aufdringlichen, ungewollten Gedanken und bestimmten Aspekten der klinisch relevanten Zwangsgedanken gibt. Aufdringliche Gedanken, Vorstellungen und Impulse sind ein relativ weit verbreitetes Phänomen. Die meisten Menschen – auch die psychisch gesunden – geben an, ungewollte, aufdringliche Gedanken zu haben, die eine starke Ähnlichkeit mit Zwangsgedanken besitzen. In Form und Inhalt unterscheiden sich die klinischen und nichtklinischen aufdringlichen Gedanken kaum voneinander, allerdings sind die Zwangsgedanken von Patienten intensiver, lebhafter und länger anhaltend. Sie lösen auch signifikant mehr Angst aus und es fällt den Betroffenen schwerer, sich ihnen zu widersetzen oder sie als unwichtig abzutun. Gerade die Angst auslösenden und belastenden Zwangsgedanken sind besonders schwer unter Kontrolle zu bringen. Die «normalen Zwangsgedanken», von denen die psychisch gesunden Befragten berichten, können relativ leicht abgetan, gestoppt oder in eine andere Richtung gelenkt werden.

Es ist gut möglich, dass es einen Zusammenhang zwischen den belastenden Auswirkungen des Gedankens und seiner «Hartnäckigkeit» gibt. Einigen empirischen Hinweisen zufolge existiert eine Korrelation zwischen einer negativen Stimmung und der Schwierigkeit, einen aufdringlichen oder ungewollten Gedanken abzutun (z.B. Sutherland, Newman & Rachman, 1982). Darüber hinaus ist belegt, dass bei einem hohen Angstniveau auch die Häufigkeit von Zwangsgedanken signifikant erhöht ist, auch wenn die Angst in keinem direkten Verhältnis zum Inhalt des Zwangsgedanken steht. Salkovskis (1985) beschäftigte sich in einer sehr aufschlussreichen Arbeit aus kognitiver Perspektive mit dieser Frage und kam zu dem Schluss, dass die Belastung, die von Zwangsgedanken ausgeht, und ihre Hartnäckigkeit Folge der Über- oder Fehlbewertung der Bedeutung dieser Gedanken ist (siehe auch Rachman, 1997). Fast jeder Mensch hat von Zeit zu Zeit ungewollte oder gar abstoßende Gedanken, Vorstellungen oder Impulse; worauf es ankommt, ist, welche Bedeutung er diesen Gedanken beimisst. Salkovskis vertritt die Ansicht, dass es in dem Maße zu einem starken Anstieg an Angst und anderen negativen Gefühlen kommt, in dem diese Gedanken als bedeutsam interpretiert werden (wenn der Betroffene z. B. meint, diese Gedanken seien Ausdrucks eines verborgenen, schwer wiegenden Makels seines Charakters). Die auf diese Weise entstehenden emotionalen Probleme erschweren es den Betroffenen wiederum, mit ihren aufdringlichen Gedanken umzugehen. Sie versuchen es mit dem letztendlich zum Scheitern verurteilten Neutralisieren, das in den meisten Fällen dieselbe Funktion wie zwanghaftes Verhalten hat. Diese Bemühungen, die unerwünschten Gedanken zu neutralisieren, können bestenfalls vorübergehend Erleichterung verschaffen, auf lange Sicht aber werten sie die Bedeutung dieser Gedanken auf und tragen auf diese Weise zur Aufrechterhaltung des Problems bei.

Hier einige Beispiele für Zwangsgedanken, die von Patienten beschrieben werden (De Silva & Rachman, 1992):

- der Gedanke, Kindern oder älteren Menschen etwas anzutun,
- blasphemische Gedanken während des Gebets,
- der Gedanke an «unnatürliche» sexuelle Handlungen,
- der Impuls, einen Hund brutal anzugreifen und umzubringen, und
- der Impuls, eine friedliche Versammlung zu stören (z. B. indem man laut etwas ruft oder die Anwesenden mit Gegenständen bewirft).

Beziehung zwischen Zwang und Angst

Es gibt einen engen Zusammenhang zwischen bestimmten Formen der Zwangsstörung und einem erhöhten Ausmaß an Angst und Furcht. Dies gilt besonders für Waschzwänge, weniger hingegen für zwanghafte Langsamkeit. Die psychophysiologischen Reaktionen auf phobische und zwangsbezogene

Stimuli haben allem Anschein nach einiges gemein. In beiden Fällen bewirken die Stimuli einen Anstieg der autonomen Reagibilität; diese geht nach einer erfolgreichen Behandlung in den meisten Fällen zurück. Auch auf der Seite der subjektiven Reaktionen ist ein Anstieg an Missempfinden als Reaktion auf zwangsbezogenes und Angst auslösendes Material zu verzeichnen. Diese subjektiven Reaktionen bauen sich genau wie die physiologischen im Laufe einer erfolgreichen Behandlung ab. Sowohl Zwänge als auch Ängste sind häufig mit ausgeprägtem Vermeidungsverhalten verbunden, und auch dieses ist nach einer erfolgreichen Therapie meist überwunden. Viele Zwangspatienten berichten rückblickend, als Kind sehr ängstlich gewesen zu sein, und die Auftretenshäufigkeit von Angstneurosen ist unter den Verwandten dieser Patienten erhöht (Rachman, 1985).

Behandlung

Aufgrund des Zusammenhangs zwischen bestimmten Formen von Zwangsphänomenen und Angst ist zu erwarten, dass die psychologischen Techniken, mit denen sich Ängste erfolgreich abbauen lassen, auch zur Überwindung von Zwangsproblemen geeignet sind. Dies ist tatsächlich der Fall (z. B. Abel, 1993; Christensen, Hadzi-Pavlovic, Andrews & Mattick, 1987; Marks, 1987; Turner & Beidel, 1988; Rachman & Hodgson, 1980; Stanley & Turner, 1995; Van Balkom et al., 1994). Bei bestimmten Formen von Zwängen, vor allem denjenigen, die durch beobachtbares zwanghaftes Verhalten gekennzeichnet sind, können die bewährten Techniken zum Abbau von Ängsten äußerst effektiv sein. Insbesondere die geplante und systematische Konfrontation mit den Angst auslösenden Stimuli bzw. Situationen führt nach mehreren Wiederholungen zu einem systematischen Rückgang von Angst, Unbehagen und zwanghaftem Verhalten. Im Fall der Zwangsgedanken konnten die zur Verfügung stehenden Methoden zur Angstbehandlung, die den Schwerpunkt auf das beobachtbare Verhalten legen, dagegen relativ wenig ausrichten. Dies änderte sich erst mit der Formulierung kognitiver Konzepte zur Zwangsstörung. Zum gegenwärtigen Zeitpunkt wären Schlussfolgerungen zum therapeutischen Nutzen, der aus diesen neuen Modellen gezogen werden kann, noch verfrüht; die ersten Resultate sind jedoch durchaus ermutigend. Zumindest kann gesagt werden, dass die Einführung kognitiver Konzepte die zuvor etwas dürftigen Verhaltensanalysen inhaltlich bereichert haben.

Ausführliche Darstellungen zum Thema Zwangsstörung und ihrer Behandlung finden sich bei Hawton et al. (1989), Rachman und Hodgson (1980), Steketee und Lam (1993) und Turner und Beidel (1988). Die Therapie besteht heute meist aus der geplanten, kontrollierten Konfrontation mit der Situation bzw. den Stimuli, die Angst und Unbehagen auslösen (beispielsweise mehrfachen, kontrollierten Kontakten mit vermeintlichen Infektionsquellen) und anschließender Reaktionsverhinderung – d. h. der Unterbindung des zwanghaften Verhaltens (z. B. des Händewaschens). Diese Konfrontationen – englisch *exposure and response prevention* – werden sorgfältig von Patient und Therapeut geplant und wiederholt systematisch durchgeführt. Mit dieser Behandlung lässt sich in der Mehrheit der Fälle zumindest ein gewisser Erfolg erzielen (Rachman & Hodgson, 1980; Tallis, 1995). Die Erweiterung des Therapieansatzes um kognitive Konzepte und Methoden (Salkovskis, 1985) hat bereits erste Erfolge erbracht (Salkovskis & Kirk, 1997; Tallis, 1995), und es ist sehr wahrscheinlich, dass sich damit das Spektrum der behandelbaren Probleme erweitert (z. B. um die bislang die größten Schwierigkeiten bereitenden Fälle, in denen ausschließlich Zwangsgedanken auftreten) und auch die Effektivität der Therapie erhöht.

Zurzeit wird die Mehrzahl der Patienten, die unter einer Zwangsstörung leiden, medikamentös behandelt – meist mit einem Antidepressivum aus der Gruppe der SSRI (selektiven Serotonin-Wiederaufnahmehemmer). Wie bei der Panikstörung gilt auch im Fall der Zwangsstörung, dass selbst wenn prinzipiell eine psychologische Behandlung vorzuziehen wäre, häufig aus praktischen und finanziellen Gründen eine Psychotherapie nicht möglich ist. Es ist hinreichend belegt, dass die genannten Medikamente bei einem Teil der Fälle wirksam sind (Insel, 1991; Insel & Winslow, 1992; Stanley & Turner, 1995; Tallis, 1995; Zohar et al., 1991), allerdings treten häufig Nebenwirkungen auf und es besteht ein Rückfallrisiko bei Absetzen des Medikaments. In der klinischen Praxis wird häufig eine Kombination aus medikamentöser und psychologischer Therapie empfohlen, womit in vielen Fällen auch die besten Resultate erzielt werden. Allerdings konnten – wie bereits erwähnt – wissenschaftliche Arbeiten bisher nur in Ausnahmefällen zeigen, dass sich die Effekte der beiden Behandlungsansätze addieren (z. B. Rachman et al., 1979).

In den meisten Fällen von Zwangsstörung ist auch eine depressive Symptomatik vorhanden, die möglicherweise einer pharmakologischen Behandlung vor oder anstelle einer psychologischen Therapie bedarf.

Zusammenfassung

Zwangsgedanken sind repetitive, aufdringliche, ungewollte Gedanken, die der Betreffende abstoßend findet und denen er Widerstand entgegensetzt, zumindest im Anfangsstadium. Inhaltlich drehen sich diese unerwünschten Gedanken um sexuelle, aggressive oder blasphemische Themen. Zwangshandlungen sind repetitive, stereotype Handlungen, zu deren Ausführung sich die betroffene Person getrieben fühlt, auch wenn sie sie als irrational oder zumindest übertrieben erkennt. Es handelt sich um absichtsvolle, zielgerichtete Handlungen, die dazu dienen, Angst oder unangenehme Spannung abzubauen oder irgendein kommendes negatives Ereignis abzuwenden. Die am häufigsten vorkommenden Formen der Störung sind Waschzwänge und Kontrollzwänge. Neben Ängsten, unter denen die Betroffenen häufig leiden, ist auch eine große Zahl von ihnen depressiv oder war es in der Vergangenheit.

Von den beiden konkurrierenden Erklärungsmodelle für die Zwangsstörung ist das eine psychologisch und das andere biologisch ausgerichtet. Beide Ansätze dienen als Grundlage für eine bestimmte Behandlungsform – kognitiv-behaviorale Therapie oder medikamentöse Behandlung. Beide Behandlungsformen sind zumindest bis zu einem gewissen Grad effektiv.

Kapitel 8

Soziale Angst

In diesem Kapitel wird soziale Angst definiert und beschrieben, eine Angst, deren Ausmaß nicht einfach zu bestimmen ist, von der jedoch bekannt ist, dass sie oft mit anderen psychischen Problemen einhergeht. Das Kapitel enthält darüber hinaus eine Darstellung und Bewertung der kognitiven Theorie der sozialen Angst.

Die Forschung zur sozialen Angst leidet unter der Schwierigkeit, dass keine vollständige Klarheit darüber herrscht, worin diese Angst genau besteht und in welchen Punkten sie sich von dem klinischen Bild der «sozialen Phobie» unterscheidet. Diese Definitionsprobleme bleiben natürlich nicht ohne Auswirkung auf die löblichen Versuche, das Ausmaß dieser Phänomene einzuschätzen. Entscheidet man sich dafür, soziale Angst als die innere Anspannung zu beschreiben, die einen befällt, wenn man in unbekannte oder schwierige soziale Situationen hineingeht, gibt es kaum jemanden, dem ein solches Gefühl völlig fremd ist. Den Psychologen, die an den ungewöhnlicheren Formen sozialer Angst interessiert sind – ungewöhnlich wegen ihrer Häufigkeit und/oder ihrer Intensität –, stellen sich jedoch andere Fragen. Kliniker und klinische Wissenschaftler befassen sich vorwiegend mit den extremen Ausprägungen sozialer Angst, die häufig als «soziale Phobie» bezeichnet werden, eine psychische Störung, die als eigene Kategorie Eingang in das DSM gefunden hat.

Definition

Die Begriffe soziale Angst und soziale Phobie werden häufig synonym verwendet. Auch im DSM-IV heißt es «Soziale Phobie» (300.23) und in Klammern dahinter: Soziale Angststörung. Dem DSM zufolge ist das zentrale Merkmal der Störung eine ausgeprägte und anhaltende Angst vor sozialen oder Leistungssituationen. Die Konfrontation mit einer dieser Situationen «ruft fast immer eine unmittelbare Angstreaktion hervor»; die Diagnose sollte jedoch nur dann gestellt werden, wenn der Betroffene durch die Angst erheblich in seiner Lebensführung beeinträchtigt wird oder stark unter ihr leidet.

Soziale Angst kann in vielen unterschiedlichen Formen zutage treten: Furcht davor, in der Öffentlichkeit zu reden, Lampenfieber, Unfähigkeit, vor den Augen anderer zu schreiben oder zu essen, übermäßiges Erröten, Schwitzen oder Zittern in der Öffentlichkeit. Wie die DSM-Definition schon sagt, wird die soziale Phobie bzw. Angst deshalb als «sozial» bezeichnet, weil sie in sozialen Situationen bzw. in deren Erwartung entsteht. Weiter heißt es im DSM, dass sich die Betroffenen vor dem kritischen Blick ihrer Mitmenschen fürchten bzw. davor, durch peinliches, tölpelhaftes oder inakzeptables Verhalten aufzufallen. Diese Befürchtungen geben ständig Anlass zu Besorgnis und Scham, so unberechtigt sie auch sein mögen.

Die meisten Betroffenen geben an, dass sie eine Reihe sozialer Situationen fürchten und vermeiden, bei einigen jedoch ist die Furcht auf eine einzige Interaktionsform beschränkt (Rapee, 1995). Zu den am häufigsten genannten Auslösesituationen gehören – in dieser Reihenfolge – Sprechen in der Öffentlichkeit, Partys, Sitzungen und Begegnungen mit «Respektspersonen». In Anerkennung des Unterschieds zwischen multiplen und spezifischen sozialen Ängsten wird heute allgemein zwischen generalisierter und spezifischer sozialer Angst differenziert. Bislang hat diese Unterscheidung noch keinen Eingang in die Therapie oder in umfassende Theorien zur Verursachung der Problematik gefunden, es gibt aber erste Hinweise darauf, dass generalisierte soziale Ängstlichkeit eher mit weit reichenden psychischen Problemen einhergeht, während sich umschriebene soziale Phobien häufig in der Folge konkreter traumatischer Erlebnisse einstellen (Sternberger, Turner, Beidel & Calhoun, 1995).

Sozialphobische Menschen neigen dazu, ein ausgeprägtes Vermeidungsverhalten auszubilden; da jedoch ein gewisses Maß an sozialer Interaktion in der Regel unausweichlich ist, erleben die Betroffenen immer wieder sowohl Erwartungsangst als auch situative Angst. Aufgrund der Vielfalt der Erscheinungsformen sozialer Angst und der Möglichkeit der Verwechslung mit anderen Störungen, mit denen sie bestimmte Merkmale teilt (s. u.), liegen die verschiedenen Schätzungen ihres Vorkommens in der Allgemeinbevölkerung weit auseinander: Die Angaben schwanken zwischen 1 und 22 Prozent (siehe Barlow, 1988; Edelmann, 1992). Für bestimmte Formen sozialer Angst, wie der Furcht vor dem Reden in der Öffentlichkeit, wird die Prävalenz auf bis zu 70 Prozent geschätzt (Pollard & Henderson, 1988). In einem neueren Übersichtsartikel kommen Mannuzza et al. (1995) zu dem Schluss, dass möglicherweise mehr als 10 Prozent der Bevölkerung unter sozialer Phobie leiden und über 20 Prozent erhebliche irrationale Ängste vor sozialen Situationen haben, die nicht alle Kriterien einer sozialen Phobie erfüllen. Erstmals bemerkbar machen sich soziale Phobien in der Regel im späten Jugend- bzw. frühen Erwachsenenalter – d. h. etwa zwischen dem 15. und 25. Lebensjahr (Schneier & Johnson, 1992). Die Ergebnisse einer Untersuchung von Weiller,

Bisserbe, Boyer, Lepine und Lecrubier (1996) zeigen, dass die soziale Phobie weit verbreitet ist, häufig unerkannt bleibt und hohe Kosten verursacht. Außerdem haben die Betroffenen ein hohes Risiko, irgendwann eine depressive Störung oder eine Alkoholabhängigkeit zu entwickeln. Ein Viertel der untersuchten Sozialphobiker hatte Alkoholprobleme.

Als Beispiel sei der Fall eines Rechtsanwalts erwähnt, der sich wegen seiner sozialen Angst, die seine Auftritte vor Gericht zu einer Tortur werden ließ, in Behandlung begab. Um seine Angst zu betäuben, hatte er begonnen, vor seinen Gerichtsterminen als eine Art «Selbstmedikation» in steigenden Mengen Alkohol zu trinken. Manchmal trank er so viel, dass seine Sprache verwaschen war.

Alkohol gilt allgemein als Angst reduzierend, was auch empirisch überzeugend belegt ist. Wie jedoch Wilson (1988) betont, kann Alkohol in Ausnahmefällen auch zu einem Angstanstieg führen. Die Wirkung von Alkohol auf Angst kann durch verschiedene Variablen beeinflusst werden, z. B. vom sozialen Kontext, in dem getrunken wird, von den Vorerfahrungen der Person mit Alkohol und von der Art und Weise, wie der Trinker körperliche und psychische Veränderungen interpretiert, die sich während des Trinkens vollziehen. Auch kann der Konsum von Alkohol zunächst eine Angst lösende und später eine Angst steigernde Wirkung haben. Derartiges wird nicht selten von Patienten mit Angststörungen berichtet, die beim Trinken eine Abnahme der Angst erleben, am folgenden Tag aber unter Nervosität und innerer Anspannung leiden.

Dieser Wechsel von Entspannung und späterer «Flatterigkeit» lässt sich anhand des Falles eines Patienten veranschaulichen, der unter sozialer Angst und Agoraphobie litt. Im Anfangsstadium der verhaltenstherapeutischen Behandlung machte er langsame, aber stetige Fortschritte bei der Überwindung seiner sozialen Angst und der Rückgewinnung seiner Bewegungsfreiheit. An den Wochenenden jedoch kehrte seine Angst immer wieder zurück und er fühlte sich außerstande, sich in Gegenden der Stadt vorzuwagen, in denen er sich an den anderen Tagen meist schon wieder problemlos bewegen konnte. Der Grund für diese Schwierigkeiten lag darin, dass er das Ende der Arbeitswoche am Freitagabend in bewährter Manier mit einigen Gläsern Alkohol begoss, um dann am Samstagmorgen unruhig und ängstlich aufzuwachen. Erst als er seinen freitäglichen Alkoholkonsum einschränkte, war er auch an den Wochenenden relativ angstfrei.

Mit dem Unterschied zwischen sozialer Phobie und der so genannten vermeidenden Persönlichkeitsstörung beschäftigte sich Heimberg (1996). Wenn es ein verlässliches Unterscheidungsmerkmal gibt, dann dieses: Sozialphobiker sind sich in der Regel der Tatsache bewusst, dass ihre Angst ein Problem darstellt, und würden sie gern überwinden. Menschen mit vermeidender Persönlichkeitsstörung bringen nicht den Wunsch zum Ausdruck, ein aktiveres soziales Leben zu führen, und entscheiden sich für eine zurückgezogene Lebensweise. Vielleicht mehr noch als Patienten mit anderen Angststörungen klagen Menschen, die unter anhaltender sozialer Angst leiden, über die störenden körperlichen Begleiterscheinungen ihrer Ängste, vor allem Erröten, Zuckungen, Herzklopfen oder Schweißausbrüche.

Sozialphobiker schätzen ihre sozialen Fähigkeiten als unzureichend ein. Es ist jedoch umstritten, ob Menschen, die unter starker sozialer Angst leiden, a) tatsächlich nicht über angemessene Fähigkeiten im Umgang mit anderen verfügen, b) zwar über die Fähigkeiten verfügen, sie aber nicht effektiv einsetzen können oder ob sie c) die Fähigkeiten angemessen einsetzen und nur selbst *meinen,* dies nicht zu tun. Zurzeit scheint sich die Auffassung durchzusetzen, dass eine bedeutsame Minderheit der Menschen mit starken sozialen Ängsten tatsächlich ein Defizit an sozialen Kompetenzen aufweisen. Das Ausmaß dieses Defizits sowie die genaue Rolle, die es im Zusammenhang mit der sozialen Angst spielt, ist jedoch noch ungeklärt. Außer Zweifel steht, dass es von entscheidender Bedeutung ist, wie der phobische Mensch seine soziale Kompetenz und sein Sozialverhalten selbst einschätzt.

Die allgemeine Erkenntnis, dass Menschen mit Angststörungen vielfältige Probleme haben (Barlow, 1988), trifft auch für die soziale Phobie zu (Rapee, 1995). Rapees Schätzungen zufolge leiden ungefähr 50 Prozent der Menschen mit starken sozialen Ängsten zusätzlich unter anderen psychischen Störungen, am häufigsten Depressionen und Substanzmissbrauch. Auch die Zahl derer ist relativ hoch, die gleichzeitig auch unter Agoraphobie, generalisierte Angststörung sowie einer Zwangsproblematik leiden. Oder – um es andersherum auszudrücken: Menschen mit Angststörungen wie Zwängen, Agoraphobie etc. haben ein relativ hohes Risiko, zusätzlich unter sozialen Ängsten zu leiden. Auch ein hoher Anteil der Menschen mit depressiver Symptomatik hat mit sozialer Angst zu kämpfen.

Aufgrund der Schwierigkeiten, die die Durchführung von Experimenten zu sozialem Verhalten aufwerfen, wurde in den meisten Forschungsarbeiten auf Fragebögen zurückgegriffen, in denen die Befragten ihr eigenes Erleben und Verhalten beschreiben. Diese Instrumente können nützliche Daten liefern, schreiben den Ausfüllenden aber mehr Selbsterkenntnis zu, als gerechtfertigt wäre (siehe Nisbett & Ross, 1980, die die Tendenz von Menschen beschreiben, mehr über sich zu sagen, als sie eigentlich wissen). Die Erfassung von persönlichen Einstellungen, denen in der kognitiven Theorie der sozialen Phobie eine so wichtige Rolle beigemessen wird, beruht auf ähnlichen Annahmen über die Möglichkeit zur Selbsterkenntnis und geht außerdem davon aus, dass diese universellerer Art sind, als es der Fall ist. Viele dieser Überzeugungen sind ausgesprochen individuell und lassen sich nur schwer mit Hilfe standardisierter Fragebogen erfassen.

Die kognitive Theorie sozialer Angst

Die von David M. Clark (1986) aufgestellte kognitive Paniktheorie diente als Ausgangspunkt für die Formulierung einer neuen Theorie zur sozialen Angst. Von der Grundprämisse der Paniktheorie ausgehend, analysierten Wells und Clark (1995) zahlreiche klinische und experimentelle Befunde zur sozialen Phobie. Die Menge der vorliegenden Ergebnisse ist recht groß, sie sind jedoch zu einem großen Teil bruchstückhaft, verstreut und zusammenhangslos. In Anbetracht des Erfolgs der kognitiven Paniktheorie sowie der Klarheit der Formulierungen, die ihre Stärke ausgemacht haben, erfüllt die neue kognitive Theorie der sozialen Phobie trotz einiger Lücken und Schwächen die besten Voraussetzungen als Basis für weitere theoretische Formulierungen und empirische Arbeiten zu diesem Thema. Sie verspricht, diesem vormals relativ «amorphen» Forschungsgebiet Struktur und Richtung zu geben.

> Der Kern der soziale Phobie besteht aus einem starken Wunsch, einen besonders günstigen Eindruck auf andere zu machen, und einer ausgeprägten Unsicherheit in Bezug auf die eigene Fähigkeit, dies zu erreichen ... Insbesondere glauben Sozialphobiker, dass sie in sozialen Situationen (1) ein unbeholfenes oder inakzeptables Verhalten an den Tag legen könnten und dass (2) ein solches Verhalten katastrophale Konsequenzen, nämlich einen Verlust an Status, Verlust an Wertschätzung sowie Ablehnung, hätte. (Wells & Clark, 1995, S. 69).

Die Autoren gehen davon aus, dass die kognitiven Verzerrungen, die bei anderen Formen von Angststörungen beobachtet wurden, auch für die soziale Phobie gelten, dass also die Betroffenen eine starke Tendenz haben, die Wahrscheinlichkeit und die Auswirkungen aversiver Ereignisse zu überschätzen.

Sozialphobiker neigen dazu, soziale Situationen als bedrohlich anzusehen, da sie eine Reihe von verzerrten Annahmen über sich selbst und die Art und Weise, wie sie sich in sozialen Situationen verhalten sollten, haben. Wells und Clark unterscheiden drei Hauptkategorien so genannter dysfunktionaler Überzeugungen: Überzeugungen zur eigenen Person (kategorischer Art), Überzeugungen zur sozialen Bewertung (im Wenn-dann-Format) und überhöhte Maßstäbe für das Sozialverhalten. Beispiele für die erste Kategorie

163

sind Überzeugungen wie «Ich bin blöd», «Ich bin langweilig» usw. Die zweite Kategorie umfasst Überzeugungen wie «Wenn sie wüssten, wie ich wirklich bin, würden sie mich ablehnen», «Wenn ich einen gehemmten Eindruck mache, hält man mich bestimmt für minderbemittelt» usw. Die dritte Kategorie schließlich umfasst Überzeugungen wie «Ich muss ständig intelligente und geistreiche Gespräche führen», «Ich darf nie zeigen, dass ich Angst habe». (Wahrscheinlich haben Sozialphobiker neben ihren irrigen Selbstbeurteilungen auch bestimmte dysfunktionale Ansichten über ihre Mitmenschen. Es gibt mindestens drei Arten solcher dysfunktionaler Überzeugungen über andere Menschen: die Meinung, dass andere immer genau und kritisch darauf achten, wie man aussieht und sich verhält; der Glaube, andere Menschen könnten die Gedanken des Phobikers «lesen»; und die Überzeugung, Menschen würden gleich jemanden ablehnen, der einen unbeholfenen Eindruck macht.)

Wenn die Betroffenen mit diesen kognitiven Verzerrungen in eine ihnen nicht vertraute oder schwierige oder für sie wichtige soziale Situation hineingehen, wird das von Wells und Clark so bezeichnete «Angstprogramm» aktiviert und es machen sich die Anzeichen einer erhöhten autonomen Erregung bemerkbar wie Herzklopfen, Erröten, Zittern, Atemnot usw. Diese störenden körperlichen Empfindungen beeinträchtigen die Betroffenen in ihrer Fähigkeit, die Informationen zu verarbeiten, die in sozialen Situationen anfallen, was zur Folge hat, dass ihre negativen selbstbewertenden Gedanken ausgelöst werden. Die körperlichen Symptome betrachten sie als Bestätigung ihres Gefühls, unfähig, anders und unannehmbar zu sein. Sobald sie anfangen, sich unwohl zu fühlen, neigen sie dazu, weniger freundlich auf ihre Mitmenschen einzugehen, was wiederum entsprechendes Verhalten auf deren Seite provoziert und damit die phobischen Befürchtungen weiter bestätigt.

Nach Wells und Clark werden unter diesen Bedingungen drei verschiedene Prozesse aktiviert. Es kommt zu einem bedeutsamen Anstieg der selbstfokussierten Aufmerksamkeit, dem Einsatz von Sicherheitsverhalten und dem Auftreten bestimmter angstbedingter Verhaltensdefizite. Zu den wichtigsten Komponenten ihres Modells gehört die Überlegung, dass sich sozialphobische Menschen auf der Grundlage ihrer inneren Wahrnehmungen ein – meist negatives – Bild von sich selbst machen, das, wie sie glauben, auch dem entspricht, was andere Menschen beobachten können. Der aus ihrem Inneren stammenden Information messen sie größere Bedeutung bei als der Rückmeldung, die sie von den sie umgebenden Menschen erhalten. Diese Verschiebung des Aufmerksamkeitsfokus tritt ein, sobald der Betroffene mit einer gefürchteten Situation konfrontiert wird, wobei die genaue Beobachtung der eigenen Empfindungen ungünstigerweise dazu führt, dass er sich seiner ängstlichen Anspannung zunehmend bewusster wird. Darüber hinaus beeinträchtigt sie auch die kognitive Verarbeitung wichtiger Aspekte der Situation, vor allem des Verhaltens der anderen. Dies alles führt dazu, dass der Phobiker «das Gefühl der Erniedrigung mit der Tatsache, erniedrigt zu werden, gleichsetzt, das Gefühl, sich nicht unter Kontrolle zu haben, damit, unkontrolliert zu wirken, und die innere Anspannung damit, auf andere einen angespannten Eindruck zu machen» (Wells & Clark, 1995, S. 71).

Es ist zumindest teilweise empirisch belegt, dass sozial ängstliche Menschen überschätzen, wieweit ihre Angst nach außen hin sichtbar ist (z.B. McEwan & Devins, 1983). Da sie so sehr mit ihren inneren Empfindungen und den negativen Interpretationen dieser Gefühle beschäftigt sind, achten sie weniger darauf, was um sie herum vorgeht, und fühlen sich dadurch möglicherweise anderen weniger nah. Erschwerend kommt hinzu, dass sie wegen ihres kognitiven Bias das, was ihre Mitmenschen tun und sagen, häufig als negativ und kritisch fehlinterpretieren.

Um zu vermeiden, negativ bewertet zu werden, greifen Sozialphobiker zu bestimmten Verhaltensweisen, die dazu dienen sollen, ihnen ein Gefühl von Sicherheit zu verschaffen. Unglücklicherweise verhindern diese Verhaltensweisen, dass ihre unrealistischen Überzeugungen widerlegt werden können. Wenn jemand beispielsweise den direkten Augenkontakt vermeidet, um den erwarteten kritischen Blicken zu entgehen, kann er gar nicht die Erfahrung machen, dass ein direkter Augenkontakt gar nicht die schlimmen Folgen hat, die er befürchtet. In diesem Zusammenhang ist noch ein weiterer Aspekt zu erwähnen, auf den die Theorie zwar nicht direkt eingeht, der aber gut in das Bild passt. Ein großer Teil der Schwierigkeiten sozialphobischer Personen resultiert aus ihren vergeblichen Versuchen zu erraten, was andere Menschen von ihnen denken mögen, wobei sie meist davon ausgehen, dass andere ein schlechtes Bild von ihnen haben. Diese pessimistischen Einstellungen sind jedoch prinzipiell nur schlecht zu entkräften. Man müsste schon sehr große und ungewöhnliche Anstrengungen unternehmen – andernfalls ist es kaum möglich herauszufinden, was genau andere Menschen zu einem bestimmten Zeitpunkt über einen denken. Solche Gedanken wirken nämlich eher «hinter den Kulissen» und sind nicht direkt zugänglich, so dass Hypothesen über sie auch nicht ohne weiteres widerlegt werden können. Zu Recht weisen Wells und Clark auf die ungünstigen Auswirkungen bestimmter Formen von Sicherheitsverhalten hin. Dabei übersehen sie allerdings, dass es auch konstruktives und positives Sicherheitsverhalten geben kann. Wir alle setzen in potenziell gefährlichen Situationen psychisches und physisches Sicherheitsverhalten ein – und in der Regel mit durchaus positiven Resultaten.

Der dritte Prozess, der bei der Konfrontation mit potenziell bedrohlichen Situationen in Gang kommt, ist eine angstbedingte Beeinträchtigung des Verhaltens. Da der Betreffende sich so sehr auf seine inneren Empfindungen und ihre Bedeutung konzentriert, ist er relativ unaufmerksam gegenüber den Dingen, die sich um ihn herum abspielen. Dies wird von seiner Umgebung leicht als Zeichen von Interesselosigkeit oder schlicht als Unfreundlichkeit gewertet – mit den entsprechenden Folgen: Die anderen empfinden weniger Sympathie und zeigen dies auch. In einem Experiment von Curtis und Miller (1986) zeigten die Versuchspersonen, denen man nach einem Gespräch mitteilte, dass ihr Gegenüber sie nicht mochte, in einer zweiten Konversation mit der gleichen Person ein Sozialverhalten, das als weniger freundlich und herzlich eingestuft wurde. Wenn also die Unaufmerksamkeit und das scheinbare Desinteresse des Sozialphobikers ein nachlassendes Interesse auf Seiten seines Gegenübers zur Folge hat, werden die phobischen Befürchtungen damit zumindest teilweise bestätigt.

Wells und Clark messen auch dem so genannten *post-event processing* große Bedeutung bei, der Neigung vieler Menschen mit sozialer Phobie, sich über vergangene Begegnungen und Ereignisse Gedanken zu machen und dabei genau zu analysieren, was sie alles falsch gemacht haben, sich an andere «Fehltritte» zu erinnern, diese neu zu durchleben, usw. Diese nachträglichen Verarbeitungsprozesse – Wells und Clark sprechen von *post mortems* – können die Auswirkungen negativer Erlebnisse verschlimmern und auf diese Weise sogar eine psychotherapeutische Behandlung torpedieren. Dies sind äußerst interessante Thesen und es ist zu erwarten, dass dieses Thema in den kommenden Jahren zum Gegenstand intensiver Forschungsbemühungen avanciert. Sollte die Bedeutung dieser nachträglichen Verarbeitungsprozesse bestätigt werden können, wird man derartige Prozesse auch in Zusammenhang mit den anderen Angststörungen untersuchen. Aus der klinischen Praxis gibt es bereits einige ermutigende Hinweise, denen zufolge Patienten von der Einschränkung ihrer «postumen Analysen» profitieren können.

Die Empirie

In diesem frühen Stadium sind die empirischen Befunde zur Theorie noch erwartungsgemäß spärlich und lückenhaft. Dennoch gibt das kognitive Modell einen gewissen Rahmen vor und an ihm werden sich zukünftige Forschung und klinische Neuentwicklungen orientieren. Aus den Arbeiten von Wells und Clark (1995) und anderer Autoren (vor allem Heimberg, Leibowitz, Hope & Schneider, 1995; Barlow, 1988; Edelmann, 1992; sowie Rapee, 1995) haben sich bereits eine Reihe von wertvollen und richtungsweisenden Anhaltspunkten ergeben. Es gibt Belege dafür, dass sozial ängstliche Menschen stärker zu negativ selbstbewertenden Gedanken neigen als andere, dass sie dazu tendieren, uneindeutige soziale Situationen als bedrohlich zu interpretieren, dass sie die Qualität ihres eigenen Sozialverhaltens unterschätzen und dass sie Rückmeldungen über ihr Verhalten zu ihren Ungunsten verarbeiten (beispielsweise zeigte sich in einer Untersuchung von Newlove & Rachman, 1994, dass die Sozialphobiker positive Rückmeldung systematisch herunterspielten, während sie Kritik bereitwillig akzeptierten). Sozial ängstliche Menschen überschätzen häufig auch, wie stark man ihnen ihre Angst von außen ansieht, fühlen sich leicht kritisiert und verhalten sich, wenn sie glauben, andere Menschen fänden sie langweilig oder lehnten sie ab, häufig unfreundlich diesen gegenüber. Ihre Ängste haben damit den Charakter von *self-fulfilling prophecies*. Rapee (1995) konnte zeigen, dass Sozialphobiker sehr viele negative Gedanken haben, insbesondere solche, die mit ihrer vermeintlichen Unzulänglichkeit und der Überzeugung zu tun haben, auf andere einen schlechten Eindruck zu machen.

Abgesehen von diesen experimentellen Befunden kann sich das Modell auch auf klinische Erfahrungen stützen, denen zufolge sozialphobische Patienten Fortschritte machen, wenn sie ihre ausgeprägte Aufmerksamkeitsausrichtung auf innere Vorgänge zugunsten einer stärkeren Außenorientierung überwinden. Auch eine andere Technik, die darauf abzielt, dass der Patient seine vergeblichen Bemühungen aufgibt zu erraten, wie andere ihn wahrnehmen und was sie von ihm halten, leitet sich aus dem kognitiven Modell ab. Darüber hinaus haben sich auch die Unterbindung des *post-event processing* und die Durchführung kleiner Experimente zur Überprüfung der Annahme, die eigene Angst wäre nach außen hin sichtbar, als hilfreich herausgestellt. Dies sind jedoch nur erste Hinweise – die eingehende Beschäftigung mit den therapeutischen Folgerungen und dem Wert des kognitiven Modells der sozialen Phobie wird viele Jahre in Anspruch nehmen. Aus therapeutischer Sicht kann dabei bereits jetzt gesagt werden, dass es zwar wünschenswert sein mag, den Fokus der Aufmerksamkeit von der eigenen Person weg nach außen zu verschieben, dies jedoch leichter gesagt als getan ist: Den meisten Patienten fällt es schwer, ihre Aufmerksamkeit über längere Zeit willentlich auf ihre äußere Umgebung zu richten.

Die Stärken des kognitiven Modells liegen darin, dass es Struktur und Kohärenz in ein Forschungsgebiet hineinbringt, das vorher alles andere als strukturiert und kohärent war, dass es gut in die allgemeine kognitive Theorie der Angststörungen integriert ist und dass ein Großteil seiner Formulierungen einer direkten Verifikation zugänglich ist. Allerdings muss es sich dieselben kritischen Fragen gefallen lassen wie die kognitiven Modelle zu den übrigen

Angststörungen und, wie bereits erwähnt, sind die empirischen Daten, auf die es sich stützen kann, momentan noch sehr lückenhaft. Außerdem muss noch genauer herausgearbeitet werden, in welchem Zusammenhang die verschiedenen Komponenten des Modells – die Schemata, die Aufmerksamkeitsausrichtung, die dysfunktionalen Überzeugungen, das *post-event processing* etc. – zueinander stehen. Es gibt zudem einige methodische Probleme, die die Untersuchung sozialer Ängste in besonderem Maße betreffen; beispielsweise gibt es kaum experimentelle Vorgehensweisen, die – ohne die Künstlichkeit, unter der fast alle Laborstudien zu diesem Thema leiden – relevante Informationen über das Sozialverhalten liefern könnten. Der Aussagewert kurzer, gestellter Begegnungen zwischen besonders ausgewählten Versuchspersonen, die im vollen Bewusstsein der Künstlichkeit der Situation handeln, ist relativ begrenzt. Ein weiteres schwer wiegendes Problem stellt die Tatsache dar, dass das Phänomen der selbstfokussierten Aufmerksamkeit, dem das Modell eine große Bedeutung beimisst, schwer zu fassen ist. Es gibt kaum Techniken, den Fokus der Aufmerksamkeit einer Person auf Dauer in eine bestimmte Richtung zu lenken. Bemerkenswert ist, dass trotz dieser schwierigen Bedingungen die Forschung überhaupt dahin gekommen ist, wo sie heute steht.

Soziale Angst innerhalb der allgemeinen Angstkonzeption

Die kognitive Theorie zur sozialen Angst ist mit dem allgemeinen Angstmodell vereinbar, das im zweiten Kapitel dargestellt wurde. Für jedes Stadium des Prozesses lassen sich Hinweisreize und Kognitionen benennen, die spezifisch für die soziale Phobie sind. So kann beispielsweise die kognitive Vulnerabilität, die manche Menschen besonders für Angstreaktionen prädisponieren soll, für die soziale Phobie konkretisiert werden. Es gibt drei Arten von Überzeugungen, die kognitiven Theoretikern zufolge zu den besonderen Denk- und Erlebensweisen sozialphobischer Menschen beiträgt: perfektionistische Maßstäbe für Sozialverhalten, falsche Überzeugungen über soziale Bewertung und negative Einstellungen zur eigenen Person (Wells & Clark, 1995). Diese Überzeugungen bilden gemeinsam mit einer konstitutionellen Prädisposition für Angstreaktionen die Grundlage dafür, dass der Betreffende hypervigilant wird, sobald er mit bestimmten sozialen Situationen konfrontiert wird. Es kommt zu einem globalen *scanning* und daran anschließend zu einer Verengung des Aufmerksamkeitsfokus. «Zu den bedeutsamsten Veränderungen, die eintreten, sobald ein Sozialphobiker mit einer gefürchteten Situation konfrontiert wird, gehört die Verschiebung des Aufmerksamkeitsfokus» (Wells & Clark, 1995, S. 70).

Ein großer Teil dieser Aufmerksamkeit ist auf innere Empfindungen (und deren Bedeutung bzw. die Frage, ob andere ihnen ihren emotionalen Zustand ansehen können) gerichtet. Außerdem ist die Wahrnehmung der Sozialphobiker wahrscheinlich zumindest teilweise verzerrt, insbesondere hinsichtlich der emotionalen Reaktionen, die sie bei anderen beobachten. Kommen sie zu dem Schluss, dass andere ihnen ihre Verfassung ansehen, interpretieren sie dies im nächsten Schritt des Prozesses als Belege ihrer eigenen Unzulänglichkeit, Unfähigkeit und Unannehmbarkeit. Das Verhalten und die Äußerungen ihrer Mitmenschen betrachten sie dabei häufig als Zeichen dafür, dass diese sie genau und mit kritischem Blick beobachten. Zustimmende Bemerkungen oder Gesten werden heruntergespielt und negative als Bestätigung des Negativbildes, das sie von sich selbst haben, gewertet. (Gelingt es dem Betroffenen hingegen, seine eigenen Empfindungen und das Verhalten seiner Umgebung positiv zu interpretieren, bleibt die Angstreaktion aus.) Ist die Interpretation überwiegend negativ, erwartet der Phobiker, bei den Anwesenden jetzt und in Zukunft auf Ablehnung zu stoßen. Dieser Prozess gipfelt in einem Zustand intensiver Angst, auf die der Betroffene mit Versuchen reagiert, aus der Situation herauszukommen, wenn seine Bewältigungsversuche (beispielsweise das Vermeiden von Augenkontakt) scheitern. Eine grafische Darstellung dieser Übertragung des allgemeinen kognitiven Angstmodells auf die soziale Angst findet sich in Abbildung 8.1.

Behandlung

Die psychologische Behandlung, die hauptsächlich in Form kontrollierter Konfrontationen mit den kritischen sozialen Situationen durchgeführt wird, ist bis zu einem gewissen Grad effektiv (Barlow, 1988; Heimberg et al., 1995; Juster & Heimberg, 1995), muss jedoch manchmal um ein Training sozialer Kompetenz ergänzt werden. In Anbetracht der bedeutsamen kognitiven Komponente, die bei sozialer Angst beteiligt ist, kann man hoffen und erwarten, dass die neueren Versuche, eine kognitiv-behaviorale Behandlungsmethode zu entwickeln (z. B. Chambless & Hope, 1996; Wells & Clark, 1995), von Erfolg gekrönt sein werden. Auch verschiedene Medikamente sind in der Behandlung von Sozialphobikern zum Einsatz gekommen, keines hat sich jedoch als besonders effektiv erwiesen und die Antidepressiva, die hilfreich zu sein scheinen (MAO-Hemmer), haben schwer wiegende Nachteile (die Notwendigkeit, bestimmte Nahrungsmittel zu meiden, Nebenwirkungen,

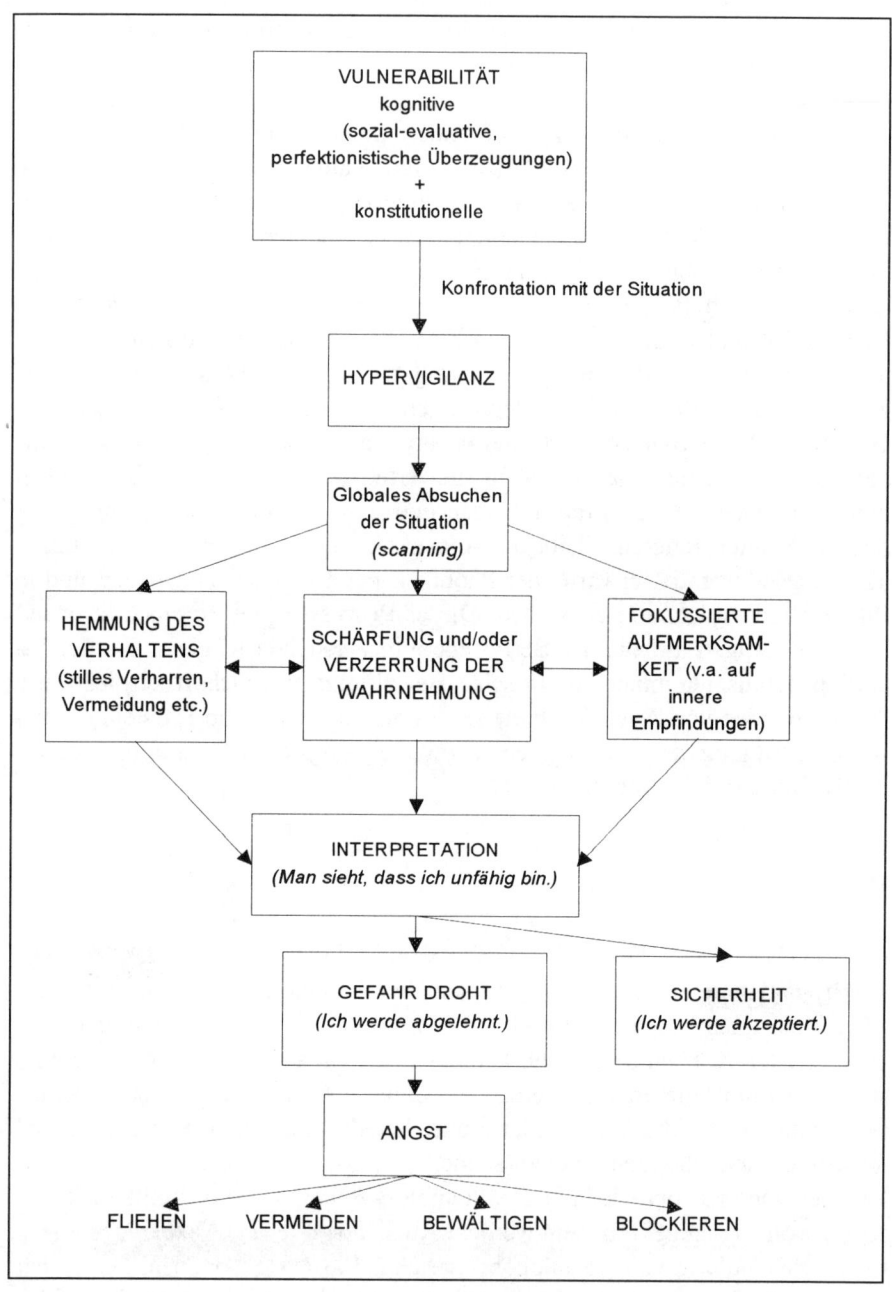

Abbildung 8.1: Das Angstmodell in der Anwendung auf soziale Angst

Gefahr von Rückfällen usw.). «Ein Training sozialer Kompetenz und Konfrontation (wahrscheinlich in Verbindung mit kognitiver Therapie) stellen wohl das Vorgehen der Wahl in der Behandlung der sozialen Phobie dar. In Anbetracht der Risiken, die mit der Pharmakotherapie verbunden sind, und des Mangels an Belegen für ihre Überlegenheit gegenüber den psychologischen Therapieformen, ist die medikamentöse Behandlung in den meisten Fällen als Notlösung zu betrachten» (Hope, Holt & Heimberg, 1993, S. 247).

Zusammenfassung

Bei sozialer Angst handelt es sich um eine ausgeprägte und anhaltende Furcht vor sozialen oder Leistungssituationen; die Angst wird ausgelöst, wenn sich der Betroffene beobachtet oder bewertet fühlt. Die am häufigsten gefürchteten Situationen sind Reden in der Öffentlichkeit, der Besuch von Partys, die Teilnahme an Sitzungen und Gespräche mit «Respektspersonen». Es kann zwischen generalisierter sozialer Angst und spezifischer, umschriebener sozialer Angst (z. B. davor, vor den Augen anderer schreiben zu müssen) unterschieden werden.

Definitionsprobleme erschweren den Versuch, die Häufigkeit sozialer Angst einzuschätzen: Die entsprechenden Angaben schwanken zwischen 1 und 22 Prozent der Bevölkerung. Häufig geht soziale Angst mit Depressionen und/oder generalisierter Angst einher.

Der kognitiven Theorie zufolge besteht der Kern sozialer Angst in einem mangelnden Vertrauen in die eigenen Fähigkeiten, einen positiven Eindruck auf andere zu machen, sowie in katastrophisierenden Fehlinterpretationen eines tatsächlichen oder vermeintlichen Scheiterns entsprechender Bemühungen. Die Betroffenen überschätzen die Wahrscheinlichkeit eines solchen Scheiterns und die Auswirkungen, die es hätte. Die empirische Überprüfung der Theorie ist im Gang und die ersten Resultate stehen weitgehend im Einklang mit den Hypothesen.

Die Behandlung besteht aus kontrollierten Konfrontationen mit den kritischen Situationen sowie aus der Modifikation dysfunktionaler Kognitionen.

Kapitel 9

Generalisierte Angststörung

In diesem Kapitel werden die Merkmale der generalisierten Angststörung beschrieben und Schätzungen zu ihrer Auftretenshäufigkeit referiert. Es wird auf Zusammenhänge zu anderen Problemen eingegangen sowie auf die wahrscheinliche Rolle von Sicherheitssignalen. Abschließend werden Behandlungsansätze beschrieben.

Die wichtigsten Merkmale der generalisierten Angststörung

Im DSM-IV wird die generalisierte Angststörung (GAS) als übermäßige Angst und Sorge beschrieben, die über einen Zeitraum von 6 Monaten an der Mehrzahl der Tage auftritt. Die Ängste und Sorgen stehen in keinem Verhältnis zu der tatsächlichen Wahrscheinlichkeit eines negativen Ereignisses bzw. zu dessen möglichen Auswirkungen.

Die Betroffenen finden es äußerst schwierig, ihre Angst zu beherrschen. Begleitet wird sie von verschiedenen physischen Symptomen, vor allem einer erhöhten Erregung *(arousal)* und muskulärer Anspannung. Auch Begleiterscheinungen wie Übelkeit, häufiges Urinieren, ein flaues Gefühl im Magen oder Schluckbeschwerden werden häufig beschrieben. Die Betroffenen fühlen sich unwohl und wirken häufig ruhelos, als ob sie ständig das Eintreten irgendeines Unglücks erwarteten. Daneben leiden sie unter Konzentrationsschwierigkeiten, Reizbarkeit und werden schnell müde.

Ein 32-jähriger Lehrer beschrieb sich als jemanden, der in ständiger Sorge lebte. Er hatte ständig Angst um seine Gesundheit und beschäftigte sich unaufhörlich mit seinen Beschwerden und Wehwehchen. Auch um die Gesundheit seiner Angehörigen war er sehr besorgt; jede Fahrt, die ein Mitglied seiner Familie unternahm, bereitete ihm schon im Voraus großes Kopfzerbrechen und er fand erst dann Ruhe, wenn abends alle wieder sicher zu Hause waren. Im Grunde lebte er in ständiger Anspannung.

Barlow (1988) hebt hervor, dass viele der Merkmale der GAS auch bei den anderen Angststörungen sowie bei den affektiven Störungen zu beobachten sind. So geben beispielsweise viele Menschen, die unter einer Zwangsstörung leiden, an, oft über längere Zeit angespannt zu sein und sich Sorgen zu machen; das Gleiche gilt für Menschen, die mit Depressionen zu kämpfen haben. Etwa die Hälfte der Menschen, die eine GAS entwickeln, datieren deren Beginn auf ihre Kindheit oder Jugend, aber auch ein Auftreten der Störung nach dem 20. Lebensjahr ist nicht selten. Die Lebenszeitprävalenz wird auf 5 Prozent geschätzt (DSM-IV), und von den Patienten, die sich an Behandlungseinrichtungen für Angststörungen wenden, erhalten 12 Prozent eine GAS-Diagnose (Barlow, 1988, S. 577).

Eines der größten Probleme im Zusammenhang mit dem Konzept der generalisierten Angststörung liegt darin, dass die wichtigsten Merkmale dieses Phänomens auch bei allen anderen Angststörungen vorkommen und keines seiner Merkmale ausschließlich bei der GAS vorhanden oder auch nur besonders typisch für sie wäre. Die vier wichtigsten Symptome der generalisierten Angststörungen (Muskelverspannung, autonome Erregung, die erhöhte Aufmerksamkeit und das ständige Beobachten der Umgebung sowie die ängstliche Erwartung) kommen bei allen Angststörungen etwa im gleichen Ausmaß vor. Diese Erkenntnisse werfen die Frage auf, wie sinnvoll es ist, die GAS als eigene Störung zu betrachten. Kritiker wenden ein, dass es sich im Grunde um eine Restkategorie für diejenigen Fälle handelt, die in keine der anderen Kategorien passen.

Barlow vertritt demgegenüber die Ansicht, dass die GAS sehr wohl als eigenständiges Störungsbild zu betrachten sei, da die besorgte Anspannung, die die Betroffenen an den Tag legen, sehr allgemein ist und «multiple Lebensumstände» betrifft (Barlow, 1985, S. 572). Sie sind *chronic worriers*, Menschen, die sich ständig und um alles Mögliche Sorgen machen. Darüber hinaus führt er an, dass die GAS oft auch noch nach der erfolgreichen Behandlung gleichzeitig vorliegender anderer Angststörungen fortbesteht und aus diesem Grunde als relativ unabhängig von der ursprünglichen Störung angesehen werden sollte. (Dagegen ließe sich allerdings einwenden, dass es sich beim Fortbestehen generalisierter Angst nach der erfolgreichen Behandlung einer anderen, klar definierten Angststörung um ein Residuum im wahrsten Sinne des Wortes handeln könnte, vielleicht vergleichbar mit der residualen Angst, die nach einer Panikattacke bestehen bleibt.) Es wurde auch die Auffassung vertreten, dass es wichtige Gemeinsamkeiten zwischen der GAS und der sozialen Phobie gäbe – mit dem Unterschied, dass bei den Menschen, die unter der letzteren leiden, die Probleme ausschließlich oder überwiegend im Kontakt mit anderen Menschen zutage treten. Dagegen ist der *chronic worrier* ständig und unabhängig von seinem sozialen Kontext mit seinen Sorgen beschäftigt. Allerdings ist ein großer Teil der Sorgen, die Menschen mit GAS zum Ausdruck bringen, sozialen Inhalts (siehe Eysenck, 1992).

Da ein konstant hohes Erregungsniveau typisch für Menschen mit GAS sein soll, sind die Aussagen Michael Eysencks (1992) zur Hypervigilanz besonders relevant für generalisierte Angst. Wie in Kapitel 2 beschrieben, suchen Menschen, die unter Angst stehen, Eysenck zufolge ihre Umgebung nach Anzeichen potenzieller Gefahren ab und konzentrieren ihre Aufmerksamkeit dann auf die entsprechenden Stimuli. Nach Brewin weisen Menschen mit generalisierter Angststörung ein «Bias in ihrer Aufmerksamkeitsausrichtung» (Brewin, 1988, S. 84) auf, wobei sie besonders auf Stimuli achten, die eine Gefahr oder Bedrohung signalisieren. Zwar war Eysencks überzeugendes Hypervigilanzmodell ursprünglich auf die GAS bezogen, es lässt sich jedoch auf andere Angststörungen übertragen.

Barlow (1988) glaubt, dass Menschen mit GAS auf besondere Formen von Vermeidungsverhalten zurückgreifen, darunter auch Verhaltensweisen, die subtiler sind als das Fluchtverhalten, das eher für intensive, plötzlich auftretende Angstzustände typisch ist. Möglicherweise ist die Vermeidung, die Menschen mit GAS an den Tag legen, allerdings doch nicht ganz so subtil, wenn man sowohl aktive als auch passive Formen von Vermeidung berücksichtigt. Zur *aktiven* Vermeidung zählen unter anderem übertriebene Vorsichtsmaßnahmen sowie ständiges Erkundigen bei anderen, ob alles in Ordnung sei.

Michael Eysenck hat die GAS zur Grundlage seiner Theorie der kognitiven Vigilanz gemacht und betont besonders, dass unter Bedingungen starker Belastungen oder intensiver Angst bestimmte kognitive Verzerrungen auftreten. «Der wichtigste Beleg für die Existenz eines latenten Vulnerabilitätsfaktors sind die Wechselwirkungen zwischen Trait- und State-Angst oder Stress ... Zu kognitiven Verzerrungen in der Informationsverarbeitung kommt es anscheinend am ehesten bei Personen, die eine hohe kognitive Vulnerabilität haben und gleichzeitig starken Belastungen ausgesetzt sind oder sich im Zustand erhöhter Angst befinden» (Eysenck, 1992, S. 155).

Die Suche nach Sicherheit

Woody und Rachman (1994) haben die vorliegenden Erklärungsansätze zur GAS um das Konzept der Sicherheitssignale ergänzt. Die vorliegende Darstellung orientiert sich in starkem Maße an der Originalarbeit. Generalisierte Angst wird darin als Zusammenspiel von Gefahrensignalen und Sicherheitssignalen betrachtet, wobei ein Scheitern der Bemühungen um Sicherheit zur Folge hat, dass die Person sich weiterhin bedroht fühlt. Das für die GAS typische Verhalten wird als Ausdruck der erfolglosen Versuche der Betroffenen gesehen, sich Sicherheit zu verschaffen. Das Scheitern dieser Bemühungen führt zu einer ständigen, oft unorganisierten und manchmal geradezu besessenen Suche nach Sicherheit, um den befürchteten Gefahren, die der Familie, Freunden und einem selbst drohten, etwas entgegenzusetzen. Die generalisierte Angststörung wird somit als erfolglose Suche nach Sicherheit angesehen.

Die ständigen vielfältigen Bemühungen um Sicherheit können die Betroffenen nur selten für längere Zeit beruhigen, was dazu führt, dass sie sich immer wieder neu an ihr Umfeld wenden und bei Experten, Angehörigen und Freunden Bestätigung suchen. Sie tun sehr viel, um Risiken zu vermeiden: kontrollieren immer wieder, ergreifen und empfehlen Vorsichtsmaßnahmen, achten streng auf ihre Ernährung, halten übertriebene Hygienevorschriften ein und neigen stark zu überbehütendem Verhalten. Und trotz all dieser Versuche fühlen sie sich nur selten wirklich sicher oder auch nur zufrieden und bleiben ständig auf der Hut.

Überall wittern sie Gefahren, befürchten, dass ihnen irgendein Unheil bevorsteht, und schaffen es nicht, diese Gedanken beiseite zu schieben. Die generalisierte Angst beruht auf dem Fehlen von Sicherheitsvorkehrungen oder Sicherheitssignalen oder deren Unzulänglichkeit und auf der Überschätzung der Wahrscheinlichkeit kommender aversiver Ereignisse und deren Auswirkungen. «Einfach gesagt, lauern die Gefahren überall, während es Sicherheit nur an sehr wenigen Orten gibt» (Woody & Rachman, 1994, S. 744). Der eingetretene oder befürchtete Verlust einer Quelle für Sicherheit – menschlicher oder anderer Art – ruft einen Anstieg an generalisierter Angst und Sorge hervor und damit eine Intensivierung der Suche nach Sicherheit. Die Zunahme von Angst und Vigilanz ist proportional zur Schwere des kommenden oder eingetretenen Verlusts.

Nach Woody und Rachman lässt sich die außerordentliche Persistenz der Angst und des Vermeidungsverhaltens nur mit Hilfe des Konzepts der Sicherheitssignale erklären. Angesichts der Tatsache, dass Vermeidungsverhalten, wie es bei allen Angststörungen zu beobachten ist, auch in Abwesenheit von Furcht fortbestehen kann, hat Gray (1971) die Bedeutung der Sicherheitssignale hervorgehoben, die als verstärkende Eigenschaften von Stimuli definiert werden können, welche mit dem Ausbleiben einer befürchteten Bestrafung in Verbindung gebracht werden. Die Sicherheitssignale sind maßgeblich daran beteiligt, dass das Vermeidungsverhalten auch in Abwesenheit von Angst persistiert. Sie begrenzen Ausmaß und Dauer der Bedrohung und damit der Angst. In Anwesenheit eines etablierten Sicherheitssignals kann sich die Person für den Moment und an dem Ort, an dem sie sich aufhält, sicher fühlen. Mit diesem Gefühl von Sicherheit kann sie eine Zeitlang zur Ruhe kommen und ihre Suche nach Gefahren einschränken.

Verschwindet das Sicherheitssignal wieder oder verliert es an Stärke, gewinnen potenzielle Gefahren wieder an Bedeutung und die Angst kehrt zurück. Dieser Wechsel zeigte sich wiederholt in tierexperimentellen Untersuchungen, in denen die Versuchstiere aversiven Stimuli ausgesetzt wurden. Die Tiere beginnen mit einer intensiven oder gar panischen Suche nach einem sicheren Ort bzw. einem sicheren Zeitpunkt. Wenn sie einen solchen gefunden haben, normalisiert sich ihr agitiertes und ängstliches Verhalten wieder. Schaffen sie es nicht, sich in Sicherheit zu bringen, hält ihre hektische Suche an. Festzustellen, wann und wo man sicher ist, gelingt leichter, wenn der aversive Stimulus vorhersehbar ist; handelt es sich dagegen um ein unvorhersehbares oder unregelmäßiges Ereignis, ist die Identifizierung eines verlässlichen Sicherheitssignals schwierig oder unmöglich. Misslingt die Suche nach Sicherheit, dauern Vigilanz und Rastlosigkeit an, was schließlich zu einer starken Ermüdung führt und möglicherweise auf lange Sicht emotionale Konsequenzen nach sich zieht.

Woody und Rachman führen einige alltägliche Beispiele für die Wirkungsweise von Sicherheitssignalen an, z. B. aus dem Verhaltensrepertoire kleiner Kinder. In Anwesenheit von Mutter oder Vater beispielsweise spielen kleine Kinder oft ruhig und zufrieden mit ihren Altersgenossen. Sobald die Mutter jedoch aus dem Blickfeld verschwindet oder Anstalten macht zu gehen, kommt es zu hektischem und ängstlichem Verhalten. Dieser Zusammenhang zwischen einer Sicherheit gebenden Person und zufriedener Aktivität auf der einen und der Abwesenheit einer solchen Person und ängstlicher Anspannung auf der anderen Seite ist bei Kindern klar zu beobachten. Wahrscheinlich ist er besonders stark ausgeprägt und bleibt besonders lange bestehen, wenn das Kind sehr unselbstständig ist.

Vom Standpunkt des Sicherheitssignalkonzepts aus betrachtet, bestehen große Ähnlichkeiten zwischen der generalisierten Angststörung und der sozialen Phobie. Bei beiden Problemen fällt es den Betroffenen schwer, sich ein Gefühl von Sicherheit zu verschaffen. Menschen mit sozialer Angst können nie sicher wissen, ob sie nicht von anderen beobachtet und insgeheim abgelehnt werden. Auch ist es nicht möglich, sozialen Interaktionen völlig aus dem Weg zu gehen. Sie können sich ergeben, wenn man am wenigsten damit rechnet, und stellen damit ein unvorhersehbares «Sicherheitsrisiko» dar. Gleiches gilt für die GAS, da die Angst hier oft ohne konkrete Auslöser auftritt (vor allem, da sich die Betroffenen häufig über zukünftige und nicht absehbare Ereignisse den Kopf zerbrechen). Aufgrund des sehr unterschiedlichen Verlaufs menschlicher Interaktionen ist auch das Gefühl von Sicherheit, das einem andere Menschen vermitteln, nur eingeschränkt vorherzusehen und zu kontrollieren. Wer aber unter persistierender generalisierter Angst leidet, der ist oft in hohem Ausmaß abhängig von dem Gefühl von Sicherheit, das ihm die engsten Angehörigen und Freunde vermitteln. In diesem Fall schlagen sich Probleme oder Störungen in diesen Beziehungen rasch und deutlich in einem Anstieg der generalisierten Angst nieder. Umgekehrt führt eine Sicherheit gebende Stärkung der persönlichen Beziehungen fast immer zu einer Abnahme generalisierter Angst.

Behandlung

Wie die meisten Angststörungen kann die GAS psychologisch und/oder medikamentös behandelt werden. Bislang hat sich kein Medikament als besonders erfolgreich herausgestellt und es kann auch keine psychotherapeutische Methode den Anspruch erheben, generalisierte Angst effektiv behandeln zu können. Es gibt aber viel versprechende Anzeichen dafür, dass sich mit einer erweiterten Form der kognitiv-behavioralen Therapie bessere Ergebnisse erzielen lassen als mit reiner Verhaltenstherapie (z. B. Durham et al., 1994; Borkovec & Costello, 1993; Butler et al., 1991; Chambless & Gillis, 1993; Clark, 1989; Harvey & Rapee, 1995). Die Praxis sieht so aus, dass man meistens versucht, den GAS-Patienten durch beratende und supportive Gespräche zu helfen. Ist die Angst sehr ausgeprägt oder mit massiven Beeinträchtigungen verbunden, können anxiolytische Medikamente hinzugezogen werden und, sollte der erwünschte Erfolg ausbleiben, ein Antidepressivum. Die klassische Verhaltenstherapie richtet sich in erster Linie auf konkrete Angstauslöser und stößt daher in der Behandlung der GAS auf Schwierigkeiten. Prinzipiell ist hier eine stärker kognitiv ausgerichtete Form von Psychotherapie angebracht; Schritte in diese Richtung haben Wells und Butler (1997) unternommen.

Zusammenfassung

Bei der GAS handelt es sich um eine übermäßige Angst, bei der die Wahrscheinlichkeit und die Auswirkungen aversiver Ereignisse überschätzt werden. Die Angst ist weit reichend, anhaltend und geht in der Regel mit körperlichen Begleiterscheinungen wie Muskelverspannung, Übelkeit, häufigem Urinieren und Rastlosigkeit einher.

Die psychologischen und physischen Symptome der GAS sind auch bei vielen anderen Störungen zu beobachten, was dazu geführt hat, dass der

Status der Störung als eigenständige Kategorie in Frage gestellt wurde. Allerdings besteht die GAS manchmal noch fort, nachdem eine gleichzeitig bestehende andere Störung überwunden ist.

Einem Modell zufolge besteht neben der Furchtkomponente bei der GAS auch eine Tendenz, durch die Suche nach Sicherheit ein Gegengewicht zu bilden. Es kommt jedoch immer wieder zu einem Scheitern des Versuchs, Sicherheit zu finden, so dass die Suche fortgesetzt wird; Gefahren lauern überall und Orte, an denen man vor ihnen sicher ist, sind rar.

Behandelt wird die GAS medikamentös und/oder psychotherapeutisch. Bislang ist jedoch noch keine spezifische, effektive Behandlungsmethode entwickelt worden.

Literaturempfehlungen

Der Schwerpunkt des vorliegenden Buchs liegt auf Angst als psychologischem Phänomen. Es gibt eine Reihe ausgezeichneter Darstellungen, die sich stärker auf das Thema Angststörungen und neuere Methoden ihrer Behandlung konzentrieren. Zu diesen weiterführenden Texten gehören *Anxiety and its Disorders* von Barlow (1988), *The Science and Practice of Cognitive Behaviour Therapy* von Clark und Fairburn (1997), *Anxiety* von Edelmann (1992), *Cognitive Behaviour Therapy for Psychiatric Problems* von Hawton, Salkovskis, Kirk und Clark (1989), *Social Phobia* von Heimberg et al. (1995), *Panic Disorder* von McNally (1994), *Frontiers of Cognitive Therapy* von Salkovskis (1996a) und *Anxiety and the Anxiety Disorders* von Tuma und Maser (1985). (Folgende deutschsprachige Titel informieren über Angststörungen und ihre Behandlung: *Integrative Psychotherapie bei Angststörungen* von Butollo, Rosner & Wentzel, 1999; *Zwänge* von Reinecker, 1994; *Posttraumatische Belastungsstörung* von Saigh, 1995; *Probleme, Ängste, Depressionen* von Huber, 1992; *Angst, Panik und Phobien* von Peurifoy, 1993; sowie *Alles unter Kontrolle. Zwangsgedanken und Zwangshandlungen überwinden* von Baer, 1993; d. Übers.).

Literatur

Abel, J. (1993). Exposure with response prevention and serotoninergic antidepressants in the treatment of OCD. *Behaviour Research and Therapy, 31*, 463-478.

Abraham, K. (1927). *Selected papers.* London: Hogarth Press.

Acierno, R. E., Hersen, M., Van Hasselt, V. B. (1993). Intervention for panic disorder: A critical review of the literature. *Clinical Psychology Review, 13*, 561-578.

Agras, S., Sylvester, D. & Oliveau, D. (1969). The epidemiology of common fears and phobias. *Comprehensive Psychiatry, 10*, 151-156.

Akhtar, S., Wig, N., Verma, N., Pershad, D. & Verma, S. K. (1975). A phenomenological analysis of symptoms in obsessive-compulsive neurosis. *British Journal of Psychiatry, 127*, 342-348.

Arrindell, W. A., Cox, B. J., Van der Ende, J. & Kwee, M. G. T. (1995). Phobic dimensions – II. Cross-national confirmation of the multidimensional structure underlying the Mobility Inventory (MI). *Behaviour Research and Therapy, 33*, 711-724.

Aylward, E. H., Harris, G. J., Hoehn-Saric, R., Barta, P. E., Machlin, S. R. & Pearlson, P. D. (1996). Normal caudate nucleus in obsessive-compulsive disorder assessed by quantitative neuro-imaging. *Archives of General Psychiatry, 53*, 577-584.

Baer, L. (1993). *Alles unter Kontrolle. Zwangsgedanken und Zwangshandlungen überwinden.* Bern: Huber.

Baker, T. B., Cannon, D. S., Tiffany, S. T. & Gino, A. (1984). Cardiac response as an index of the effect of aversion therapy. *Behaviour Research and Therapy, 22*, 403-411.

Ballenger J. et al. (1988). Alprazolam in panic disorder and agoraphobia: Results from a Multicenter trial. Efficacy in short-term treatment. *Archives of General Psychiatry, 45*, 413-422.

Bancroft, J. (1983). *Human sexuality and its problems.* New York: Churchill-Livingstone [dt. (1985). Grundlagen und Probleme menschlicher Sexualität. Stuttgart: Enke].

Bancroft, J. (1989). *Human sexuality and its problems.* Second Edition. Edinburgh: Churchill-Livingstone.

Bandura, A. (1969). *The principles of behaviour modification.* New York: Holt, Rinehart and Winston.

Bandura, A. (1977). *Social learning theory.* New York: Prentice-Hall [dt. (1979). Sozial-kognitive Lerntheorie. Stuttgart: Klett-Cotta].

Barlow, D. H. (1985). The dimensions of anxiety disorders. In A. H. Tuma and J. D. Maser (Eds.), *Anxiety and the anxiety disorders.* Hillsdale, NJ: Lawrence Erlbaum Associates Inc.

Barlow, D. H. (1988). *Anxiety and its disorders: The nature and treatment of anxiety and panic.* New York: Guilford Press.

Barlow, D. H. & Craske, M. (1988). The phenomenology of panic. In S. Rachman and J. Maser (Eds.), *Panic: Psychological perspectives.* Hillsdale, NJ: Lawrence Erlbaum Associates Inc.

Beck, A. T. & Clark, D. A. (1997). An information processing model of anxiety. *Behaviour Research and Therapy, 35,* 49-58.

Beck, A.T. & Emery G. (with Greenberg, R.) (1985). *Anxiety disorders and phobias: A cognitive perspective.* New York: Basic Books.

Beck, A. T. & Rush, A. J. (1985). A cognitive model of anxiety formation and anxiety resolution. Special issue: Stress and anxiety. *Issues in Mental Health Nursing, 7,* 349-365.

Beech, H. R. (1971). Ritualistic activity in obsessional patients. *Journal of Psychosomatic Research, 17,* 417-422.

Beech, H. R. (Ed.) (1974). *Obsessional states.* London: Methuen.

Booth, R. & Rachman, S. (1992). The reduction of claustrophobia: I. *Behaviour Research and Therapy, 30,* 207-221.

Boring, E. G. (1991). The history of introspection: II. (Trans. A. V. Roshchin and I. V Tverdovskiy.) *Vestnik* Moskovskogo *Universiteta - Seriya 14: Psikhologiya, 3,* 54-63.

Borkovec, T. D. & Costello, E. (1993). Efficacy of applied relaxation and cognitive-behaviour therapy in the treatment of generalised disorder. *Journal of Consulting and Clinical Psychology, 61,* 611-619.

Bower, G. H. (1981). Mood and memory. *American Psychologist, 36,* 129-148.

Bradley, B. P., Mogg, K. & Williams, R. (1995). Implicit and explicit memory for emotion-congruent information in clinical depression and anxiety. *Behaviour Research and Therapy, 33,* 755-770.

Bregman, E. (1934). An attempt to modify the emotional attitudes of infants by the conditioned response technique. *Journal of Genetic Psychology, 43,* 169-196.

Brewin, C. R. (1988). *Cognitive foundations of clinical psychology.* Hove, UK: Lawrence Erlbaum Associates Ltd.

Brewin, C. R. (1996). Theoretical foundations of cognitive-behaviour therapy for anxiety and depression. *Annual Review of Psychology, 47,* 33-57.

Broadbent, D. E. (1958). *Perception and communication.* New York: Pergamon Press.

Broadbent, D. E. (1971). *Decision and stress.* London: Academic Press.

Brown, T. (1996). Validity of the DSM-III-R and DSM-IV classification systems for anxiety disorders. In R. Rapee (Ed.), *Current controversies in anxiety disorders.* New York: Guilford Press.

Burish, T. G. & Carey, M. P. (1986). Conditioned aversive responses in cancer chemotherapy patients: Theoretical and developmental analysis. *Journal of Consulting and Clinical Psychology, 54,* 593-600.

Butler, G., Fennell, M., Robson, P. et al. (1991). A comparison of behaviour therapy and cognitive behaviour therapy in the treatment of generalised anxiety disorder. *Journal of Consulting and Clinical Psychology, 59,* 167-175.

Butler, G. & Mathews, A. (1983). Cognitive processes in anxiety. *Advances in Behaviour Research and Therapy, 5*, 51-62.

Butollo, W, Rosner, R. & Wentzel, A. (1999). *Integrative Psychotherapie bei Angststörungen.* Bern: Huber.

Cairns, E. & Wilson, R. (1984). The impact of political violence on mild psychiatric morbidity in Northern Ireland. *British Journal of Psychiatry, 145*, 631-635.

Carter, M. M., Hollon, S. D., Carson, R. & Shelton, R. C. (1995). Effects of a safe person on induced stress following a biological challenge in panic disorder with agoraphobia. *Journal of Abnormal Psychology, 104*, 156-163.

Cella, D. F., Pratt, A. & Holland, J. C. (1986). Persistent anticipatory nausea, vomiting and anxiety in cured Hodgkin's disease patients after completion of chemotherapy. *American Journal of Psychiatry, 143*, 641-643.

Chambless, D. & Gillis, M. (1993). Cognitive therapy of anxiety disorders. Special section: Recent developments in cognitive and constructivist psychotherapies. *Journal of Consulting and Clinical Psychology, 61*, 248-260.

Chambless, D. & Hope, D. (1996). Cognitive approaches to the psychopathology and treatment of social phobia. In P. Salkovskis (Ed.), *The frontiers of cognitive therapy.* New York: Guilford Press.

Christensen, H., Hadzi-Pavlovic, D., Andrews, G. & Mattick, R. (1987). Behaviour therapy and tricyclic medication in the treatment of obsessive-compulsive disorder: A quantitative review. *Journal of Consulting and Clinical Psychology, 55*, 701-711.

Claparede, M. (1911). Recognition et Moiite. *Archives de Psychologie Geneve, 11*, 79-90.

Clark, D. M. (1986). A cognitive approach to panic. *Behaviour Research and Therapy, 24*, 461-470.

Clark, D. M. (1987). A cognitive approach to panic: Theory and data. *Proceedings of the 140th Annual Meeting of the American Psychiatric Association,* Chicago.

Clark, D. M. (1988). A cognitive model of panic attacks. In S. Rachman and J. Maser (Eds.), *Panic: Psychological Perspectives.* Hillsdale, NJ: Lawrence Erlbaum Associates Inc.

Clark, D. M. (1989). Anxiety states: Panic and generalised anxiety. In K. Hawton, P. Salkovskis, J., Kirk et al. (Eds.), *Cognitive behaviour therapy for psychiatric problems: A practical guide.* Oxford: Oxford Medical Publications.

Clark, D. M. (1996). Panic disorder: From theory to therapy. In P Salkovskis (Ed.), *The frontiers of cognitive therapy.* New York: Guilford Press.

Clark, D. M. (1997). Panic disorder and social phobia. In D. M. Clark and C. Fairburn, (Eds.), *Science and practice of cognitive behaviour therapy.* Oxford: Oxford University Press.

Clark, D. M. & Fairburn, C. (Eds.) (1997). *Science and practice of cognitive behaviour therapy.* Oxford: Oxford University Press.

Clark, D. M. & Salkovskis, P. (1986). A cognitive-behavioural treatment for panic attacks. In W. Huber (Ed.), *Proceedings of the SPR European conference on psychotherapy research.* Louvain: Louvain University Press.

Clark, D. M., Salkovskis, P. & Anastasiades, P. (1990). Cognitive mediation of lactate induced panic. In R. M. Rapee (Chair), *Experimental Investigations of*

Panic disorder. Symposium conducted at the November meeting of the Association for the Advancement of Behaviour Therapy, San Francisco.

Clark, D. M., Salkovskis, P. H., Hackmann, A., Middleton, H., Anastasiades, P. & Gelder, M. (1994). A comparison of cognitive therapy, applied relaxation, and imipramine in the treatment of panic disorder. *British Journal of Psychiatry, 165,* 557-559.

Clark, D. M. & Wells, (1995). A cognitive model of social phobia. In R. G. Heimberg, M. R. Leibowitz, D. A. Hope and F. R. Schneier (Eds.), *Social phobia: Diagnosis, assessment and treatment.* New York: Guilford Press.

Cloitre, M. & Leibowitz, M. (1991). Memory bias in panic disorder. An investigation of the cognitive avoidance hypothesis. *Cognitive Therapy and Research, 25,* 371-386.

Cloitre, M., Heimberg, R.·G., Holt, C. S. & Leibowitz, M. R. (1992). Reaction time to threat stimuli in panic disorder and social phobia. *Behaviour Research and Therapy, 30,* 609-617.

Constans, J. I., Foa, E. B., Franklin, M. E. & Mathews, A. (1995). Memory for actual and imagined events in OC checkers. *Behaviour Research and Therapy, 33,* 665-671.

Cook, E. W., Melamed, B. G., Cuthbert, B. N., McNeil, D. W. & Lang, P. J. (1988). Emotional imagery and the differential diagnosis of anxiety. *Journal of Consulting and Clinical Psychology, 56,* 734-740.

Cooper, P. J.·& Steere, J. (1995). A comparison of two psychological treatments for bulimia nervosa: Implications for models of maintenance. *Behaviour Research and Therapy, 33,* 875-886.

Costello, C. G. (1982). Fears and phobias in women: A community study. *Journal of Abnormal Psychology, 91,* 280-286.

Cote, G. & Barlow, D. (1993). Effective psychological treatment of panic disorder. In T. R. Giles (Ed.), *Handbook of effective psychotherapy.* New York: Plenum Press.

Craske, M. G., Sanderson, W. C. & Barlow, D. H. (1987). The relationships among panic, fear, and avoidance. *Journal of Anxiety Disorders, 1,* 153-160.

Curtis, R. C. & Miller, K. (1986). Believing another likes or dislikes you: Behaviours making the beliefs come true. *Journal of Personality and Social Psychology, 51,* 284-290.

Cuthbert, B. & Lang, P. (1989). Imagery, memory and emotion. In G. Turpin (Ed.), *Handbook of clinical psychophysiology.* Chichester: Wiley.

Dalgleish, T. (1994). The relationship between anxiety and memory biases for material that has been selectively processed in a prior task. *Behaviour Research and Therapy, 32,* 227-231.

Davey, G. (1988). Dental phobias and anxieties. *Behaviour Research and Therapy, 27,* 51-58.

Deffenbacher, J. L. (1978). Worry, emotionality, and task-generated interference in test anxiety: An empirical test of attentional theory. *Journal of Educational Psychology, 70,* 248-254.

De Silva, P. & Rachman, S. (1984). Does escape behaviour strengthen agoraphobic avoidance? A preliminary study. *Behaviour Research and Therapy, 22,* 87-91.

De Silva, P. & Rachman, S. (1992). *Obsessive-compulsive disorders: The facts.* Oxford: Oxford University Press.

De Silva, P. & Rachman, S. (1997). *Obsessive compulsive disorders: The facts. Second edition.* Oxford: Oxford University Press.

Dickinson, A. (1987). Animal conditioning and learning theory. In H. J. Eysenck and I. Martin (Eds.), *Theoretical foundations of behaviour therapy.* New York: Plenum Press.

Di Nardo, P. A., Guzy, L. T. & Bak, R. M. (1988). Anxiety response patterns and etiological factors in dog-fearful and non-fearful subjects. *Behaviour Research and Therapy, 21*, 245-252.

Dixon, N. F. (1981). *Preconscious processing.* Chichester: Wiley.

Durham, R. C., Murphy, T., Allan, T., Richard, K. et al. (1994). Cognitive therapy, analytic psychotherapy, and anxiety management training for generalised anxiety disorder. *British Journal of Psychiatry, 165*, 315-323.

Edelmann, R. J. (1992). *Anxiety: Theory, research, and intervention in clinical and health psychology.* Chichester: Wiley.

Ehlers, A. (1992). Interoception and panic disorder. *Advances in Behaviour Research and Therapy, 115*, 3-21.

Ehlers, A., Margraf, J. & Roth, W. T. (1988). Selective information processing, interoception, and panic attacks. In I. Hand and H.-U. Wittchen (Eds.), *Panic and phobias 2. Treatment and variables affecting course and outcome.* Berlin: Springer Verlag.

Eysenck, H. J. (1957). *The dynamics of anxiety and hysteria.* London: Routledge.

Eysenck, H. J. (Ed.) (1960). *Behaviour therapy and the neuroses.* Oxford: Pergamon Press.

Eysenck, H. J. (1967). *The biological basis of personality.* Springfield, Ill: Thomas.

Eysenck, H. J. (1986). *Decline and fall of the Freudian empire.* London: Penguin Books [dt. (1985). *Sigmund Freud: Niedergang und Ende der Psychoanalyse.* München: List].

Eysenck, H. J. & Rachman, S. (1965). The *causes and cures of neurosis.* London: Routledge and Kegan Paul [dt. (1967). *Neurosen - Ursachen und Heilmethoden.* Berlin: Dt. Verl. d. Wiss.].

Eysenck, H. J., Wakefield Jr., J. A. & Friedman, A. E (1983). Diagnosis and clinical assessment: The DSM-III. *Annual Review of Psychology, 34*, 167-193.

Eysenck, M. W. (1992). *Anxiety: The cognitive perspective.* Hove, UK: Lawrence Erlbaum Associates Ltd.

Fenz, W. & Epstein, S. (1967). Gradients of physiological arousal in parachutists. *Psychosomatic Medicine, 29*, 33-51.

Flanagan, J. (Ed.) (1948). The Aviation Psychology Program in the Army Air Forces. *USAAF Aviation Psychology Research Report No. 1.* Washington, DC: US Government Printing Office.

Foa, E. B. & Kozak, M. J. (1986). Emotional processing of fear: Exposure to corrective information. *Psychological Bulletin, 99*, 20-35.

Foa, E. B., Kozak, M. J., Steketee, G. S. & McCarthy, P. R. (1992). Treatment of depressive and obsessive-compulsive symptoms in OCD by imipramine and behaviour therapy. *British Journal of Clinical Psychology, 31*, 279-292.

Foa, E. B., Steketee, G. S., Kozak, M. J. & Dugger, D. (1987). Effects of imipramine on depression and obsessive-compulsive symptoms. *Psychiatry Research, 21*, 123-136.

Follette, W. C. (1996). Introduction to the special section on the development of theoretically coherent alternatives to the DSM system. *Journal of Consulting and Clinical Psychology, 64,* 1117-1119.

Follette, W. C. & Houts, A. C. (1996). Models of scientific progress and the role of theory in taxonomy development: A case study of the DSM. *Journal of Consulting and Clinical Psychology, 64,* 1120-1132.

Frances, A., First, M. B. & Pincus, H. A. (1995). *DSM-IV guidebook.* Washington DC: American Psychiatric Press.

Freud, S. (1905). Über Psychotherapie. In *Gesammelte Werke, Band V.* Frankfurt/M.: S. Fischer.

Freud, S. (1909). Analyse der Phobie eines fünfjährigen Knaben. In *Gesammelte Werke, Band VII.* Frankfurt/M.: S. Fischer.

Freud, S. (1925). «Selbstdarstellung». In *Gesammelte Werke, Band XIV.* Frankfurt/M.: S. Fischer.

Freud, S. (1942). *Gesammelte Werke, Band I.* Frankfurt/M.: S. Fischer.

Freud, S. (1944). Vorlesungen zur Einführung in die Psychoanalyse. In *Gesammelte Werke, Band XI.* Frankfurt/M.: S. Fischer.

Freud. S. (1948). *Gesammelte Werke, Band XIV.* Frankfurt/M.: S. Fischer.

Freud, S. (1953). *A general selection from the works of Sigmund Freud.* J. Rickman (Ed.).London: Hogarth Press.

Fyer, A. J. (1987). Simple phobia. *Modern Problems of Pharmacopsychiatry, 22,* 174-192.

Giles, T. R. (Ed.) (1993). *Handbook of effective psychotherapy.* New York: Plenum Press.

Gorman, J. (1987). Panic disorders. In D. Klein (Ed.), *Anxiety.* Basel: Karger.

Gray, J. A. (1971). *The psychology of fear and stress.* London: World University Library [dt. (1971). *Angst und Streß: Entstehung, und Überwindung von Neurosen und Frustrationen.* München: Kindler].

Gray, J. A. (1982). *The neuropsychology of anxiety: An enquiry into the functions of the septo-hippocampal system.* Oxford: Oxford University Press.

Gray, J. A. (1986). The neuropsychology of anxiety In C. D. Spielberger and I. G. Sarason (Eds.), *Stress and anxiety.* Washington DC: Hemisphere Publishing.

Gray, J. A. (1987). *Psychology of fear and stress.* Second edition. Cambridge: Cambridge University Press.

Grinker, R. & Spiegel, J. (1945). *Men under stress.* Philadelphia: Blakiston; London: Churchills.·

Grunbaum, A. (1977). Is psychoanalysis a pseudo-science? In R. Stern, L. Horowitz and J. Lynes·(Eds.), *Science and psychotherapy.* New York: Raven Press.

Hall, G. S. (1897). A study of fears. *The American Journal of Psychology, 8,* 147-249.

Hallam, R. S. (1978). Agoraphobia: A critical review of the concept. *British Journal of Psychiatry, 133,* 314-319.

Hallam, R. S. (1985). *Anxiety: Psychological perspectives on panic and agoraphobia.* London: Academic Press.

Hammersley, D. (1957). Conditioned reflex therapy. In R. Wallerstein (Ed.), Hospital treatment of alcoholism. *Menninger Clinic Monographs, 11.*

Harlow, H. (1954). Motivational forces underlying learning. *Learning Theory, Personality Theory and Clinical Research – Kentucky Symposium.* New York: Wiley.

Harvey, A. G. & Rapee, R. M. (1995). Cognitive-behaviour therapy for generalised anxiety disorder. *Psychiatric Clinics of North America, 18,* 859-870.

Hawton, K., Salkovskis, P., Kirk, J. & Clark, D. M. (Eds.) (1989). *Cognitive behaviour therapy for psychiatric problems.* Oxford: Oxford University Press.

Heimberg, R. G. (1996). Social phobia, avoidant personality disorder, and the multiaxial conceptualisation of interpersonal anxiety. In P. Salkovskis (Ed.), *Trends in cognitive and behavioural therapies.* Chichester: Wiley

Heimberg, R. G., Leibowitz, M. R., Hope, D. A. & Schneier, F. R. (Eds.) (1995). *Social phobia: Diagnosis, assessment, and treatment.* New York: Guilford Press.

Hibbert, G. A. (1984). Ideational components of anxiety: Their origin and content. *British Journal of Psychiatry, 144,* 618-624.

Hollander, E. & Leibowitz, M. R. (1990). Treatment of depersonalisation with serotonin reuptake blockers. *Journal of Clinical Psychopharmacology, 10,* 200-203.

Hope, D. A., Holt, C. S. & Heimberg, R. (1993). Social phobia. In T. R. Giles (Ed.), *Handbook of effective psychotherapy.* New York: Plenum Press.

Horowitz, M. (1975). Intrusive and repetitive thoughts after experimental stress. *Archives of General Psychiatry, 32,* 1457-1463.

Horwath, E., Lish, J. D., Johnson, J., Hornig, C. D. & Weismann, M. M. (1993). Agoraphobia without panic: Clinical reappraisal of an epidemiologic finding. *American Journal of Psychiatry, 150,* 1496-1501.

Huber, W. (1992). *Probleme, Ängste, Depressionen. Beratung und Therapie bei psychischen Störungen.* Bern: Huber.

Ingram, R. E. (1990). Self-focused attention in clinical disorders: Review and a conceptual model. *Psychological Bulletin, 107,* 156-176.

Insel, T. R. (1988). Obsessive-compulsive disorder: A neuroethological perspective. *Psychopharamacology Bulletin, 24,* 365-369.

Insel, T. R. (1991). Has OCD research gone to the dogs? *Neuropsychopharmacology, 5,* 13-17.

Insel, T. R. & Winslow, J. T. (1992). Neurobiology of obsessive-compulsive disorder. *Psychiatric Clinics of North America, 15,* 813-824.

Janis, J. L. (1951). *Air war and emotional stress.* New York: McGraw-Hill.

Jaspers, K. (1953). *Allgemeine Psychopathologie.* Berlin: Springer.

Jenike, M. A., Baer, L. & Greist, J. H. (1990). Clomipramine versus fluvoxetine in obsessive-compulsive disorder: A retrospective comparison of side-effects and efficacy. *Journal of Clinical Psychopharmacology, 10,* 122-124.

Johnston, M. (1980). Anxiety in surgical patients. *Psychological Medicine, 10,* 145-152.

Jones, M. C. (1924). A laboratory study of fear. *Pedagogical Seminars, 31,* 308-315.

Juster, H. R. & Heimberg, R. G. (1995). Social phobia. Longitudinal course and long-term outcome of cognitive-behavioural treatment. *Psychiatric Clinics of North America, 18,* 821-842.

Kahneman, D., Triesman, A. & Burkell, J. (1983). The cost of visual filtering. *Journal of Experimental Psychology: Human perception and Performance, 9*, 510-522.

Kaplan, H. S. (1988). Anxiety and sexual dysfunction. *Journal of Clinical Psychiatry, 49 (Suppl. 10)*, 21-25.

Kazdin, A. E. (1978). *History of behaviour modification*. Baltimore, MD: University Park Press.

Kincey, J., Statham, S. & McFarlane, T. (1991). Women undergoing colposcopy: Their satisfaction with communication, health knowledge, and level of anxiety. *Health Education Journal, 50*, 70-71.

Kirk, S. A. & Kutchins, H. (1992). *The selling of DSM: The rhetoric of science in psychiatry*. New York: Aldine de Gruyther.

Kirkpatrick, D. R. (1984). Age, gender, and patterns of common intense fears among adults. *Behaviour Research and Therapy, 22*, 141-150.

Klein, D. (1987). Anxiety reconceptualised. In D. Klein (Ed.), *Anxiety*. Basel: Karger.

Klein, D. (1993). False suffocation alarms, spontaneous panics, and related conditions: An integrative hypothesis. *Archives of General Psychiatry, 50*, 306-317.

Klein, D. (1994). «Klein's suffocation theory of panic»: Reply. *Archives of General Psychiatry, 51*, 506.

Klein, D. (1996). A reply. [Reply following the article, «Panic attacks: Klein's false suffocation alarm, Taylor and Rachman's data; and Ley's dyspneic fear theory»]. *Archives of General Psychiatry, 52*, 83-84.

Klein, D. & Klein, H. (1989). The nosology of anxiety disorders: A critical review of hypothesis testing about spontaneous panic. In P. Tyrer (Ed.), *Psychopharmacology of anxiety*. Oxford: Oxford University Press.

Klein, D. F., Zitrin, C. M. & Woerner, M. G. (1977). Imipramine and phobia. *Psychopharmacology Bulletin, 13*, 24-27.

Klerman, G. L. (1985). Diagnosis of psychiatric disorders in epidemiological field studies. *Archives of General Psychiatry, 42*, 723-724.

Lader, M. (1994). Treatment of anxiety. *British Medical Journal, 309*, 321-324.

Lang, P. (1970). Stimulus control, response control, and desensitisation of fear. In D. Levis (Ed.), *Learning approaches to therapeutic behaviour change*. Chicago: Aldine Press.·

Lang, P. (1977). Imagery in therapy: An information processing analysis of fear. *Behavior Therapy, 8*, 862-886.

Lang, P. (1985). The cognitive psychophysiology of emotion: Fear and anxiety. In A. Tuma and J. Maser (Eds.), *Anxiety and the anxiety disorders*. Hillsdale, NJ: Lawrence Erlbaum Associates Inc.

Lang, P. J., Levin, D. N., Miller, G. A. & Kozak, M. J. (1983). Fear behaviour, fear imagery and the psychophysiology of emotion: The problem of affective response integration. *Journal of Abnormal Psychology, 92*, 276-306.

Lang, P., Melamed, B. & Hart, J. (1970). A psychophysiological analysis of fear modification using an automated desensitisation technique. *Journal of Abnormal Psychology, 76*, 220-234.

Last, C. G. (1987). Simple phobias. In L. Michelson and M. Ascher (Eds.), *Anxiety and stress disorders*. New York: Guilford.

Lautch,·H. (1971). Dental phobia. *British Journal of Psychiatry, 119*, 151-158.

Laux, L., Glanzmann, P., Schaffner, P. & Spielberger. C. D. (1981). State-Trait-Angstinventar (STAI).

Lazarus, R. S. (1966). *Psychological stress and the coping process.* New York: McGraw-Hill.

Leon, A. C., Marzuk, P. M. & Portera, L. (1995). More reliable outcome measures can reduce sample size requirements. *Archives of General Psychiatry, 52*, 867-871.

Lewis, A. (1942). Incidence of neurosis in England under war conditions. *Lancet, 2*, 175-183.

Lewis, A. (1980). Problems presented by the ambiguous word «anxiety» as used in psychopathology. In G. D. Burrows and B. Davies (Eds.), *Handbook of Studies on Anxiety.* Amsterdam: Elsevier/NorthHolland.

Ley, R. (1994). The «suffocation alarm» theory of panic attacks: A critical commentary. *Journal of Behaviour Therapy and Experimental Psychiatry, 25*, 269-273.

Mackintosh, N. J. (1983). *Conditioning and associative learning.* New York: Oxford University Press.

MacLeod, C. & Cohen, I. L. (1993). Anxiety and the interpretation of ambiguity: A text comprehension study. *Journal of Abnormal Psychology, 202*, 238-247.

Mannuzza, S., Schneier, F. R., Chapman, T. F., Liebowitz, M. R. et al. (1995). Generalised social phobia: Reliability and validity. *Archives of General Psychiatry, 52*, 230-237.

Margraf, J. (1993). Hyperventilation and panic disorder: A psycho-physiological connection. *Advances in Behaviour Research and Therapy, 35*, 49-74.

Margraf, J., Barlow, D. H., Clark, D. M. & Telch, M. J. (1993). Psychological treatment of panic: Work in progress on outcome, active ingredients, and follow-up. *Behaviour Research and Therapy, 31*, 1-8.

Margraf, J., Ehlers, A. & Roth, W. (1986). Panic attacks: Theoretical models and empirical evidence. In I. Hand and H. Wittchen (Eds.), *Panic and phobia.* Berlin: Springer.

Marks, I. (1987). *Fears, phobias, and rituals.* Oxford: Oxford University Press.

Marks, I., Swinson, R. & Basoglu, M. (1993). Alprazolam and exposure alone and combined in panic disorder with agoraphobia. *British Journal of Psychiatry, 162*, 776-787.

Marks, I. M. (1969). *Fears and phobias.* London: Heinemann.

Marks, M. P., Basoglu, M., Alkubaisy, T., Sengun, S. & Marks, I. M. (1991). Are anxiety symptoms and catastrophic cognitions directly related? *Journal of Anxiety Disorders, 5*, 247-254.

Masters, W. H. & Johnson, V. E. (1970). *Human sexual inadequacy.* Boston, MA: Little, Brown [dt. (1973). Die sexuelle Revolution. Impotenz und Anorgasmie. Frankfurt/M.: Goverts].

Mathews, A., Gelder, M. G. & Johnston D. W. (1981). *Agoraphobia: Nature and treatment.* New York: Guilford Press.

Mathews, A. & MacLeod, C. (1994). Cognitive approaches to emotion and emotional disorders. *Annual Review of Psychology, 45*, 25-50.

Mathews, A., MacLeod, C. & Tata, P. R. (1987). An information-processing approach to anxiety. *Journal of Cognitive Psychotherapy, 1*, 105-115.

Mathews, A., Mogg, K., May, J. & Eysenck, M. (1989). Implicit and explicit memory bias in anxiety. *Journal of Abnormal Psychology, 98*, 236-240.

Mavissakalian, M. (1983). Antidepressants in the treatment of agoraphobia and obsessive-compulsive disorder. *Comprehensive Psychiatry, 24*, 278-284.

McEwan, K. L. & Devins, G. M. (1983). Is increased arousal in social anxiety noticed by others? *Journal of Abnormal Psychology, 92*, 417-421.

McGuire, P. K. (1995). The brain in obsessive-compulsive disorder. *Journal of Neurology, Neurosurgery and Psychiatry, 59*, 457-459.

McMillan, T. M. & Rachman, S. (1988). Fearlessness and courage in paratroopers undergoing training. *Personality and Individual Differences, 9*, 373-378.

McNally, R. J. (1987). Preparedness and phobias: A review. *Psychological Bulletin, 101*, 283-303.

McNally, R. J. (1994). *Panic disorder: A critical analysis.* New York: Guilford·Press.

McNally, R. J. (1995). Automaticity and the anxiety disorders. *Behaviour Research and Therapy, 33*, 127-131.

McNally, R. J., Hornig, C. D. & Donnell, C. D. (1995). Clinical versus nonclinical panic: A test of suffocation false alarm theory. *Behaviour Research and Therapy, 33*, 127-132.

McNally, R. J., Lasko, N. B., Macklin, M. L. & Pitman, R. K. (1995). Autobiographical memory disturbance in combat-related post-traumatic stress disorder. *Behaviour Research and Therapy, 33*, 619-630.

Merckelbach, H., de Jong, P., Muris, P. & Van den Hout, M. (1996). The etiology of specific phobias: A review. *Clinical Psychology Review, 16*, 337-361.

Miller, N. E. (1960). Learning resistance to pain and fear. *Journal of Experimental Psychology, 60*, 137-142.

Mineka, S. (1985). Animal models of anxiety-based disorders. In A. Tuma & J. Maser (Eds.), *Anxiety and the anxiety disorders.* Hillsdale, NJ: Lawrence Erlbaum Associates Inc.

Mowrer, O. H. (1939). Stimulus response theory of anxiety. *Psychological Review, 46*, 553-565.

Mowrer, O. H. (1960). *Learning theory and behaviour.* New York: Wiley.

Newlove, T. & Rachman, S. (1994). *Discounting of praise by social phobics.* Unpublished manuscript.

Nisbett, R. & Ross, L. (1980). *Human inference: Strategies and shortcomings of social judgement.* Englewood Cliffs, NJ: Prentice-Hall.

Nisbett, R. & Wilson, T. (1977). Telling more than we can know: Verbal reports on mental processes. *Psychological Review, 84*, 231-259.

Norton, R., Cox, B., Asmundson, G. & Maser, J. (1995). The growth of research on anxiety disorders during the 1980s. *Journal of Anxiety Disorders, 9*, 75-85.

Öhman, A. (1987). Evolution, learning, and phobias. In D. Magnusson and A. Öhman (Eds.), *Psychopathology.* New York: Academic Press.

Öhman, A., Erixon, G. & Lofberg, I. (1975). Phobias and preparedness: Phobic versus neutral pictures as continued stimuli for human autonomic responses. *Journal of Abnormal Psychology, 84*, 41-45.

Öst, L. G. (1985). Ways of acquiring phobias and outcome of behavioural treatments. *Behaviour Research and Therapy, 23*, 683-689.

Öst, L. G. (1987). Age of onset in different phobias. *Journal of Abnormal Psychology, 96,* 223-229.

Öst, L. G. (1989). One-session treatment for specific phobias. *Behaviour Research and Therapy, 27,* 1-8.

Öst, L. G. (1996). One-session group therapy of spider phobia: Direct vs. indirect treatments. *Behaviour Research and Therapy, 34,* 707-715.

Öst, L. G. & Hugdahl, K. (1983). Acquisition of agoraphobia, mode of onset, and anxiety response patterns. *Behaviour Research and Therapy, 21,* 623-631.

Öst, L. G. & Westling, B. (1995). Applied relaxation vs. cognitive behavioural therapy in the treatment of panic disorder. *Behaviour Research and Therapy, 33,* 145-158.

Otto, M. W., Gould, R. A. & McLean, R. Y. S. (1996). The effectiveness of cognitive-behaviour therapy for panic disorder without concurrent medication treatment: A reply to Power and Sharp. *Journal of Psychapharmacology, 10,* 254-256.

Otto, M. W., Pollack, M. H., Meltzer-Brody, S. & Rosenbaum, J. E. (1992). Cognitive-behaviour therapy for benzodiazepine discontinuation in panic disorder patients. *Psychopharmacology Bulletin, 28,* 123-130.

Otto, M. W., Pollack, M. H. & Sabatino, S. A. (1996). Maintenance of remission following cognitive behaviour therapy for panic disorder: Possible deleterious effects of concurrent medication treatment. *Behavior Therapy, 27,* 473-482.

Palac, E. E. & Gorzalka, M. M. (1990). The enhancing effects of anxiety on arousal in sexually dysfunctional and functional women. *Journal of Abnormal Psychology, 99,* 403-411.

Parkinson, L. & Rachman, S. (1980). Speed of recovery from an uncontrived stress. In S. Rachman (Ed.), *Unwanted intrusive cognitions.* Oxford: Pergamon. Press.

Paul, G. (1966). *Insight versus desensitisation in psychotherapy.* Stanford, CA: Stanford University Press.

Peterson, R. A. & Reiss, S. (1987). *Test manual for the Anxiety Sensitivity Index.* Orland Park, IL: International Diagnostic Systems.

Peurifoy, R. (1993). *Angst, Panik und Phobien. Ein Selbsthilfe-Programm.* Bern: Huber.

Philips, C. & Rachman, S. (1996). *The psychological management of chronic pain.* New York: Springer.

Pigott, T. M., Myers, K. R. & Williams, D. A. (1996). Obsessive-compulsive disorder: A neuropsychiatric perspective. In R. Rapee (Ed.), *Current controversies in anxiety disorders.* New York: Guilford Press.

Pollard, C. A. & Henderson, J. G. (1988). Four types of social phobia in a community sample. *Journal of Nervous and Mental Disease, 276,* 440-445.

Prigatano, G. & Johnson, H. (1974). Autonomic nervous system changes associated with a spider phobic reaction. *Journal of Abnormal Psychology, 83,* 169-177.

Proust, M. (Ed.) (1981). *Remembrance of things past. Vol. III.* Translated by C. Moncrieff and T. Kilmartin. London: Penguin Books.

Rachman, S. (1978). *Fear and courage.* San Francisco: W. H. Freeman and Company.

Rachman, S. (1980). Emotional processing. *Behaviour Research and Therapy, 18*, 51-60.

Rachman, S. (1985). The treatment of anxiety disorders: A critique of the implications for psychopathology. In A. Tuma and J. Maser (Eds.), *Anxiety and the anxiety disorders.* Hillsdale, NJ: Lawrence Erlbaum Associates Inc.

Rachman, S. (1990). *Fear and courage.* Second Edition. New York: Freeman.

Rachman, S. (1991). Neo-conditioning and the classical theory of fear acquisition. *Clinical Psychology Review, 11*, 155-173.

Rachman, S. (1996). The evolution of cognitive behaviour therapy. In D. Clark and C. Fairburn (Eds.), *The science and practice of cognitive behaviour therapy.* Oxford: Oxford University Press.

Rachman, S. (1997). A cognitive theory of obsessions. *Behaviour Research and Therapy, 35*, 793-802.

Rachman, S. & Bichard, S. (1988). The over-prediction of fear. *Clinical Psychology Review, 8*, 303-312.

Rachman, S., Cobb, C., Grey, S., McDonald, B. & Sartory, G. (1979). Behavioural treatments of obsessive-compulsive disorder with and without clomipramine. *Behaviour Research and Therapy, 17*, 467-478.

Rachman, S., Craske, M., Tallman, K. & Solyom, C. (1986). Does escape behaviour strengthen agoraphobic avoidance? *Behavior Therapy, 17*, 366-384.

Rachman, S. & Cuk, M. (1992). Fearful distortions. *Behaviour Research and Therapy, 30*, 583-589.

Rachman, S. & Hodgson, R. (1980). *Obsessions and compulsions.* Englewood Cliffs, NJ: Prentice-Hall.

Rachman, S., Levitt, K. & Lopatka, C. (1987). Panic-l. The links between cognitions and bodily symptoms. *Behaviour Research and Therapy, 25*, 411-423.

Rachman, S. & Lopatka, C. (1986). Do fears summate? *Behaviour Research and Therapy, 24*, 653-660.

Rachman, S. & Taylor, S. (1993). Analyses of claustrophobia. *Journal of Anxiety Disorders, 7*, 281-291.

Rachman, S. & Whittal, M. L. (1989). Fast, slow, and sudden reductions in fear: *Behaviour Research and Therapy, 27*, 613-620.

Rachman, S. & Wilson, G. T. (1980). The *effects of psychological therapy.* Second edition. Oxford: Perganon Press.

Rapee, R. (1995). Psychological factors influencing the affective response to biological challenge procedures in panic disorder. *Journal of Anxiety Disorders, 9*, 291-300.

Rapee, R. (1996). Information processing views of panic disorder. In R. Rapee (Ed.), *Current controversies in anxiety disorders.* New York: Guilford Press.

Rapee, R. & McCallum, S. L. (1994). Memory bias in social phobia. *Behaviour Research and Therapy, 32*, 89-99.

Rapee, R., Sanderson, W. C., McCauley, P. A. & Di Nardo, P. A. (1992). Differences in reported symptom profile between panic disorder and other DSM-III-R anxiety disorders. *Behaviour Research and Therapy, 30*, 45-52.

Rapoport, J. (1989) (Ed.). *Obsessive-compulsive disorder in children and adolescents.* Washington DC: American Psychiatric Press.

Rapoport, J. & Wise, S. P. (1988). Obsessive-compulsive disorder: Evidence for a basal ganglia dysfunction. *Psychopharmacology Bulletin, 24,* 380-384.

Reinecker, H. S. (1994). *Zwänge. Diagnose, Theorien, Behandlung.* 2. Auflage. Bern: Huber.

Reiss, S. (1987). Theoretical perspectives on the fear of anxiety. *Clinical Psychology Review, 7,* 585-596.

Reiss, S. (1991). Expectancy model of fear, anxiety, and panic. *Clinical Psychology Review, 11,* 141-153.

Reiss, S. & McNally, R. J. (1985). Expectancy model of fear. In S. Reiss and R. R. Bootzin (Eds.), *Theoretical issues in behaviour therapy.* New York: Academic Press.

Reiss, S., Peterson, R. A., Gursky, D. M. & McNally, R. J. (1986). Anxiety sensitivity, anxiety frequency, and the prediction of fearfulness. *Behaviour Research and Therapy, 24,* 1-8.

Rescorla, R. A. (1980). *Pavlovian second-order conditioning.* Hillsdale, NJ: Lawrence Erlbaum Associates Inc.

Rescorla, R. A. (1988). Pavlovian conditioning: It's not what you think it is. *American Psychologist, 43,* 151-160.

Revusky, S. (1979). More about appropriate controls for taste aversion learning: A reply to Riley. *Animal Learning and Behaviour, 79,* 562-563.

Saigh, P. A. (1984). Pre- and post-invasion anxiety in Lebanon. *Behavior Therapy, 15,* 185-190.

Saigh, P. A. (1988). Anxiety, depression and assertion across alternating intervals of stress. *Journal of Abnormal Psychology, 97,* 338-341.

Saigh, P. A. (1995). *Posttraumatische Belastungsstörung. Diagnose und Behandlung psychischer Störungen bei Opfern von Gewalttaten und Katastrophen.* Bern: Huber.

Salkovskis, P. (1985). Obsessional-compulsive problems: A cognitive behavioural analysis. *Behaviour Research and Therapy, 23,* 571-583.

Salkovskis, P. (1996a). The cognitive approach to anxiety. In P. Salkovskis (Ed.), *The frontiers of cognitive therapy.* New York: Guilford Press.

Salkovskis, P. (1996b). Cognitive-behavioural approaches to the understanding of obsessional problems. In R. Rapee (Ed.), *Current controversies in anxiety disorders.* New York: Guilford Press.

Salkovskis, P. (1996c). Reply to Pigott et al. and to Enright. Understanding of obsessive-compulsive disorder is not improved by redefining it as something else. In R. Rapee (Ed.), *Current controversies in anxiety disorders.* New York: Guilford Press.

Salkovskis, P. & Kirk, J. (1997). Obsessive-compulsive disorder. In D. M. Clark and C. Fairburn, (Eds.), *Science and practice of cognitive behaviour therapy.* Oxford: Oxford University Press.

Salkovskis, P. & Warwick, H. (1986). Morbid preoccupations, health anxiety and reassurance: A cognitive behavioural approach to hypochondriasis. *Behaviour Research and Therapy, 24,* 597-602.

Sanderson, R., Laverty, S. & Campbell, D. (1963). Traumatically conditioned responses acquired during respiratory paralysis. *Nature, 196,* 1235-1236.

Sanderson, W., Rapee, R. & Barlow, D. (1989). The influence of an illusion of control on panic attacks. *Archives of General Psychiatry, 46,* 157-162.

Sarason, I. G. (Ed.) (1980). *Test anxiety.* Hillsdale, NJ: Lawrence Erlbaum Associates Inc.

Sarbin, T. R. (1964). Anxiety: Reification of a metaphor. *Archives of General Psychiatry, 10,* 630-638.

Sartory, G. (1989). Obsessional-compulsive disorder. In G. Turpin (Ed.), *Handbook of clinical psychophysiology.* Chichester: Wiley.

Sartory, G., Rachman, S. & Grey, S. (1977). An investigation of the relation between reported fear and heart rate. *Behaviour Research and Therapy, 15,* 435-437.

Sbrocco, T. & Barlow, D. (1996). Conceptualising the cognitive component of sexual arousal. In P. Salkovskis (Ed.), *The frontiers of cognitive therapy.* New York: Guilford Press.

Schacht, T. & Nathan, P. (1977). But is it good for psychologists? Appraisal and status of DSM-III. *American Psychologist, 32,* 1017-1025.

Schmidt, N. B., Telch, M. J. & Jaimez, T. L. (1996). Biological challenge manipulation of PCO levels: A test of Klein's suffocation alarm theory of panic. *Journal of Abnormal Psychology, 105,* 446-454.

Schneier, F. R. & Johnson, J. (1992). Social phobia: Comorbidity and morbidity in an epidemiological sample. *Archives of General Psychiatry, 49,* 282-288.

Seligman, M. (1970). On the generality of the laws of learning. *Psychological Review, 77,* 406-418.

Seligman, M. (1971). Phobias and preparedness. *Behavior Therapy, 2,* 307-320.

Seligman, M. (1988). Competing theories of panic. In S. Rachman and J. Maser (Eds.), *Panic: Psychological perspectives.* Hillsdale, NJ: Lawrence Erlbaum Associates Inc.

Seligman, M. & Hager, J. (Eds.) (1972). *Biological boundaries of learning.* New York: Appleton Century Croft.

Seligman, M. & Johnston, J. (1973). A cognitive theory of avoidance learning. In J. McGuigan & B. Lumsden (Eds.), *Contemporary approaches to conditioning and learning.* New York: Wiley

Shapiro, L. E., Pollard, C. A. & Carmin, C. N. (1993). Treatment of agoraphobia. In T. R. Giles (Ed.), *Handbook of effective psychotherapy.* New York: Plenum Press.

Sher, K. J., Mann, B. & Frost, R. O. (1984). Cognitive dysfunction in compulsive checkers: Further explorations. *Behaviour Research and Therapy, 22,* 493-502.

Sperling, M. (1971). Spider phobias and spider fantasies. *Journal of the American Psychoanalytic Association, 19,* 472-498.

Spielberger, C. D. (Ed.) (1966). *Anxiety and behaviour.* New York: Academic Press.

Spielberger, C. D. (1972). Anxiety as an emotional state. In C. D. Spielberger (Ed.), *Anxiety: Current trends in theory and research* (Vol.1). New York: Academic Press.

Spielberger, C. D. (1983). *Manual for state-trait anxiety inventory.* California: Consulting Psych-Press.

Spitzer, R. L. (1991). An outsider-insider's views about revising the DSMs. *Journal of Abnormal Psychology, 100,* 294-296.

Stanley, M. A. & Turner, S. M. (1995). Current status of pharmacological and behavioural treatment of obsessive-compulsive disorder. *Behavior Therapy, 26,* 163-186.

Steketee, G. & Lam, J. (1993). Obsessive·compulsive disorder. In T. R. Giles (Ed.), *Handbook of effective psychotherapy.* New York: Plenum Press.

Sternberger, R. T., Turner, S. M., Beidel, D. C. & Calhoun, K. S. (1995). Social phobia: An analysis of possible developmental factors. *Journal of Abnormal Psychology, 104,* 526-531.

Stouffer, S., Lumsdaine, A., Williams, R., Smith, M., Janis, I., Star, S. & Cottrell, L. (1949). *The American soldier: Combat and its aftermath.* Princeton, N.J.: Princeton University Press.

Sutherland, G., Newman, B. & Rachman, S. (1982). Experimental investigations of the relations between mood and intrusive unwanted cognitions. *British Journal of Medical Psychology, 55,* 127-138.

Tallis, F. (1995). *Obsessive-compulsive disorder.* Chichester: Wiley.

Taylor, S. (1995). Anxiety sensitivity: Theoretical perspectives and recent findings. *Behaviour Research and Therapy, 33,* 243-258.

Taylor, S. & Rachman, S. (1994). Klein's suffocation theory of panic. *Archives of General Psychiatry, 51,* 505-506.

Teasdale, J. D. & Barnard, P. J. (1993). *Affect, cognition and change.* Hove, LTK: Lawrence Erlbaum Associates Ltd.

Teasdale, J. D., Segal, Z. & Williams, D. (1995). How does cognitive therapy prevent depressive relapse and why should attentional control (mindfulness) training help? *Behaviour Research and Therapy, 33,* 25-39.

Teasdale, T. (1988). Cognitive models and treatments for panic: A critical evaluation. In S. Rachman and J. Maser (Eds.), *Panic: Psychological Perspectives.* Hillsdale, NJ: Lawrence Erlbaum Associates Inc.

Telch, M. (1988). Combined pharmacological and psychological treatment for panic sufferers. In S. Rachman and J. Maser (Eds.), *Panic: Psychological Perspectives.* Hillsdale, NJ: Lawrence Erlbaum Assoaates Inc.

Thorpe, G. & Burns, L. (1983). *The agoraphobic syndrome.* Chichester: Wiley.

Thyer, B. A., Nesse, R. M., Curtis, G. C. & Cameron, O. G. (1986). Panic disorder: a test of the separation anxiety hypothesis. *Behaviour Research and Therapy, 24,* 209-211.

Treisman, A. M. (1960). Contextual cues in selective listening. *Quarterly Journal of Experimental Psychology, 12,* 242-248.

Tseng, W-S., Kan-Ming, M., Hsu, J., Li-Shuen, Li-Wah, Gui-Qian & Da-Wei (1988). A sociocultural study of koro epidemics in Guangdong, China. *American Journal of Psychiatry, 145,* 1538-1543.

Tulving, E. (1983). *Elements of episodic memory.* Oxford: Oxford University Press.

Tuma, A. & Maser, J. (Eds.) (1985). *Anxiety and the anxiety disorders.* Hillsdale, NJ: Lawrence Erlbaum Associates Inc.

Turner, S. M. & Beidel, D. C. (1988). *Treating obsessive-compulsive disorder.* Oxford: Pergamon Press.

Turner, S., Beidel, D. & Jacob, R. (1988). Assessment of panic. In S. Rachman and J. Maser (Eds.), *Panic: Psychological perspectives.* Hillsdale, NJ: Lawrence Erlbaum Associates Inc.

Tyrer, P. (1986). Classification of anxiety disorders. *Journal of Affective Disorders, 11*, 99-104.

Valentine, C. W. (1946). *The psychology of early childhood.* Third Edition. London: Methuen.

Van Balkom, A. J. et al. (1994). A meta-analysis on the treatment of OCD. *Clinical Psychology Review, 14*, 359-382.

Wakefield, J. C. (1992). Disorder as harmful dysfunction: A conceptual critique of DSM-III-R's definition of mental disorder. *Psychological Review, 99*, 232-247.

Watson, J. & Rayner, R. (1920). Conditioned emotional reactions. *Journal of Experimental Psychology, 3*, 1-22.

Weiller, E., Bisserbe, J. C., Boyer, P., Lepine, J. P. & Lecrubier, Y. (1996). Social phobia in general health care. An unrecognised undertreated disabling disorder. *British Journal of Psychiatry, 168*, 169-174.

Weller, A. & Hener, T. (1993). Invasiveness of medical procedures and state anxiety in women. *Behavioural Medicine, 19*, 60-65.

Wells, A. & Butler, G. (1997). Generalised anxiety disorder. In D. M. Clark and C. Fairburn (Eds.), *Science and practice of cognitive behaviour therapy.* Oxford: Oxford University Press.

Wells, A. & Clark, D. M. (1995). Social phobias: The role of in situation behaviours in maintaining anxiety and negative beliefs. *Behavior Therapy, 26*, 153-161.

Williams, J. M. G., Watts, F. N., MacLeod, C. & Mathews, A. (1988). *Cognitive psychology and emotional disorders.* Chichester: Wiley.

Wilner, A., Reich, T., Robins, I., Fishman, R. & van Doren, T. (1976). Obsessive-compulsive neurosis. *Comprehensive Psychiatry, 17*, 527-539.

Wilson, G. T. (1988). Alcohol and anxiety. *Behaviour Research and Therapy, 26*, 369-382.

Wine, J. (1971). Test anxiety and direction of attention. *Psychological Bulletin, 76*, 92-104.

Woody, S. & Rachman, S. (1994). Generalised anxiety disorder (GAD) as an unsuccessful search for safety. *Clinical Psychology Review, 14*, 743-753.

Wolpe, J. (1958). *Psychotherapy by reciprocal inhibition.* Stanford: Stanford University Press.

Wolpe, J. & Lang, P. (1964). A fear survey schedule for use in behaviour therapy. *Behaviour Research and Therapy, 2*, 27-34.

Wolpe, J. & Rachman, S. (1960). Psychoanalytic evidence: A critique based on Freud's case of Little Hans. *Journal of Nervous and Mental Diseases, 131*, 135-145.

Wolpe, J. & Rowan, V. (1988). Panic disorder: A product of classical conditioning. *Behaviour Research and Therapy, 26*, 441-450.

Zajonc, R. (1980). Feeling and thinking. *American Psychologist, 35*, 151-175.

Zitrin, C. (1986). New perspectives on the treatment of panic and phobic disorders. In B. Shaw et al. (Eds.), *Anxiety disorders.* New York: Plenum.

Zohar, J., Insel, T. & Rasmussen, S. (Eds.) (1991). *The psychobiology of obsessive-compulsive disorder.* New York: Springer.

Autorenregister

Abel, J. 156
Abraham, K. 81
Acierno, R. E. 120
Agras, S. 27
Akhtar, S. 147
Alkubaisy, T. 121
Anastasiades, P. 113, 122
Andrews, G. 156
Arrindell, W. A. 28
Asmundson, G. 7
Aylward, E. H. 86

Baer, L. 84
Baker, T. B. 92
Ballenger, J. 111
Bancroft, J. 54f.
Bandura, A. 96
Barlow, D. H. 21, 51, 54ff., 71, 78f., 105f., 114f., 119f., 122f., 131, 160, 162, 166, 169, 173ff.
Barnard, P. J. 64, 68
Basoglu, M. 121, 133
Beck, A. T. 8, 39, 45, 71, 77ff.
Beech, A. T. 150
Beidel, D. C. 115, 156, 160
Bichard, S. 24
Bisserbe, J. C. 161
Booth, R. 102, 130
Borkovec, T. D. 178
Bower, G. H. 61
Boyer, P. 161

Bradley, B. P. 58
Bregman, E. 92
Brewin, C. R. 14, 39, 41, 77, 120, 124, 175
Broadbent, D. E. 68
Brown, T. 35
Burish, T. G. 90
Burkell, J. 45
Burns, L. 136, 138
Butler, G. 46, 178

Cairns, E. 95
Calhoun, K. S. 160
Cameron, O. G. 116
Campbell, D. 93
Cannon, D. S. 92
Carey, M. P. 90
Carmin, C. N. 140
Carson, R. 23
Carter, M. M. 23, 123, 139
Cella, D. F. 90
Chambless, D. 58, 126, 169, 178
Christensen, H. 156
Claparede, M. 59
Clark, D. A. 71, 79
Clark, D. M. 39, 46, 66, 71, 78, 79, 84, 113ff., 119ff., 125, 127, 129, 131f., 140, 163ff., 168f., 178
Cloitre, M. 58
Cobb, C. 132
Cohen, I. L. 46
Constans, J. I. 58

Cook, E. W. 92
Cooper, P. J. 129
Costello, C. G. 28
Costello, E. 178
Cote, G. 131
Cox, B. 7
Cox, B. J. 28
Craske, M. 21, 23, 105, 114f.
Cuk, M. 50
Curtis, G. C. 116
Curtis, R. C. 166
Cuthbert, B. N. 92

Dalgleish, T. 58
Davey, G. 95, 101
Da-Wei 97
de Jong, P. 98
De Silva, P. 22, 145, 146, 155
Deffenbacher, J. L. 51
Devins, G. M. 165
Di Nardo, P. A. 58, 91, 95, 100
Dickinson, A. 98
Dixon, N. F. 68
Donnell, C. D. 118
Durham, R. C. 178

Edelmann, R. J. 56, 58, 160, 166
Ehlers, A. 46, 49, 105, 114, 120
Emery, G. 39, 45, 71
Epstein, S. 17
Erixon, G. 76

Sachregister

Reneau Z. Peurifoy

Angst, Panik und Phobien

Ein Selbsthilfe-Programm

Nachdruck 1995 der 1. Auflage 1993. 315 Seiten, Kt
DM 39.80 / Fr. 35.90 / öS 291.– (ISBN 3-456-82291-X)

Dieses Buch beschreibt ein Selbsthilfe-Programm, das bereits von vielen Menschen erfolgreich angewandt wurde. Es kann auch therapiebegleitend eingesetzt werden. In 15 Lektionen erwirbt der Leser die Fähigkeit, seine Ängste, Phobien und Panikattacken zu bekämpfen und neues Selbstvertrauen zu gewinnen.

«Ich meine, daß dies ein ungewöhnlich reichhaltiges Buch ist und daß es vielen Leuten helfen wird.» (Albert Ellis)

Winfrid Huber

Probleme, Ängste, Depressionen

Beratung und Therapie bei psychischen Störungen

1992. 229 Seiten, 5 Abb., 24 Tab., Kt
DM 39.80 / Fr. 39.80 / öS 291.– (ISBN 3-456-82023-2)

Die Rede ist von der Vielfalt psychischen Leidens und von der Suche nach einer geeigneten Psychotherapie: Wer kommt, warum, zu wem, in welcher Absicht und mit welchen Erwartungen?
Der Autor gibt im Lichte des heutigen klinischen Wissens Antworten auf diese Fragen. Das Buch bietet Entscheidungshilfen bei der Wahl einer geeigneten Therapie.

 Verlag Hans Huber http://Verlag.HansHuber.com
Bern Göttingen Toronto Seattle

Constance Hammen

Depression

Erscheinungsformen und Behandlung

1999. 250 Seiten, 6 Abb., 4 Tab., Kt
DM 49.80 / Fr. 44.80 / öS 364.– (ISBN 3-456-83244-3)

Die Depression gilt als eine der psychiatrischen
Störungen, in die sich auch Gesunde (z.B. Psycho-
therapeuten) relativ leicht einfühlen können. Es ist
daher dringend notwendig, diese intuitive Bereitschaft zum Verstehen durch solide Kenntnisse über
Wesen und Verlauf der Störung zu ergänzen. Der
Autorin ist es gelungen, solches Wissen verständlich
aufzubereiten. Ihr Buch gehört in die Hand aller, die
depressiven Menschen wirklich helfen wollen.

Willi Butollo / Rita Rosner / Achim Wentzel

Integrative Psychotherapie bei Angststörungen

1999. 251 Seiten, 3 Abb., 8 Tab., Kt
DM 49.80 / Fr. 44.80 / öS 364.– (ISBN 3-456-83089-0)

Auf welchen Grundlagen beruht integrative Psychotherapie bei Angststörungen? Mit welchen Methoden
wird gearbeitet? Wie wirksam sind diese? Aufbauend auf einem bio-psycho-sozialen Störungsmodell
wird ein mehrphasiges Therapiekonzept der Angststörungen vorgestellt. Fallbeispiele illustrieren die
verschiedenen Vorgehensweisen.

 Verlag Hans Huber http://Verlag.HansHuber.com
Bern Göttingen Toronto Seattle